吴越武术文化研究

丁丽萍 著

人民体育出版社

图书在版编目（CIP）数据

吴越武术文化研究 / 丁丽萍著. -- 北京：人民体育出版社，2023

ISBN 978-7-5009-6324-0

Ⅰ.①吴… Ⅱ.①丁… Ⅲ.①武术—文化研究—华东地区 Ⅳ.①G852

中国国家版本馆CIP数据核字(2023)第103453号

*

人 民 体 育 出 版 社 出 版 发 行
北京中献拓方科技发展有限公司印刷
新 华 书 店 经 销

*

710×1000 16开本 12.75印张 232千字
2023年12月第1版 2023年12月第1次印刷

*

ISBN 978-7-5009-6324-0
定价：70.00元

社址：北京市东城区体育馆路8号（天坛公园东门）
电话：67151482（发行部） 邮编：100061
传真：67151483 邮购：67118491
网址：www.psphpress.com
（购买本社图书，如遇有缺损页可与邮购部联系）

序

论中国地域武术文化，吴越地区具有特别重大且影响深远的贡献。丁丽萍博士完成的《吴越武术文化研究》多方面地体现了它的非凡意义。在该成果出版之际，仔细研读，有感之处颇多。吴越地区即指江浙沪长江出海口三角地带，历史上它的武术文化源远流长，尤其是近代的上海精武体育总会、南京中央国术馆在中国武术史和中国武术文化中都是标志性的事物，如同中州的少林武术、荆楚的武当武术、巴蜀的峨眉武术一样彪炳史册。说到历史，吴越地域武术文化在历史的长河里确有其显赫的地位。丽萍博士书中所述该地域的特色武术文化就有十多项，项项令人惊叹！

一、勾践剑夫差矛

早在春秋时期的吴国、越国已经勾勒了吴越地域文化的基本轮廓，其历史演绎了无数故事。如今静静地躺在湖北省博物馆中的一对仇敌之刃，展示了2500年前以越王勾践剑和吴王夫差矛为代表的吴越两国无与伦比的青铜器铸造技术，剑和矛上的错金铭文还显示出它们的文武气质。与吴越武术有关的吴季子挂剑、专诸刺僚的鱼肠剑、要离断臂执矛刺庆忌、欧冶子铸剑等都是有名的历史典故。

二、战必胜越女剑

从春秋到东汉，越女的剑术被称为斗战必胜之术。历经数百年，其间既有"吴王好剑客，百姓多创瘢"，又有战国的赵文王有剑客三千，日夜激斗相杀，庄子自称"十步一人，千里不留行"时，除他佯装剑客之外未提及可推崇之人，而《吴越春秋》津津乐道的越女，不仅得到勾践重用，到汉代还称其手战之道为"斗战必胜"，并尊其为"有术之家"。

三、单刀舞双戟对

青史遗文有载，东吴孙权帐下的凌统与甘宁有仇，宴席上凌统以刀舞欲趁机杀之，甘宁则以能舞双戟应对，吕蒙操刀执盾将两人分开。这一幕早在鸿门宴上就有过军中无以为乐请以剑舞的"项庄舞剑"，然本例是吴越地区的一则重要史料，说明军旅武术不是与舞绝对无关，且非孤证。由此可见武术具有包容性，击与舞既是其多种功能的体现，又可二位一体，以能击善舞为佳。

四、葛氏忆诀术法

东晋时期，江苏丹阳句容人葛洪在罗浮山写的《抱朴子》书中，说及当时习武授于刀盾、单刀双戟都有口诀要术，与人相搏则授以秘法，并称如用此道与不懂者对抗当获全胜，以致他后来学的杖术能入白刃取大戟。葛洪十几岁在西晋乱世中仍留丹阳，后参军立有战功，被封为将军。想必此前葛洪已学得武艺在身，也可印证他隐居著书时说的晋代已有口诀要术和秘法。而诀、术、法是后来"谱"的三大要素，葛洪是揭秘第一人。

五、文选诗武术词

南朝萧统《文选》收录的"偃闭武术"之句，是史上指称有关武事技术的用词，句意是中止争战厮杀的各种武事。今日的"武术"只保留了冷兵器时代的原始本义，不能与之相提并论。但是吴越地区的这个"武术"用词影响深远，而且是该地域武术文化在武术嬗变时期对中国武术的一个重大贡献。中华文明记载了它的演变发展，从齐鲁之"技击"、荆楚之"武艺"，到吴越之"武术"，故"武术"一词被近、现代社会接受，可见诗句倡导和平、文明之本义赋予了它生命力，使其成为现代法定用语，其发展有了适应时代变迁的广阔空间。

六、槊成艺著为谱

国史、方志、家谱是中华民族三大文献。武术使用"谱"字早见于吴越。梁简文帝萧纲，吴地兰陵人，编《马槊谱》，作《马槊谱序》，开各种武技以"谱"独立容身的传播方式之先河（谱名起于周代，汉书的《剑道》《手搏》只为书目，未标明是谱，南北朝时期族谱、家谱流行，江东有《百谱》，梁武帝定《百家谱》，《马槊谱》的出现与时代背景相符），使武术的教育传承有了新的手段，并延续至今。武术"谱"的历史证明：它传播的时间更长、范围更广，戚继光的拳经传了几百年，《简化太极拳》为中外初学者必备。可谓：师傅亲授诚可贵，拳谱相传价亦高。

七、打套子竞争交

南宋浙江钱塘人吴自牧的《梦粱录》记述了宋都临安"打套子"的情形。"套子"这个民俗语言符号使后人将其与近现代的"套路"联系起来，成为人们追溯"套路"渊源的时代节点，至少宋代的"宋太祖三十二势长拳"绝非无中生有，而是确有民间基础。因此，"打套子"与今日的练套路可以说是前世今生，不同的是"打套子"的"打"是打擂的打，是打徒手套子，不是打器械，与现在的既练拳术也练器械不能同日而语。选用《梦粱录》引出"套子"这个符号的另一个值得注意之处是：当时的瓦舍勾栏是先数对打套子，令人观睹，后作争交以力相高。但该内容说的是先打套子的"女飐"，在打完套子后以她们中的"膂力者"两两相对进行"争交"，而不是另选他人，也就是说，这些女飐既能打套子又能争交。其实，《梦粱录》还明确记录了当时争胜瓦市的"女飑"赛关索、嚣三娘、黑四姐等女众，称之"雄伟"，显然不仅是赞其套子表演。这是"套子"符号引起人们深度思考的不应忽略的问题。

八、戚公撰拳经传

《纪效新书》是戚继光脱稿于浙东抗倭前线的一本兵书。戚将军是明代著名的抗倭将领，他作为古代军事家的地位毋庸置疑，同时他又是当之无愧的武术家，这可以从他完成的《纪效新书》中得到有力的证明。首先是他竭力主张"真可对搏打者"的防身杀敌武艺，在倭袭台州时戚继光"手歼其魁"正是这一主张的有力印证；再有创"鸳鸯阵"败屡胜长枪的倭刀；慧眼识真金收录俞大猷的《剑经》，视其将荆楚长剑变成临阵实用棍法为"短兵长用"，并作为练兵之术；更重要的是，戚将军对明代各家拳法了如指掌，并取各家所长编制成"拳经三十二势"；他既反对虚套花法，又认为拳法不适用于大战，但把它列为武门当学之艺。今日陈氏太极拳的渊源可追溯到戚将军的这一拳法。流行于江南水乡的船拳也烙有戚将军抗倭的痕迹。

九、兵家书名人文

享誉世界的《孙子兵法》是孙武于吴地乡间写成，孙武是春秋时期著名的军事家、政治家，被尊称为"兵圣"，虽不是武术家，但他的军事科学思想和理论对武术产生了重要影响。明代除了戚继光的《纪效新书》，军事家何良臣、明末曾督理水师的副总兵茅元仪等都有著述等身的兵书，如《阵纪》《武备志》，还有继王阳明之后的儒学大师、军事家唐顺之，曾调任兵部主事和督师浙江抗倭，他的"峨眉道人拳歌"是了解明代峨眉拳术最好的纪实。这些兵家的经历及其著述使我们了解了明代武事武备中包含的各种拳法、器械及其技术方法，是他们揭开了中国武术的大幕，而这些作者恰恰都是吴越人。吴越地域文化中还有许多惊世之举，如武术功法的奠基之作《易筋经》即为浙江天台紫凝道人所撰。明清革代之际的吴殳不仅写出著名的《手臂录》，还对《纪效新书》进行了改写、发挥，完成了稀见的《纪效达辞》。黄百家的《内家拳法》也是吴越珍稀的奇葩，至今人们还在探察审视着四明山内家拳的奥秘。而吴、黄二人也是江浙名人，对中国武术都有很重要的贡献。早在宋初杀青的《角力记》一直流传在江阴、广陵、苏州等地，所述之事多取自江南一带，有校注者翁士勋先生疑调露子为吴地人。因为该书名中的"角力"与角抵、相扑、手搏、散手、白打、争交有关，所以《角力记》不仅是了解中国古代摔跤的传世之作，也可视为读懂中国武术前世今生难得的遗珍。虽然《角力记》早于《梦粱录》，其中没有"打套子"的记述，但作为争交形式的"相扑"比比皆是，也就是说它能够告知后人：宋初的武术表演还没有"打套子"的叫法。如若翁先生所疑《角力记》是"吴地人所作"得以证实，吴越武术文化又会多呈一份贡献，这可以是有志专研者的关注之点。

十、精武技海派潮

一百多年前霍元甲南下沪上，和一批志士仁人创办了精武体操学校，古老的"武术"与西学东渐的时尚"体操"结合在一起，自此武术和西方体育的许多项目成为精武教习的内容，后改称为"精武体育会"就更贴合这种中西结合的精神。孙中山先生为精武题写"尚武精神"包含着武术精神和体育精神，也就是要借此强种强国。孙先生在提及"体育之技击术"时赋予了武术体育性和技击性，武术的体育性首先是健身图强，技击是其体育属性下的自卫手段，是在近身杀敌时的武备之需。孙先生在那个忧患年代提出的这一鲜明主张，也是当代居安思危、建设强国必须继承和发扬的。近代的吴越地区荟萃无数武术名人，南京中央国术馆张之江麾下就有数十名成就斐然的燕赵之士，上海精武体育会也是南北精英汇聚之地，在国术国考、杭州国术游艺大会中各色武术人才均展现出精湛的武技。历史上有多次移民潮，其中的两次政权南迁，退身之处一是建康，二是临安。如果说战祸使大批文人避居江南，增添了武术的文化基因，那么近代南来北往的武术先辈们定居吴越之地，他们开创的吴越武术文化功绩不亚于明清。如国术馆出版的书籍和刊物使人更有身临其境之感，对各种武技有比较精准的认知，而较少有痛失亡佚难以解密悟道之憾。这些进步，是历史的进步，文化的进步，也是社会发展的必然。20世纪80年代，一部《少林寺》电影掀起一波武术热，它发自中州大地波及国内外，盛况空前。随之涌起了又一波热潮，深受妇女群众喜爱的木兰拳也站到了潮头。之所以称其为"海派潮"是其源于上海，支持者敢于以"拳"冠名"木兰花架"开风气之先，使其终成系列，拳、剑、扇配乐的柔美舞姿遂成为广大中年妇女追求的时尚，可谓武术艺术化的登峰造极之举。习练者不仅风靡全国各地，还远播海外。如果说当初简化太极拳热潮适合老年人，少林拳热潮适合青少年，那么第三波木兰拳热潮适合中年妇女则是海派文化的一次令人刮目的精彩呈现。

十一、爱国心武术魂

习武人讲武德。武德是习武人心中内守的规矩，最大的武德就是爱国。吴越武术文化最闪耀的亮点就是习武人的爱国心武术魂。从古至今，历史奔流的长河中有越女助勾践雪耻复国、闻鸡起舞的祖逖北渡大江"中流击楫"、精忠报国的岳飞矢志"还我河山"、"我壮喜学剑"的陆游期盼"王师北定中原日"、戚继光手歼倭酋、少林棍僧抗倭血染沙场、江浙民谣"花家瓦，能杀倭"的双刀石柱女将军、习练巫家拳尤喜剑术的女侠秋瑾、南下沪上应挑战创办精武要图强的霍元甲、上海滩二次击败洋拳手"一洗东亚病夫耻"的少年蔡龙云……，无一不是生动的爱国主义教材。他们是习武人心目中的英雄，他们矢志不渝的家国情怀和爱国精神就是生生不息的中华武术魂。

要知道，吴越地域文化是证实华夏具有5000年文明的领先文化，钱塘江流域和太湖流域是其分布的中心地带，与古埃及文明同时代的良渚文明的文化遗址中心就在杭州。"上有天堂，下有苏杭"并非仅指其湖光山色，亦可比喻它的源流之实、文化之美。自见"武术"一词到被确认为法定用语，它经历了冷兵器时代的终结，其军事击杀性日趋淡化，适应时代需求的其他功能，尤其是"体育"功能逐渐彰显。曾经为了复国雪耻，越王勾践启用越女教练士卒击剑，为了强种强国，孙中山先生倡导"尚武"，其"武"即"体育之技击术"，是自强之术。有诗曰："千古无人说秕糠"，然我觉得吴越既有勇武的传统，也有"文弱"的一面。重文抑武是大多数古代偏安江南政权的通病，丽萍博士在分析"武术"嬗变时就已指出。"习武好处心先觉，立雪深时道已传"，我赞成丽萍博士的观点。今日应如何打造智能时代的武术版本？当代中国的传统武术击舞接续的技术体系的学练、用究竟应该如何整合一体进行表述与实践？"能击善舞"能否作为培养习武人的目标？这是我再读丽萍博士著作时萦绕心头的问题。

丽萍博士论述、阐发的吴越武术文化内容极其丰富，难以能对其价值尽数道来。比如现在高等学府所设的武术专业，在改革开放后由大学本科发展到硕士、博士等更高层次教育，这一人才培养体系的实现最早就在吴越地域的上海，而且可以说是中国的一大武术成就。合手抚卷，令我思绪万千：如今一批武术博士已登上学术制高点，还有相当的武术话语权，新时代为他们提供了许多优越的条件，他们更应该像那些为吴越武术文化做出杰出贡献的先人们那样，为中国武术的发展做出历史性、世界性的贡献。大河大江东逝水，百川归海逐浪高，由衷期待下一波热潮将再推武术新高。

郭志禹

2023年初伏写于申城

前　言

　　导师郭志禹教授自2000年开始便有了中国地域武术文化研究的设想，依照先生的构思，中国地域武术文化是一个多元统一体，它是由中原武术文化、巴蜀武术文化、吴越武术文化、齐鲁武术文化、燕赵武术文化、关东武术文化、秦晋武术文化、岭南武术文化、闽台武术文化等地域武术文化组成的。只有具体深入各个地域进行调查探索，才能揭示出各个地域的武术文化概貌，进而归纳提炼出武术文化的地域特征，那么，中国武术的整体系统也就能在历史的积淀和当下的留存中逐渐显现其清晰的脉络。谭其骧先生言："以中国疆域之辽阔，要想一动手就写好一部完整、全面的中国历史地理，大概是不可能的。只有先从区域历史地理入手，一个地区一个地区地先做好具体而细致的研究，才有可能再综合概括成为一部有系统有理论的中国历史地理学。"[1]因此，自2002年至2018年，历时16年，导师带领学生相继完成了15个区域的武术文化研究。

　　吴越武术文化研究就是该系统中的一个重要组成部分。什么是吴越武术文化？简言之，就是以古代吴越地区为地理文化界分成长起来的，经过历史上长期的文化吸收、融合、创造、充实而形成的一切与武术活动相关的物质产品和精神产品的总和。吴越武术文化具有三个特点：其一，它是吴越文化系统的重要组成部分；其二，它具有相对独立的完整体系；其三，它能够反映吴越文化的精神内

---

[1]孙进己，冯永谦.东北历史地理：上［M］.哈尔滨：黑龙江人民出版社，1989：1.

涵。因此，吴越武术文化研究所依循的原则有三：

（1）对吴越地域环境与经济形态的阐释。在纵横五千年的中国历史时空中，无论统一时代还是分裂时代，文化，包括物质文化、精神文化、制度文化、行为文化及至心态文化，其形成、发展、演变皆与地域因素不可分离。生产力水平越低，地域因素的影响便越大；地域环境影响经济形态，经济形态进而影响社会文化，这正是马克思主义唯物史观的基石所在。

（2）民族迁徙与政治格局的变迁。地域文化的形成不是固定不变的，而是在长时间里由土著文化与外来文化的不断交融形成的某种气质。因此，地域武术文化研究不能回避政治格局的变迁以及移民所带来的影响。

（3）文化传承最重要的不是符号，而是人。无论是文化的差异抑或文化的交流与传承，都离不开人。人是一个复杂的概念，大则民族群、民族、家族集团，小则家族、家庭、个人，他们创造着、承载着历史。因此，研究与理解吴越武术文化，便不可不研究、理解与之相关的人物[1]。

本书共有四章专论，以吴越地区的武术本体文化和相关文化为中心，分别论述了先秦时期、秦至宋时期、明清时期，以及民国时期四个历史时段，地域环境、经济形态、政治格局、士人迁移、社会思想等对吴越地域武术文化形成与演变的影响，力图大体勾勒出一条吴越武术文化特征及其形成背后地域间文化"互动"的线索。

第一章，先秦时期的吴越武术文化。地处东南一隅文化边缘地带的"句吴""于越"分属两个不同的民族，拥有各自的图腾，却有着"断发文身""以船为车"的相似风俗习惯，春秋时期方显于中原王朝的视野。在富国强兵以谋求政治地位的过程中，吴、越不仅渐次完成了相互融合，而且与齐文化的交融为武术技击提供了《孙

---

[1] 王永平. 中古士人迁移与文化交流［M］. 北京：社会科学文献出版社，2005：5.

子兵法》的战略谋思；与中原文化的互动铸造出各国争相追逐的"吴越之剑"；以"阴阳理论"为指导的《越女论剑》，虽为汉人赵晔写于东汉时期，但折射出的是吴越在汲取中原正统文化过程中表现出来的主动性和为我所用的创见性。这些叠加起来，让我们深切地探寻到吴越先民那种渗透在血液中的本能——如吴越之"水"善于变通，又如吴越之"剑"宁折不弯的刚烈之性。

第二章，秦至宋时期的吴越武术文化。如果说吴越在秦汉时期还留有先秦之时的刚烈，那么吴越武术的文化转型则始自晋朝。因此，这一章节重点考察了北方三次大规模的人口迁移对政治格局的改变和对吴越地域经济发展的推进，以及世家大族对吴越文化格局产生深远影响的同时，也为吴越武术奠定了"书文化"的基础。而且，随着宋代城市和商品经济的发展，市民阶层应运而生，迎合市民阶层价值取向的文化形式在冲击以上层为主的精英文化时，又催生出娱乐化和商业化的瓦舍武艺，这种倾向自北宋王室偏安吴越后更为显著。在这个历史阶段中，移民对吴越地区的影响是全方位和深刻的，但这并不代表吴越地域本土文化的消亡，而是通过两者的交融使吴越武术呈现出以文为饰的"柔化"特征。

第三章，明清时期的吴越武术文化。本章首先围绕明清政治制度对吴越武术文化产生的影响进行了考察。明代采用"文武"皆由"科举"，"科举必由学校"而出的人才培养和选官制度，为国家培养文武双全人才奠定了基础。唐顺之、何良臣等不仅以文著称，而且擅长军事兵法与武艺研究；终明一代的海禁政策所引发的倭寇动乱促使兵家为保护国家和百姓，开始集结民间武术流派和技法纳为阵战所用，为中国古代武术留存了丰富的史料。清朝统治者为强化政权、缓和满汉文化冲突，采取了"崇儒重道、表彰理学""开明史馆""设博学鸿词科"等一系列"文化怀柔政策"，在争取与知识界全面合作的努力下，将其导向对传统学术进行全面整理和总结的新阶段，开启了清代考据学以及礼学的研究风潮，这种影响也波及武术研究的领域。不仅体现在武术研究著述的体例、方法、内容层面，更体现在学术观点、倾向、品格和精神层面。

第四章，民国时期的吴越武术文化。近代中国与西方的交往是被枪炮打开的，也把以上海为中心的吴越地区推向了时代的风口浪尖，各式思想和运动相继而来。因此，本章重点探讨了近代中国社会的主要思潮对吴越武术文化发展演变所产生的影响。首先是国粹主义思潮裹挟着"强国必先强种"的意识，使武术从被废弃转升为"国术"，以上海、南京为中心而辐射全国的武术组织如春笋勃发，以期"唤醒我炎黄子孙，强我种族壮我国魂"。随之而来的新文化运动又以"民主""科学"为口号来倡导人权、开启民智，面对"科学"的质疑，处在吴越地区的武术界人士开启了去"神秘性"与"伪科学化"的反思之路。与此同时，伴随西方文化强势输入的西方体育运动也携带着竞技理念与竞赛规则冲击着武术的转向，以南京中央国术馆和上海精武体育会等为代表的组织在进行武术竞技化和标准化尝试的同时，不仅吸引着南北武术家的汇聚，而且以其为中心向全国及海外输送武术精英人才。

综上研究，可以认为，吴越武术文化是以吴越"剑"之精神为积淀，在政治、经济、移民等影响下不断吸纳各地域文化，并通过地域文化自觉发展而成的，具有以"艺"为表现形式、以"理"为内涵追求、以"变"为自我突破的武术文化特征。

研究中主要关注的是地域间文化互动对吴越武术文化的影响，此中必有不足之处，而且在未知的领域更有继续探索和提升认识的必要。因此，无论研究视角和研究架构如何，其中讹舛不妥之处在所难免，敬请诸君指正。

目 录

第一章 立于剑：秋水神光 （1）

第一节 东南一隅的荒蛮泽国 （1）
一、地理环境 （3）
二、民族特征 （5）
三、风俗习惯 （7）

第二节 夷夏文化的早期互动 （11）
一、孙子兵法：齐文化与吴越文化的融合 （12）
二、越女论剑：谶纬与经学思想的折射 （16）

第三节 好剑轻死的精神追求 （22）
一、剑：器物到精神 （23）
二、士：自由与诺言 （29）

第二章 游于艺：涵勇示柔 （33）

第一节 楚汉争霸与尚武遗风 （34）
一、霸王起兵，沛公举义 （34）
二、汉画物语，史海钩沉 （39）

第二节 北人南迁与文化自觉 （46）
一、北方的三次移民与吴越地区的开发 （46）

二、吴越文化自觉与武之现象……………………………………（52）

　第三节　市民文化与瓦舍武艺………………………………………（66）

　　一、市民阶层的出现与市民文化的特征……………………………（66）

　　二、瓦舍武艺与结社组织的发展……………………………………（71）

第三章　崇于理：术道并举………………………………………（81）

　第一节　明代政治制度与兵家武术研究……………………………（82）

　　一、明代选官制度与武人培养………………………………………（82）

　　二、明代海禁政策与倭患问题………………………………………（92）

　　三、明代兵家武术研究………………………………………………（99）

　第二节　清代文化政策与民间武术研究……………………………（112）

　　一、清朝的文化政策…………………………………………………（112）

　　二、考据学的发展和礼学的重振……………………………………（116）

　　三、清代民间武术研究………………………………………………（122）

第四章　敢于变：西学东渐与南北交汇…………………………（135）

　第一节　上海开埠与吴越地理位置的凸显…………………………（136）

　　一、上海开埠与长江下游经济的发展………………………………（136）

　　二、以上海为中心的人口流动………………………………………（138）

　　三、长江下游的社会思潮……………………………………………（139）

　第二节　国粹主义思潮与国术复兴…………………………………（143）

　　一、以国粹激动种姓…………………………………………………（143）

　　二、国术组织的壮大…………………………………………………（145）

　第三节　"五四"新文化运动与国术研究…………………………（149）

　　一、对"国术"鬼道主义的批判……………………………………（151）

二、"科学"精神下的国术研究 …………………………（153）

　第四节　西方体育规则与国术竞赛 ……………………（157）

　　一、西方体育观念与规则的导入 ………………………（159）

　　二、吴越武术竞赛活动及其对规则的探索 ……………（161）

　第五节　武术家的群体流动 ……………………………（173）

后记 ………………………………………………………（185）

第一章 立于剑：秋水神光

第一节 东南一隅的荒蛮泽国

自然地理条件的不同会导致文化核心区与边缘地带的差异。魏特夫认为，典型的中华民族是在黄河弯曲地带的黄土地区获得的第一个重要进步，其原因是那里的土地容易耕作。而且已知的早期人类考古也证实，中原地区发现的五六十万年前的"南召人"在全国范围内并不是最早的，其前已有元谋、巫山、蓝田等诸多原始人。新石器时代，中国境内的原始文化族群更是星罗棋布，中原地区的裴李岗文化、仰韶文化；长江流域的河姆渡文化、良渚文化；山东半岛的岳石文化、龙山文化；北部的红山文化等，这些文化并驾齐驱，难分先后。但正是在裴李岗文化和仰韶文化阶段，以农耕迅速发展起来的黄河流域中部率先成为文化的中心，而那些高地、沼泽、盐碱滩或绵亘的山区则成为边缘地带。如中原地区实力最强的黄帝部落，文化发达程度（制农具、制礼仪、养蚕缫丝，以及仓颉造文字之说）与周边相比已凸显优势。于是黄帝部落依靠其强大的实力先是战胜西部的炎帝部落，随后又打败东夷蚩尤部落，把势力扩展到今黄河下游[1][2][3]。于是，这个由中心地带发展起来的文化逐渐演变为主体文化，周围地带的文化遂成为边缘文化，那里的民族也被《礼记·王制》称为"夷、蛮、戎、狄"。位于中国东南部的吴越之地正是这样一个地域。

吴越文化作为长江下游统一的区域文化，是到春秋时期才形成的。在这以前，吴自吴，越自越，是两支不同的区域文化，造成这种区别的主要原因也是地理条件：一是古代长江在镇江以东江面突然变宽，形成喇叭口，造成镇江以西江面较窄，南北交通不便，而镇江以东的太湖平原则自成一统；二是镇江地

---

[1] 李考聪.中国区域历史地理[M].北京：北京大学出版社，2004：5，297.
[2] 拉铁摩尔.中国的亚洲内陆边疆[M].唐晓峰，译.南京：江苏人民出版社，2014：23，18-19.
[3] 王保国."夷夏之辨"与中原文化[J].郑州大学学报：哲学社会科学版，2009（5）：150.

区的茅山也自然地把其分为东西两部[①]，西部是宁镇丘陵地区（南京至镇江一带），东部为太湖地区（今常州以东、钱塘江以北的环太湖地区）和宁绍平原地区（杭州湾以南，绍兴、宁波一带）。吴越地区发现的新石器文化遗址也表现出同样的文化特点：太湖地区及宁绍平原的文化面貌比较相近，与宁镇地区差异则较大。因此，在后来的发展中，它们又各自衍生了两支文化：太湖、宁绍地区的马桥文化（即先越文化）及宁镇地区的湖熟文化（即先吴文化）。周代的越文化与吴文化，便是由马桥文化和湖熟文化发展而来的。（表1-1）

表1-1　吴越地区新石器时代文化序列对照表[②]

时间	地区		地区	
	宁绍平原（宁波、绍兴一带）	太湖地区	宁镇地区（南京、镇江一带）	中原地区
公元前5000年之前				磁山—裴李岗文化（前5900年—前5170年）
公元前5000年—公元前3000年	河姆渡文化（前5000年—前3300年）	马家浜文化（前5000年—前4000年）	北阴阳营文化（前4000年—前3000年）	仰韶文化（前4800年—前3070年）
		崧泽文化（前3900年—前3300年）		
公元前3000年—公元前1000年		良渚文化（前3300年—前2200年）	点将台文化（前2100年—前1600年）	河南龙山文化（前2600年—前1900年）
				夏（前2070年—前1600年）
		马桥文化（前1730年—前900年）	湖熟文化（前1450年—前1190年）	商（前1600年—前1046年）

[①]董楚平，金永平.吴越文化志[M].上海：上海人民出版社，1998：11-12.
[②]梁白泉.吴越文化：中国的灵秀与江南水乡[M].上海：上海远东出版社，香港：商务印书馆，1998：17.

普列汉诺夫说："任何一个民族的艺术都是由它的心理所决定的；它的心理是由它的境况所造成的，而它的境况归根到底是受它的生产力状况和它的生产关系制约的。"[1]人类早期的风土习俗、生活方式的形成、发展亦如此[2]。因此，在探讨吴越武术文化的早期特征时，吴越地区的"境况"是绕不开的话题。

一、地理环境

在中国的版图内，吴越地区位于东南部，属于长江中下游段，其北部以水系为主，南部则多丘陵、山地，体现出独特的山水环境。具体来说：

江苏是全国地势最为低平的一个省份，绝大部分在海拔150米以下。平原占全省总面积的68%左右，由苏北平原、黄淮平原、江淮平原、滨海平原、长江三角洲平原组成。长江水系是其主要的水资源，不仅位于江、淮、沂、沭、泗五大河流下游，而且长江横穿江苏省南部，除拥有中国五大淡水湖中的太湖（2427.8平方公里，第三）和洪泽湖（2069平方公里，第四）外，还包含290多个的大小湖泊和众多支河。少量的低山丘陵则集中在徐淮平原的北部和西南的宁镇地区，主要有老山山脉、云台山脉、宁镇山脉、茅山山脉、宜溧山脉，最高峰位于连云港的云台山玉女峰，海拔625米。

上海属长江三角洲冲积平原，全境地势平坦，平均海拔在5米左右。它位于中国南北海岸的中心点，长江和黄浦江入海汇合处。其中黄浦江干流全长80余公里，其上游在松江区米市渡处承接太湖、阳澄淀泖地区和杭嘉湖平原来水，贯穿上海至吴淞口汇入长江口。黄浦江的主要支流吴淞江（又称苏州河）发源于太湖瓜泾口，经由上海市区（现外白渡桥）附近汇入黄浦江，上海境内约有54公里。上海的河道（湖泊）面积约500多平方公里，主要集中在与苏、浙交界的西部洼地，最大的湖泊为淀山湖，面积为60余平方公里。此外，海域上有大金山、小金山、浮山（乌龟山）、佘山岛、小洋山岛等岩岛；西部有天马山、薛山、凤凰山等残丘，陆上最高点为天马山，海拔99.8米。

与江苏、上海相比，浙江的地形较为复杂、多样，是我国岛屿最多、陆域面积最小的省份之一。地形自西南向东北呈阶梯状倾斜，西南以山地为主，中

---

[1] 顾希佳. 从吴越神歌与萨满、傩的比较研究看吴越文化心理的地域特征[J]. 浙江学刊, 1999（5）: 147.

[2] 费君清. 中国传统文化与越文化研究[M]. 北京：人民出版社, 2004: 211.

部以丘陵为主，东北部是低平的冲积平原。其中，山地、丘陵约占70%，平原连同水面（不包括海域）不足30%，主要由杭嘉湖平原（杭州、嘉兴、湖州）、宁绍平原（宁波、绍兴）、金丽衢平原（金华、丽水、衢州）、温台平原（温州、台州）组成，有"七山一水二分田"的说法①。西南的山地多为千米以上的群山盘结，其中位于龙泉境内的黄茅尖为浙江省的最高峰（海拔1929米）。浙江境内共有，自北向南有苕溪、京杭运河（浙江段）、钱塘江、甬江、灵江、瓯江、飞云江和鳌江，除苕溪、京杭运河外，其余各独流入海。沿海岛屿3000余个，面积为495.4平方公里的舟山岛（舟山群岛主岛）是中国第4大岛。

从整体俯瞰，吴越地区的坐标处于北纬27°~31°，东经120°，属温带季风性气候带（气候温热潮湿，雨量充沛，降水集中在夏季），邻近日本列岛西部（上海吴淞口至日本长崎仅为460海里）和朝鲜半岛南部（上海吴淞口至韩国釜山约为500海里），绵延的海岸线由北至南呈现出向外凸展的扇形地貌。因此，对于吴越地区来讲，海湾是沟通其内陆腹地与东部海上邻国交通往来的中途站，岛屿则是海上船只登陆与起航的前沿阵地②。

但是，这种优越的地理环境对于吴越地区早期先民来说，仅是生存就已不易。上古时期的吴越，气候温热潮湿，大部分地区被森林、竹林、沼泽覆盖，多有毒蛇猛兽，地虽广袤但人口稀少，又因当时生产力低下，农业无法与北方平原地区相比，正如谢和耐所言，"地域导致采纳某种生活方式，并对其有所限定"③。从明代王士性《广志绎》对浙江的划分也可窥出，"杭、嘉、湖平原水乡，是为泽国之民；金、衢、严、处丘陵险阻，是为山谷之民；宁、绍、台、温连山大海，是为海滨之民"④，可见，原始的渔猎采集才是吴越先民的主要生活方式。春秋时期，吴王阖闾在提及自己的国家时说，"吾国僻远，顾在东南之地，险阻润湿；又有江海之害，君无守御，民无所依，仓库不设，田畴不垦"⑤；《管子·水地》也描述越国，"越之水浊重而洎，故其民愚疾而垢"⑥。即使至汉代，司马迁在《史记·货殖列传》中描述吴越状况时仍言其

---

① 李孝聪.中国区域历史地理[M].北京：北京大学出版社，2004：5，297.
② 黄胜平，程勉中.中国吴越文化比较研究[M].北京：作家出版社，2011：318-319.
③ 谢和耐.中国社会史[M].黄建华，黄迅余，译.南京：江苏人民出版社，2014：11.
④ 黄宛峰.吴越文化与中州文化比较研究[M].北京：中国社会科学出版社，2009：237.
⑤ 赵晔.吴越春秋[M].徐天祐，音注.南京：江苏古籍出版社，1999：30-31.
⑥ 管仲.管子[M].吴文涛，张善良，编著.北京：北京燕山出版社，1995：300.

"地广人稀，饭稻羹鱼，或火耕而水耨，果隋蠃蛤，不待贾而足，地埶饶食，无饥馑之患，以故呰窳偷生，无积聚而多贫。是故江淮以南，无冻饿之人，亦无千金之家"[1]。这说明，吴越地区虽然经历了春秋战国时期的大发展，但仍因人口稀少和生产力不发达而没有得到很好的开发，人们虽然不再受饥饿之苦，但也没什么财富积累[2]。换句话说，此时的吴越之地，在北方人眼中，依然处于恶劣的自然地理环境和文化落后的社会环境之中。

二、民族特征

关于吴、越的民族来源，古今很多学者都视其为一体，或认为是一族两国、一族两支。谭其骧先生认为，江浙有很多地名，诸如"句""於""姑""无""乌"等，是与古代吴越语的发音有关的，因此吴、越是同语系的一族两国。王文清先生也认为，吴、越土著居民地域相邻，语言、性格、生活方式和习俗等均相同，自是同族。此外，也有学者认为句吴、于越虽为一个部族但是两个不同的分支，亦有吴源于越或越源于吴的观点分歧[3]。

随着考古挖掘成果的不断出现以及对考古遗物的深入推究，学界的观点也渐趋一致，认为越文化、吴文化最早都是由各自的先民创造的，也就是说，于越先民、句吴先民是由各自的原始住民发展而成的，分属于两个完全不同的民族，是在后来的发展进程中才逐步形成文化类同的。

从考古遗存来看，越地主要有小黄山文化遗址、跨湖桥文化遗址、河姆渡文化遗址、良渚文化遗址、马桥文化遗址等。而"吴文化的渊源应为以南京北阴阳营下层（第四层）为代表的新石器时代文化"，越在商末周初立国于宁镇一带，有自己独立的原始文化发展序列（湖熟文化）。越文化的陶器以灰陶、黑皮陶及硬陶为主，吴文化是夹砂和泥质红陶。而陶器上的纹饰，越文化为兰纹、带状繁云雷纹和鱼鸟纹，吴文化是梯格纹和贝纹。吴文化炊器为鬲和甗，越文化是鼎等，都反映出吴、越先民是不同的民族，拥有不同的审美取向[3]。

从图腾崇拜来看，于越和句吴拥有不同的图腾信仰。"于越"，又被称为"於越"，"皆越人夷语之发声"。在《说文解字》中，"於"即"象古文乌

---

[1] 司马迁.史记[M].易行，孙嘉镇，校订.北京：线装书局，2006：541.
[2] 曹金华.吴地民风演变[M].南京：南京大学出版社，1997：4-5.
[3] 黄胜平，程勉中.中国吴越文化比较研究[M].北京：作家出版社，2011：88-89.

省"；《康熙字典》注："於……同乌，隶变作於，古文本象乌形"。可见，"於"就是古文象形字"乌"的笔画简化，"乌"是一种鸟，越人的族名首先就包含了对鸟的图腾崇拜。其次，考古学家对河姆渡遗址、良渚遗址中出土的以象牙、骨、木、陶为质料的鸟形雕塑和鸟纹图案进行考察后指出，"大约从7000年前河姆渡文化开始，鸟形器就成为这一地区原始艺术创作活动的重要题材之一，并以一种相对稳定的造型结构和母题元素而被其后的文化所承继"，因此，"越国本土土著部族的先祖河姆渡人是鸟图腾和鸟崇拜最早的部族"。另从鸟书、鸟田、鸟居等方面也反映出越人的这种崇拜[①90-92]。

然而，在句吴先民的文化信息中，却极少看到鸟图腾的踪影。据清代学者陈启源《毛诗稽古编》卷二十三介绍，唐代陆德明《释文》曾引何承天语，云："吴字误，当作**吴**，从口下大，故鱼之大口者。"何承天是南朝刘宋时期著名的天文学家、思想家，在姓名学、礼仪学、吴地历史文化等方面有很高造诣，堪称中古历史上最博学的学者。其姓名学著作《姓苑》、宗法礼仪著作《礼论》三百卷和近百卷《宋书》中有大量内容都涉及吴地历史文化，因此他把"吴"的本义解作"鱼"，绝不可能是随心所欲的。20世纪30年代的卫聚贤先生也利用发现的甲骨文和金文资料，对"吴"的本义即"鱼"进行了证明。其《吴越释名》说：吴，甲骨作**大吴**，金文作**大吴**（字型不少，以此四者为典型），均为"鱼"之简形。吴王寿梦以前的"吴"，都写作"虞"，即"虞"，寿梦自称为"工王"，即鱼、虞两字的合写，亦即两字的通写。姑蘇的蘇字，金文作**蘇**，活灵活现的一条鱼（嘴边一棵水草）。姑蘇台，《吴郡图经》云"一名姑蘇，一名姑馀"，按古音同字通例，蘇即馀，亦即鱼。又，苏州城南磨盘山上的吴城，《吴郡志》作"鱼城"。由此可见，"句吴"的"吴"，"姑蘇"的"蘇"，本来的字形、字意、字音都作"鱼"。而且，吴地"方言谓鱼为吴"的习惯至今没有改变，吴、鱼都读［姑］，这种情况在越地绝不存在，如陆游《老学庵笔记》卷六所说"吴人讹'鱼'字，则一韵皆开口"，"时至今日，苏州人还呼自己为鱼［ŋ］"[①93]。

可见，于越的图腾是乌、鸟，句吴的图腾是鱼，无论是考古实物还是图腾崇拜，都反映出"于越""句吴"的土著民分属于两个不同的民族，是其后密切交流与发展，才使两个民族呈现出越来越多的相似性，吴、越遂被认为是一体的。

---

① 黄胜平，程勉中.中国吴越文化比较研究［M］.北京：作家出版社，2011.

三、风俗习惯

人与所处自然生态环境互动适应的表现就是其风俗习惯和特质[1]。吴越地区丰富的水系环境，使其产生了与中原相异的"断发文身"和"以船为车"的特征。

"断发文身"作为吴越的重要习俗之一，相关的史料记载也比较多。《论衡·书虚篇》载："禹时，吴为裸国，断发文身。"《史记·吴太伯世家》有："太伯、仲雍二人乃奔荆蛮，文身断发，示不可用。"说明太伯、仲雍来到吴地后，也跟随吴人的这一习俗，以"断发文身"相示。《左传·哀公七年》言："太伯端委以治周礼，仲雍嗣之，断发文身，裸以为饰，岂礼也哉？有由然也。"正因如此，句吴立国后，就把"断发文身"立为"国俗"，凡是归顺吴国的人，都必须服从这种"国俗"。《左传·昭公三十年》也记载，徐国被吴国打败后，徐国的国君章禹降吴时要剪断头发，以迎接吴王。

于越的相关习俗记载出现在《庄子·逍遥游》中，云"越人断发文身"；《淮南子·齐俗训》中记载，"越王勾践，劗发文身，无皮弁搢笏之服，拘罢拒折之容"；等等。劗发与断发，都是剪断头发，使其变短之意。文身，就是在身体上黥作龙蛇纹的图样。于越的断发文身习俗，与中原的魏国和近邻的楚国都不一样。《说苑·奉使》中有一段越国使臣出使魏国的记载：越使诸发执一枝梅遗梁王，梁王之臣曰韩子，顾谓左右曰："恶有以一枝梅以遗列国之君者乎？请为二三日惭之。"出谓诸发曰："大王有命，客冠则以礼见，不冠则否。"诸发曰："彼越亦天子封也，不得冀衮之州，乃处海垂之际，屏外蕃以为居，而蛟龙又与我争焉。是以剪发文身，烂然成章以象龙子者，将避水神也。今大国其命冠则见以礼，不冠则否。假令大国之使，时过弊邑，弊邑之君亦有命矣。曰：'客必剪发文身，然后见之。'于大国何如？意而安之，愿假冠以见，意如不安，愿无变国俗。"梁王闻之，披衣出，以见诸发，令逐韩子。诗曰："维君子使，媚于天子。"若此之谓也[2]。《韩诗外传》卷八也记载了类似的故事。

由此可见，吴、越两地都有断发文身的习俗，而且均为国俗。但吴与越又稍

---

[1] 何玉芳.赫哲族、那乃族文化变迁比较研究［D］.北京：中央民族大学，2007：34.
[2] 卢元骏.说苑今注今译［M］.台北：台湾商务印书馆，1997：406.

有不同，《战国策·赵策二》载："黑齿雕题，鳀冠秫缝，大吴之国也"。所谓"黑齿"，即"以草染齿为黑"；"雕题"就是"刻其肌，以丹青涅之"的"文身"；"鳀冠"即以鲇鲅为冠；"秫缝"是指女工针缕粗拙。意思就是，句吴人虽断发文身，但会戴做工不够精致的鲅冠，而于越人是不戴冠的①。（图1-1、图1-2）

图1-1 青铜镦（春秋），现藏于绍兴越国文化博物馆②

图1-2 青铜镇兽座（春秋），现藏于浙江省博物馆③

---

①辛土成.论吴越的民俗[J].浙江学刊，1987（2）：121.
②这是1990年在绍兴县漓渚镇中庄村坝头山出土的青铜鸠杖，分杖首和杖镦两部分。杖首长26.7、銎径3.7厘米、厚0.2厘米，杖镦长30.6厘米、銎径3.6厘米、厚0.2厘米。杖镦末端为一双目平视、唇上蓄须的踞坐越人形，双手平放膝部。发型特征为前面"断发"中分梳向两侧，后面扎成"椎髻"，并横穿一簪，枕骨以下、脖颈之上余发皆剪去。身上遍布几何纹、蝉纹等文身，裸体无衣，仅在腰下系兜裆丁字带。蔡晓黎.浙江绍兴发现春秋时代青铜鸠杖[J].东南文化，1990（4）：116.
③这件青铜镇兽座，以4个"断发文身"的伏身越人俑为座脚，发型特征亦为前面"断发"梳成中分，后面扎成"椎髻"，并横穿一簪，身上遍布几何纹文身。牟永抗.绍兴306号战国墓发掘简报[J].文物，1984（1）：29.

除"断发文身"外，舟楫文化也是吴越地区的重要特征之一。《淮南子·齐俗训》有："胡人便于马，越人便于舟。"《慎子》载："行海者，坐而至越，有舟也；行陆者，立而至秦，有车也。"《越绝书》也说："夫越性脆而愚，水行而山处，以船为车，以楫为马。"

考古学家的发现也证实了这一现象。如在7000年前河姆渡遗址中出土的木桨，其做工已经非常精细，由单块木料加工完成，桨柄与桨叶没有销钉或榫卯，而是自然相连的。保存较好的一件残长92厘米，宽12.2厘米，厚2.1厘米；柄部残，断面呈方形，粗细仅容手握，桨柄与桨叶结合处有弦纹和斜线纹图案（图1-3）。考古学家认为，桨是随着船的出现而出现的，有舟未必有桨，有桨却必定有舟，因此独木舟在长江中下游和滨海地区出现于8000年前或更早也是基本可以推断的。1958年前后，在浙江省的吴兴钱山漾和杭州水田畈两处又发掘出新石器时代末期的文物[1][2]，有五六只木桨被证明为4700年前的。钱山漾的木桨用青冈木制成，桨叶呈长条形，长96.5厘米，稍有曲度，凸起的一面正中有脊，柄长87厘米。水田畈木桨分宽窄两种，宽者叶宽而扁平，宽26厘米，厚1.5厘米，末端削成尖状，另作桨柄捆绑其上；窄者桨叶宽10～19厘米，用整根木料削成，桨柄呈圆锥形。这一批木桨的发现说明，在新石器时代，长江中下游的舟船活动就已相当广泛，而且意味着它对于促进生产发展和文化交流都具有重大意义[3]。

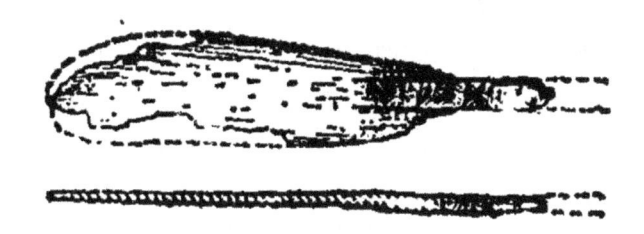

图1-3 浙江余姚河姆渡遗址的雕花木桨[4]

以至于西周时，句吴就能制造出10米长的独木舟（图1-4）；春秋时已能制造不同形制的船。文献记载吴国已有战船如大翼、小翼、突冒、楼船、桥船等，还有专供吴王使用的大舟——"余皇"。又载："大翼一艘广丈六尺，长十二丈，容战士二十六人，棹五十人，舳舻三人，操长钩矛斧者，四吏，仆射

---

[1] 浙江省文物管理委员会.吴兴钱山漾遗址第一、第二次发掘报告[J].考古学报，1960（2）：93.
[2] 浙江省文物管理委员会.杭州水田畈遗址发掘报告[J].考古学报，1960（2）：103.
[3] 席龙飞.中国造船史[M].武汉：湖北教育出版社，2000：14-15.
[4] 林华东.吴越舟楫考[J].东南文化，1986（1）：111.

长各一人";"大翼一艘长十丈,中翼一艘长九丈六尺,小翼一艘长九尺"。按先秦的度制,一尺约等于今20.1厘米。那么,大翼一艘的长度约20.1米,中翼约19.30米,小翼约1.81米;而"余皇"的长度不得而知。但根据大翼的长度来看,当时造船的工艺水平是相当可观的[①]。

图1-4 跨湖桥遗址8000年前的独木舟[②]

正是凭借高超的造船技艺与舟行本领,吴、越两国都建立了强大的水师,如吴楚柏举之战,吴越樵李、夫椒、笠泽之战等,都是以水战为主的。伍子胥还以车战为基础,结合水战特点,制定了一套完整的水师编制和水战之法。《越绝书》就记载了一段吴王阖闾与伍子胥讨论水师训练方法的对话,"阖闾见子胥:'敢问船运之备何如?'对曰:'船名大翼、小翼、突冒、楼船、桥船。今船军之教,比陵军之法,乃可用之。大翼者,当陵军之重车;小翼者,当陵军之轻车;突冒者,当陵军之冲车;楼船者,当陵军之行楼车也;桥船者,当陵军之轻足骠骑也'。"[③]伍子胥所说的战船大翼、小翼、突冒、楼船、桥船等,分别相当于陆军的重车、轻车、冲车、楼车、轻足骠骑。而越国的战船有"戈船""楼船"等,其中,"戈船"是越国首创,类似近战的快艇,后来还传到了中原地区[④]。

---

① 辛土成.春秋时代句吴社会经济初探[J].中国社会经济史研究,1984(3):111.
② 楼卫.跨湖桥独木舟原址脱水保护研究与实践[J].杭州文博,2014(1):153.
③ 袁康,吴平.越绝书全译[M].俞纪东.译注.贵阳:贵州人民出版社,1996:309-310.
④ 刘苦知.剑与温柔:吴越文化[M].沈阳:沈阳出版社,1997:78-89.

第二节　夷夏文化的早期互动

吴越与中原，联系较早，以吴国为例，自太伯、仲雍南奔建国始（大致在商末）；越虽传说为夏时古国，然离中原更为僻远，则相对吴较迟些。但因江河湖泊阻挡、交通不便，这种时断时续的联系也使吴越社会在漫长的岁月中基本处于封闭或半封闭状态，相关史料记载很少。越国是允常以前不见史载，《史记·越世家·正义》引《舆地志》曰："越侯传国三十余叶……有越侯夫谭，子曰允常，拓土始大，称王。"《吴越春秋》卷六亦载："越之兴霸自元（允）常矣。"吴国则是寿梦称王（公元前585年）后，即春秋时期，吴越两国才开始逐渐出现在中原各国的视野中。

春秋时期，中原政治形势发生变化，在诸侯争霸战事不断的同时也促进了各国的交流往来，吴王寿梦也利用这一时机促进与各国的联系。晋、楚争霸是当时春秋大国间的主要矛盾，晋实行拉吴制楚的政策，派巫臣"通吴于晋"，寿梦因势利导，接受了这一政策，任用巫臣训练吴军，教之车战、射御、战阵之法，使吴国军事实力大增，更屡败楚军及楚之属国——"蛮夷属于楚者，吴尽取之，是以始大，通吴于上国"[1]。从此，吴国成为南方一大强国，并跻身于中原，与中原各国多次会盟，从而加速了自身的华夏化进程。阖闾继位后，在伍子胥、孙武等人辅佐下，励精图治，"西破强楚，北威齐晋，南服越人"，声威大振。此后，夫差败越于夫椒（今吴县），又北上大败齐军于艾陵（今泰安），与晋争盟于黄池（今河南封丘西南）[2]。可见，自寿梦始，许多外来人才如申公巫臣、伍子胥、伯嚭、孙武等纷纷入吴，为吴国带来了"安君理民"之策和"兴霸成王"之道。越国虽兴于允常，但至勾践时才开始不断强大。越王勾践任用文种治理国政，范蠡整顿军旅，计然发展经济，从而在吴越争霸中成为最后的胜利者而显赫一时，且在秦并越地之前，勾践所营建的都城始终是越国文化的汇聚之地。

因此，有学者指出："吴越崛起于东南，所受三代以来中原圣人们的影响不多，而受春秋以来百家争鸣、思想解放的冲击却很大，敢于独立思考，开拓进取……"[3]。

---

[1] 冀昀. 左传[M]. 北京：线装书局，2007：254.
[2] 詹子庆. 吴越文化与东夷文化的比较研究[J]. 东北师大学报：哲学社会科学版，1992（2）：34.
[3] 王遂今. 吴越文化史话[M]. 杭州：浙江大学出版社，2005：6.

一、孙子兵法：齐文化与吴越文化的融合

对于《孙子兵法》与中国武术的关系，《武术学概论》是这样描述的，"根植于传统文化土壤中的中华武术，其技击战略战术思想直接渊源于《孙子兵法》，《孙子》哲学成为武术思想的重要基础。"[1]所以古谚有"拳兵同源""自古拳势通兵法，不识兵书莫练拳"之说。

孙武，字长卿，春秋后期齐国乐安（今山东惠民）人，约与孔丘同时期，因"田、鲍四族之乱"奔吴，避于吴都郊外，而此时的吴国渐趋强大，欲与其他诸国抗衡争霸，急需谋臣良将。吴王阖闾三年（公元前512年），经伍子胥引荐，孙武把撰写的兵法呈给吴王。随后，孙武被任命为将军，在一系列争霸的战争中"西破强楚，北威齐晋，南服越人"。通过数十年的战争实践，孙武对其兵法进行了补充、完善，从而为后人留下了宝贵的兵学著作。

有学者在探讨地域性兵学流派时把春秋战国时期由楚、吴、越等国形成的兵学思想归纳为"先秦南方兵学"，认为："所谓先秦南方兵学，是指它深受道家和阴阳家思想影响，具有明显的诡诈用兵特点。"春秋中期以后，批判周朝兵学仁义礼让倾向的呼声越来越高，虽然中原地区出奇用诈的现象日益频繁，但南方三国在战争观变化的超前性方面远远走在中原各国的前面，他们几乎不受古军礼的束缚，广泛采用晦日出兵、诱退夹击、设伏夜袭等于礼不合的新战法，加上当地盛行的道家和阴阳家思想的强烈影响，这一时期的南方兵学已呈现出不同于中原兵学的面貌，而其中的孙子兵法就是在借鉴源于殷文化的五行学说、崛起于楚地的阴阳学说、发端于周朝八卦文化的中和学说，而构筑出的全新兵学体系[2]。

关于《孙子兵法》产生与形成的文化渊源与属性，近三十多年来国内兵学界、学术界人士发表了许多著论，观点主要有三：一是认为《孙子兵法》产生于崇尚兵学传统的军事大国——齐国，是齐文化的产物；二是认为《孙子兵法》书成于"吴"，孕育《孙子兵法》的基因是齐文化，而产生《孙子兵法》的土壤是吴文化；三是认为《孙子兵法》为齐文化和吴越文化共同孕育而成[3]。本书比较赞同第三种观点，即认为它"源于齐文化，而善于吴越文化，是齐文化

---

[1] 徐才.武术学概论[M].北京：人民体育出版社，1996：79.
[2] 刘庆.先秦南方兵学及其与齐国兵学之比较[J].管子学刊，1998（3）：40-45.
[3] 陆允昌.《孙子兵法》"明"于吴，而"言"于齐[J].孙子研究，2018（1）：106-110.

与吴越文化的融合"[1][2][3]。

源于齐文化，是指齐国兵文化的传统和孙武的家世为其撰写《孙子兵法》提供了思想生成的环境。赵承凤认为，"中华兵学在其漫长的发展过程中，尤其从上古到战国时期，不论从初期形成之源头，兵家人物之众多、兵学著作之丰富，对战争和军事领域影响之深远，齐国都占据极其重要的地位，稳居先秦各国之首。"[4]如军事家姜尚、管仲、司马穰苴等，所著的兵书有《六韬》、《管子》谈兵论战篇、《司马穰苴兵法》等。同时，孙武生于将世之家，前辈陈无宇、陈僖子、陈书等都是当时的名将，司马穰苴也出自田氏家族。如果孙武不是生活在齐国，与齐都的兵学大家隔离，与身为将军的祖父、父亲、叔父分开，纵然是一个天才神童，也难以写出惊世之作[5]。

从《孙子兵法》"兵者诡道"的思想特征来看，它也体现了齐国"尚智""尚功利"的特点。吴如嵩先生在《孙子兵法新论》中说："从军事哲学的角度考察，在《孙子兵法》如此众多的战争规律中，最根本、最核心的规律就是'刚柔皆得'。"兵书中的虚实、奇正、强弱、攻守、众寡也都印证了这一规律，而这与姜尚的"全胜不斗，大兵无创"、管仲的"至善不战，其次一之"的思想是一脉相承的。《史记》中称太公"多兵权与奇计"，就是指其文伐（政治瓦解）与武伐（军事进攻）并用，孙子把它上升为"上兵伐谋，其次伐交，其次伐兵，其下攻城""不战而屈人之兵"的思想，也由此产生中国古代兵学"用智不斗力"的传统[6]。

善于吴越文化，指吴越地区为《孙子兵法》提供了战争实践的环境，使其更加完善。陆允昌认为："所谓'草成'，是说《孙子兵法》早在孙武入吴以前已初步形成，齐地和齐文化是它的'母体'。所谓'诞生'，是说孙武在齐地孕育并草成的兵法十三篇是在他来到吴地后方始问世，犹如妇女'十月怀胎'在'齐'，而'一朝分娩'在'吴'。之后，经过与吴王阖闾问对、吴伐

---

[1] 于敬民，于建华.《孙子兵法》为齐与吴越文化共同孕育而成例证十二[J].管子学刊，1992（3）：71.
[2] 吴如嵩.以战略文化为龙头推进《孙子兵法》的研究[J].中国军事科学，2004（6）：22-24. 吴如嵩认为，《孙子兵法》的文化属性必须从思想文化上寻求答案，"这样的著作，如果不是深受齐、吴文化熏陶的人是写不出来的。它在思想文化上的齐吴文化属性深深地铭刻在它的字里行间。"
[3] 徐同林.吴文化与《孙子兵法》散论[J].苏州大学学报：哲学社会科学版，1997（1）：118. 徐同林提出，"《孙子兵法》之所以如此伟大辉煌，是因为它是包括吴文化在内华夏诸文化的结晶。如果说它植根于中原，萌芽于齐国，那它开花结果都是在吴国。"
[4] 山东孙子研究会.孙子兵学年鉴（2010—2011）[M].济南：山东省地图出版社，2013：439-443.
[5] 陆允昌.《孙子兵法》"明"于吴，而"言"于齐[J].孙子研究，2018（1）：108.
[6] 孙兵.齐国兵学文化与《孙子兵法》[J].滨州学院学报，2007（5）：55-56.

楚的军事实践以及在吴地受到的文化影响，孙武把从齐国带来的兵法十三篇作了修改、充实。"①

如《军争篇》载："不知山林、险阻、沮泽之形者，不能行军"，曹操解释说："高而崇者为山，众树所聚者为林，坑堑者为险，一高一下者为阻，水草渐洳者为沮，众水所归而不流者为泽"，描述的正是吴越江河纵横、山丘起伏的地形特征，在河北和鲁西北平原地区，这种地貌是比较少见的。根据吴越地区地势低洼、杂草蔓长的特点，《行军篇》说，"军行有险阻、潢井、葭苇、山林、翳荟者，必谨覆索之，此伏奸之所处也"，孙武总结出"众树动者，来也；众草多障者，疑也；鸟起者，伏也；兽骇者，覆也"等察敌要略②。而且，关于吴、越征战，吴王与孙武的问答也能在《孙子兵法》中找到实例。

同时，吴、越两国"强国霸王"思想的趋利性也体现在《孙子兵法》中。作为蛮夷之地，吴、越两国想取得中原正统的认可，势必需要强国。吴王阖闾称王之初，即问伍子胥："寡人欲强国霸王，何由而可？"伍曰："立城郭，设守备，实仓廪，治兵库。"越王勾践欲报会稽之耻亦问文种："吾欲伐吴，奈何能有功乎？"可见，两国君王关注的无一不是功利。据统计，"利"在《孙子兵法》中共出现约52次，如"因利而制权""举军而争利""非利不动，非得不用"等，并且两次出现"合于利而动，不合于利而止"之言，所以又有学者把《孙子兵法》的思想体系归结为"利战"③70。

然而，《孙子兵法》"兵以诈立"的"利战"体系虽然改变了春秋中期以前以周礼为主的战争面貌，但其"利"的思想并不排斥儒家关于"仁义"的内涵。如"利"是"安国保民"的国家公利，而不是君王或将领的一己私利，因此"主不可以怒而兴师，将不可以愠而致战"。"不战而屈人之兵"倡导的就是要在获取最大利益的同时，也要把自身的损失减少到最小，这正是兵家"仁"思想的体现。另外，军事战争是以"利"而不是以"义"作为价值尺度的，有时更需要敢于付出巨大牺牲的"大仁"，而不是不忍之心的"小仁"，所以"兵以利动"，而不是"兵以胜动"。在用兵上要发挥诡道，以"诈"来克敌制胜，在治兵上则多施仁义，以调节官兵关系，所以要"视卒如爱子"。可见，在《孙子兵法》中，"诡道"思想和"仁义"思想也得到了完美的统一③74。

"用智不用力""兵以诈立"思想，不仅直接影响到其后不久的《越女论

---

① 陆允昌.《孙子兵法》"明"于吴，而"言"于齐[J].孙子研究，2018（1）：111.
② 刘亦冰.《孙子兵法》与吴越文化[J].文史哲，1994（1）：66.
③ 曹静.先秦兵家的军事伦理思想研究[D].长沙：中南大学，2012.

剑》，同时，兵家思想以及与儒家的兼容也都对此后中国武术的技击和伦理思想产生了重要的影响。

- 袭用征引《孙子兵法》之武术典籍举要：李亦畲《太极拳论》曰，"欲要引进落空，四两拨千斤，先要知己知彼；欲要知己知彼，先要舍己从人……平日走架，是知己功夫……打手，是知人功夫……所谓'知己知彼，百战百胜'也"。郭云深《能说形意拳经》中强调形意拳在进攻之前应"存心谨慎，要知己知彼"。而且他在拳论中指出奇正是相对而言的："所用之虚实奇正，亦不可专有意用于奇正虚实。己手在彼手之上，用劲拉回，如落钩杆，谓之实。己手在彼手之下，亦用劲拉回，彼手挨不着我的手，谓之虚。奇正之理亦然，奇无不正，正无不奇；奇中有正，正中有奇；奇正之变如循环之无端，所用无穷。"戚继光《纪效新书·拳经捷要篇》提到："若以各家拳法兼而习之，正如常山蛇阵法，击首则尾应，击尾则首应，击其身而首尾相应，此谓上下周全，无有不胜。"宋世荣《论形意拳》提出："有千万法者，是一气之流行也。应敌之时，当刚则刚，当柔则柔，起落进退变化，皆可因敌而用之也……兵法云：譬如常山蛇阵式，击首则尾应，击尾则首应，击其中而首尾皆应"。俞大猷在《剑经》中讲了许多棍法的实战技术后，总结说："千言万语，不外乎'致人而不致于人'一句。"
- 藉《孙子兵法》原理释武术技理之举要：《孙子兵法》认为要真正掌握主动权并非易事："微乎微乎，至于无形；神乎神乎，至于无声，故能为敌之司命。"意即必须达到非常微妙、非常神奇之境界，才能做敌方之主宰，调动敌人听从自己。于是，太极拳理论把这种能掌握主动权称为"懂劲"：由着熟而渐悟懂劲，由懂劲而阶及神明。指出"懂劲"的境界是十分精微的，其关键是"人不知我，我独知人。英雄所向无敌，盖皆由此而及也"。拳如练至"拳无拳，意无意，无意之中是真意"的无形无象无意而制人的境界，就是技击术的最高境界。程宗猷在回答"立守一势，可应敌乎"问题时："兵贵神速，必才立一势，又立一势，复换一势，使彼应接不暇，则胜势在我。若徒恃一势，则人悉其虚实，何能全胜哉？"说明拳势技法要多样而有变化。多样，适应各种不同运用之需要；变化，才能适应不同之攻守形势。这正是运用《孙子兵法》之奇正变化原理的阐释。如峨嵋拳的"十字"技法中有"骗"一术，即"欲左故右，欲上故下，欲远故近，欲取故与之法也。式式必有假，真假必同时；其真遇真时假，假遇假时真，诱骗为至关，妙用存乎心也。"
- 据《孙子兵法》思想创武术技法之举要：透过武术纷繁招式的绚丽外

表，会发现其内在深含《孙子兵法》的思想精髓，这说明《孙子兵法》与武术招式的创立有着渊源关系，在冥冥中从策略思想上指导着武术招式的创立。如峨嵋拳中的"探法"就是为有效地做到"知彼"而设的一种方法。另外体现《孙子兵法》之"兵之情主速"思想的翻子拳招式，讲究"快硬脆弹，势长节短，接二连三，攒翻应便，手密步坚，长腿搁拳"。还有形意拳的招式在研习或运用时讲究"七疾"，即"眼要疾，手要疾，脚要疾，意要疾，出势要疾，进退要疾，身法要疾"，具此七疾，方能制胜。《国术摘要》在论内家拳特色时指出："凡所谓内者，多不露于外；其妙用有形者少，专重于无形……是以多暗手，少明手；多险招奇招，少猛招烈招。自古以内家擅长者，往往伤敌于不知，败敌于无形"。明代武术家程冲斗在《少林棍法阐宗》中说："少林棍有穿、提、闪、赚之法……其机玄，其旨奥，非心精思巧者不能造，非功深力到者不可言。闪赚者，手固步小，推棍入彼怀中，左拿闪右，右拿闪左，莫可测度。"此外，醉拳的招式，外形一看步履踉跄、跌跌撞撞、身形飘忽、东倒西倾，其实每一招式在实践之中处处暗藏着指东打西、闪展腾挪、逢击而避、见隙而入、虚守实发的技击思想，每一跌摔的假象之中都包含有攻防含义。这都充分运用了《孙子兵法》中"善攻者，敌不知其所守；善守者，敌不知其所攻"的策略。[①]

二、越女论剑：谶纬与经学思想的折射

越女"手战之道"出自《吴越春秋·卷九·勾践阴谋外传》，它被《中国武术史》评价为"中国武术史上最早的武术理论"[②37]，学界还认为它是"最系统、最具体的以阴阳理论为基础的剑术技击之道"[②37-38③④⑤]。

越王问曰："夫剑之道则如之何？"女曰："妾生深林之中，长于无人之野，无道不习，不达诸侯。窃好击之道，诵之不休。妾非受于人也，而忽自有之。"越王曰："其道如何？"女曰："其道甚微而易，其意甚幽而深，道有

---

①丁丽萍.吴越武术文化研究［D］.上海：上海体育学院，2007：24-26.
②国家体委武术研究院编纂.中国武术史［M］.北京：人民体育出版社，1997.
③于志钧.中国传统武术史［M］.北京：中国人民大学出版社，2006：105.
④马国兴.古拳论阐释［M］.太原：山西科学技术出版社，2001：6.
⑤康戈武.理根太极拳传八方：论太极运动观（上）［J］.中华武术，2001（4）：13.

门户，亦有阴阳，开门闭户，阴衰阳兴。凡手战之道，内实精神，外示安仪，见之似好妇，夺之似惧虎。布形候气，与神俱往，杳之若日，偏如腾兔。追形逐影，光若仿佛，呼吸往来，不及法禁。纵横逆顺，直复不闻。斯道者，一人当百，百人当万。王欲试之，其验即见。"[1]（表1-2）

表1-2　"越女论剑"之阐释

内容	释义1[②]	释义2[③]	与《孙子兵法》之关联
其道甚微而易 其意甚幽而深	其技甚微小故容易掌握；然其精深玄机之灵活运用，其意境之幽深莫测又非轻易获得	剑术的道理和方法是微妙而变化的	《越女论剑》中"布形候气"，静也；"与神俱往"，动也；"杳之若日"，无形也，难窥也；"直复不闻"，动于无声也，不得而知也； 《孙子兵法》则有"微乎微乎，至于无形；神乎神乎，至于无声，故能为敌之司命"
道有门户 亦有阴阳	手战之道，讲究开门攻敌，闭门防守之方法，也就有了"阴守、阳攻"之攻守内容	用"阴阳学说"指导剑术	
开门闭户 阴衰阳兴	内气充沛，形体柔顺，两者匹配合一而用，才能更好发挥开门攻敌、闭门防守之效用	开门为阳，闭门为阴；"兴衰"比喻刚柔，胜负只在开合之间	
内实精神 外示安仪	真气充沛，形体柔弱无骨，所以静而不躁，神态安舒，松静自然，舒展大方	指内实外虚	
见之似好妇 夺之似惧虎	像性情温柔、仪态娴淑的美妇，然其攻防动变之势，却像猛虎扑食那样敏捷，其动势之威猛使人见之而自然生发恐惧之心理	强调内实外虚	

---

① 赵晔.吴越春秋 [M].徐天祐，音注.南京：江苏古籍出版社，1999：148-149.
② 释义1为马国兴之阐释.见：马国兴.古拳论阐释 [M].太原：山西科学技术出版社，2001：5-8.
③ 释义2为于志钧之阐释.见：于志钧.中国传统武术史 [M].北京：中国人民大学出版社，2006：75-77.

（续表）

内容	释义1	释义2	与《孙子兵法》之关联
布形候气 与神俱往	形体柔弱无骨的各种攻防变化之六合形态，亦要待气之所入相配合才能产生攻防之势，而各种攻防之势的变化是与神共同完成的	审时度势，准确发动	《越女论剑》中"见之似好妇，夺之似惧虎，布形候气，与神俱往，杳之若日，偏如腾兔"； 《孙子兵法》中有："是故始如处女，敌人开户，后如脱兔，敌不及拒"
杳之若日 偏如腾兔	对于手战之道精髓的把握和运用遥远得犹如太阳，只知其能发光发热，但不知其原因；只能见到攻防变化之外形，像小兔蹿过来、蹦过去一样，皆是表象	指身法，前者言进退要速，后者言左右旁跃要轻灵	
追形逐影 光若仿佛	手战时，双方的攻防变化，刚柔虚实，追形逐影，以及拳形变化之灵敏快捷，仿佛雷电光闪之迅	讲的是剑法，强调追"形"逐"影"，即攻击目标是敌人的身躯	
呼吸往来 不及法禁	呼吸往来之瞬间胜负已分，至于用何法胜之，用后亦不及思得	呼吸应自然，不能用方法紧制	
纵横逆顺 直复不闻	对于手战之横纵的身法、顺逆之运用，仿佛从一开始修炼时就没有听说过一样	"纵横"为方，"逆顺"为圆，剑法之变化。"直复不闻"言动静，即动于无声也，不得而知也	

《吴越春秋》为东汉学者赵晔所著，他的生平仅在范晔《后汉书·儒林列传》中有简短记载：

赵晔字长君，会稽山阴人也。少尝为县吏，奉檄迎督邮，晔耻于厮役，遂弃车马去。到犍为资中，诣杜抚受《韩诗》，究竟其术，积二十年，绝问不

第一章 立于剑：秋水神光

还，家为发丧制服。抚卒乃归。州召补从事，不就。举有道。卒于家[①592]。

这里的《韩诗》，即《韩诗外传》，是对《诗经》进行阐释的经学著作，属于今文经学。赵晔从山阴（今浙江绍兴）到犍为资中（今四川资阳）学习《韩诗》长达20年，其师杜抚为犍为武阳人（今四川彭山），曾拜河南淮阳薛汉为师。薛汉"世习《韩诗》，父子以章句著名。汉少传父业，尤善说灾异谶纬"，曾受汉世祖光武帝之命编纂谶纬书，"建武初，为博士，受诏校定图谶"。他所教授的弟子中，"犍为杜抚、会稽澹台敬伯、钜鹿韩伯高最知名"。

薛汉字公子，淮阳人也。世习《韩诗》，父子以章句著名。汉少传父业，尤善说灾异谶纬，教授常数百人。建武初，为博士，受诏校定图谶。当世言《诗》者，推汉为长。永平中，为千乘太守，政有异迹。后坐楚事辞相连，下狱死。弟子犍为杜抚、会稽澹台敬伯、钜鹿韩伯高最知名。

杜抚字叔和，犍为武阳人也。少有高才。受业于薛汉，定《韩诗章句》。后归乡里教授。沈静乐道，举动必以礼。弟子千馀人。后为骠骑将军东平王苍所辟，及苍就国，掾史悉补王官属，未满岁，皆自劾归。时抚为大夫，不忍去，苍闻，赐车马财物遣之。辟太尉府。建初中，为公车令，数月卒官。其所作《诗题约义通》，学者传之，曰《杜君法》云[①591]。

赵晔所处的东汉初期，在意识形态领域基本形成了谶纬、今文经学和古文经学三足鼎立的局面，但东汉时期正统的经学与西汉相比有很大不同，突出的特征便是谶纬神学已渗透到经学的各个部分。许多著名经学家兼学谶纬，并以此教授门生。与其他今文经各家相比，谶纬神学对《韩诗》的渗透和影响是最严重的。如杜抚的《诗题约义通》、赵晔的《诗细历神渊》就是纬书，所以清惠栋《后汉书补注》言，"以'历'言诗，犹诗纬之风也"。因此可以推断，赵晔的思想中不仅师承了正统经学，还师承了传统的谶纬神学[②]。

谶纬，兴于西汉哀、平二帝时期，虽然那时还没有谶纬的名目，但其思想萌芽已经出现。如当时的经学是以儒学为骨干，辅以道、法、阴阳而构成的体

---

① 范晔.后汉书［M］.西安：太白文艺出版社，2006.
② 梁宗华.论《吴越春秋》的作者和成书年代［J］.苏州大学学报：哲学社会科学版，1999（3）：96.

系，其主要落脚点在于论证汉代秦立、皇权独尊之合法性。为此，经学家们建构了恢弘广大的宇宙自然秩序，将汉代秦立、皇权独尊纳入，将其看作宇宙自然运转的一部分，使之获得正当性、合理性和必然性，而其建构宇宙自然秩序的思想资源，则主要出自阴阳家。于是，随之而生的谶纬之学就在阴阳家本身所具有的神秘诡异特性的基础上推而广之，一发而不可收[1]。现存谶纬文献的内容主要包含以下几方面[2]：

一是商周以来形成的星占、风角等占候之学，以及战国中晚期及至汉初形成的象数易学的理论阐发、衍化，以卦气与灾异说为主，体现在"吉凶之应，随其象告"的上天言说方式上。也就是说，在这种符命观念影响下，洞悉上天谴告的实质性内涵，纠改政令失误，或是匡正君主德行的偏颇，是当时儒家政治思想的一个核心议题，而天人之道见于《周易》和《春秋》，"《春秋》灾异，以指象为言语，故在于得一类而达之也""《易》以象告"，所告不外乎吉凶之事；于《春秋》而言，象所告的是朝聘会盟成功与否的征兆。所以，象言和言象成为汉代经学理论的主要命题，既是汉代文学理论的经典话语，也是汉代以降文学理论的重要建构方式。

二是以阴阳学为旨归的阐释经学的理论，也就是后人观念里"纬"的部分。在探求天人之道的时代大背景下，谶纬最显著的影响，就是使《易经》的地位得以提升，经学阐释出现了以阴阳为核心的现象。阴阳被汉代人视为天地之大端，所以儒家的学术思想以及经学主张，无不渗透着阴阳的观念。如《春秋说题辞》曰："《诗》者，天文之精，星辰之度，人心之操也"，谶纬《诗》学探讨的是《诗经》所体现的阴阳学说之时代精神价值与理论指导意义。因此，顾颉刚认为："汉代人的思想的骨干，是阴阳五行。无论在宗教上，在政治上，在学术上，没有不用这套方式的。"汉代的经学阐释及其所生成的理论，贯穿着阴阳学说的基本内涵，成为指导一切政治、学术、社会生活的行为准则。

三是在汉成帝以降直至东汉初，儒生术士造作的鼓吹汉家政治合法性的神谕以及其他荒诞不经的内容。谶纬以神道设教，显著特点就是倡言祥瑞。透过恢诡谲怪的论述，将人事与天象两相验证，发生在世界之中的种种灾异与符瑞，即便不能被理智充分认识和把握，也都通过奇幻的想象方式，被纳入生存

---

[1] 曾德雄.谶纬的起源[J].学术研究，2006（7）：92-93.
[2] 王洪军.汉代谶纬的形成与文学理论价值[EB/OL].（2017-09-05）[2019-10-30].http：//ex.cssn.cn/zx/201709/t20170905_3629605.shtml.

的视野之中，成为并非与人类行为无关的事情，经由谶纬的编织而建立起人与世界的联系。这对于怀揣致君尧舜而使天下化之理想的儒家士人是一种鼓舞，所以宣传国家的盛世太平，歌颂帝王的文治武功，也成为儒家士人以及文人政治议题和文学想象中不约而同的主题。以致东汉一仍其旧，白虎观会议[①]以谶纬正定经义，从而确立了谶纬的国学地位，开启了东汉两百年谶纬统治政治、思想以及学术的时代[②]。

谶纬拥有完整的三皇五帝系统，精心阐释的符瑞，以及哲学、神学、历史学、文学和自然科学等各种文化因素均被纳入阴阳五行的天命周转之中，作为解释政治、推测天意的工具，被认为是"一种具有文献体系的政治神话思想"[③]。因此，深受这种思想影响的《吴越春秋》，字里行间自会体现出这种主旨，如文中的越女称自己的剑术之道"非受于人也，而忽自有之"（《勾践阴谋外传》），以及赵晔用老人化猿的传奇性突出越女高超的剑术，其用意就在于凸显越王的强国思想[④]。

"今闻越有处女，出于南林，国人称善。愿王请之，立可见。"越王乃使使聘之，问以剑戟之术。处女将北见于王，道逢一翁，自称曰袁公。问于处女："吾闻子善剑，愿一见之。"女曰："妾不敢有所隐，惟公试之。"于是，袁公即拔箖箊竹。竹枝上枯槁，未折堕地，女即捷末。袁公操其本而刺处女。处女应即入之，三入，因举杖击袁公。袁公则飞上树，变为白猿。遂别去[⑤]。

因此，《吴越春秋》虽然描述的是春秋时期吴、越两国的争霸，但折射出的一方面是秦汉时期以来的主流思想，另一方面则是吴越地区在汲取中原正统文化过程中表现出来的主动性和为我所用的创见性。所以，以"阴阳理论"为技击指导的《越女论剑》不仅揭示出这一时期文化思想在社会各个领域的渗透，而且反映出地域间文化流动的相互影响，以及激发起的吴越地域文化自

---

① 白虎观会议是指汉章帝建初四年（公元79年），为了巩固儒家思想的统治地位，使儒学与谶纬之学进一步结合，东汉章帝召集大夫、博士、议郎、郎官和诸生于洛阳白虎观，讨论五经异同的会议，在这次会议上，谶纬之学正式被确立为官方的统治思想。白虎观在当时乃是朝廷修缮儒学之所。
② 王洪军.汉代谶纬的形成与文学理论价值［EB/OL］.（2017-09-05）［2019-10-30］.http: //ex.cssn.cn/zx/201709/t20170905_3629605.shtml.
③ 徐兴无.谶纬与经学［J］.中国社会科学，1992（2）：129.
④ 李涛.《吴越春秋》虚实论略［D］.济宁：曲阜师范大学，2011：9-10.
⑤ 赵晔.吴越春秋［M］.徐天祜，音注.南京：江苏古籍出版社，1999：147-148.

觉，这种自觉为吴越文化特征的形成刻上了独特的印记，也影响着该地域武术文化的发展变迁。

第三节　好剑轻死的精神追求

法国文学评论家丹纳说："你们不妨把一些大的民族，从他们出现到现在，逐一考察；它们必有某些本能才具，非革命、衰落、文明所能影响。这些本能与才具是在血里，和血统一同传下来的，在最初的祖先身上显露的心情与精神本质，在最后的子孙身上照样出现。""这便是原始的花岗石，寿命与民族一样长久，那是一个底层，让以后的时代把以后的岩层铺上去。"[①]荣格把这种"集体的、普遍的、对所有个人来说都是相同的非个体性的"心理现象称为"集体无意识"，"它由各种预先存在的形式即原型所组成，这些原型[②]只能次生性地变为意识，给某些心理内容以确定的形式"并采取"遗传"的方式世代相传[③]100。"因为每一个原型或原始意象都凝聚着一些人类心理和人类命运的因素，渗透着我们祖先历史中大致按照同样的方式无数次重复产生的欢乐与悲伤的残留物。它就像心理中一条深深的河床，起先生活之水在其中流淌得既宽且浅，一旦碰到相同或类似的情境再现，突然间就会涨起形成一股巨流。"[③]96

在吴越地区，这深深的心理河床便是吴越之剑的精良与吴越先民励精图志、宁折不弯的精神叠印在一起、凝聚而成的好剑轻死之风，在代代传承中沉淀为吴越人的一种特有的文化心理，即事关民族大义之时临难不苟的精神追求。而且吴越之民都喜将自己的理想追求、磊落之气凝聚为剑之精神，从陆游的"少携一剑行天下"，秋瑾的"夜夜龙泉壁上鸣"到鲁迅"戛剑生"[④]的自号，都是这种精神的延续。

---

① 伊波特里·丹纳.艺术哲学[M].傅雷,译.兰州：敦煌文艺出版社,1994：302,304.
② 在荣格的概念中，原型或原始意象是一种形象，或为妖魔，或为人，或为某种活动，它们在历史中不断重现，凡是创造性幻想得以自由表现的地方，就有它们的踪影，因而它们基本上是一种神话的形象。载于：叶舒宪.神话——原型批判[M].西安：陕西大学出版社,2011：96-97.
③ 叶舒宪.神话——原型批判[M].西安：陕西师范大学出版社,2011.
④ "戛剑生"是鲁迅1898年使用的别号，并著有《戛剑生杂记》。"戛"，击也；"戛剑生"，即击剑的人。意为面对满目疮痍的祖国，他虽有无限的沉郁苦闷，但决不颓唐，而是要毅然呐喊着，挥剑前行，去追寻驱逐列强、振兴中华祖国的新路。

一、剑：器物到精神

迄今已知中国最早的剑出现在西周初期的中原地带，为柳叶形的扁茎铜剑，长度仅27厘米[1]。其形制为柳叶状的扁平的茎，剑身两侧边连接成弧线形，茎上多穿一至二孔。剑身断面基本为菱形，脊部棱线一般不明显。无格，有的剑身饰以夔龙纹[2]。青铜剑的盛行起于春秋时期，如黄河流域的扁茎剑和柱脊剑、东北地区的曲刃冠首剑、北方草原地区的曲柄铃首剑、巴蜀地区的柳叶形剑、西南地区的一字格剑和三叉格剑，以及吴越地区的空茎剑和有箍剑等[1]（图1-5）。但在这众多独具特色的剑中，"柙而藏之，不敢用也，宝之至也"[3]的吴越之剑尤受褒扬，《越绝书》中相剑名家薛烛言："观其釽，烂如列星之行；观其光，浑浑如水之溢于塘；观其断，岩岩如琐石；观其才，焕焕如冰释。"[4]；《战国策·赵策》也载："夫吴干之剑，肉试则断牛马，金试则截盘匜。"[5]

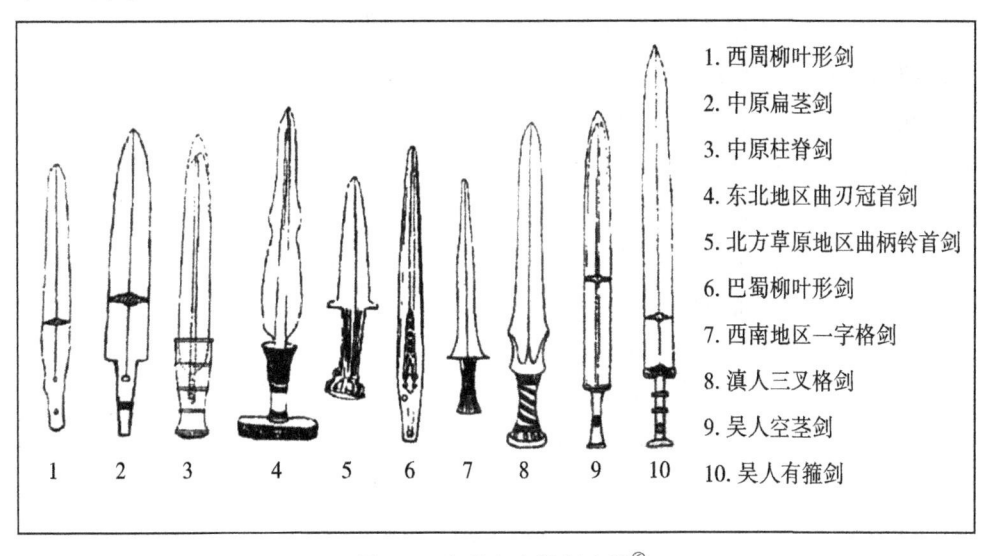

1. 西周柳叶形剑
2. 中原扁茎剑
3. 中原柱脊剑
4. 东北地区曲刃冠首剑
5. 北方草原地区曲柄铃首剑
6. 巴蜀柳叶形剑
7. 西南地区一字格剑
8. 滇人三叉格剑
9. 吴人空茎剑
10. 吴人有箍剑

图1-5 先秦各式铜剑比较[6]

---

[1]黄胜平，程勉中.中国吴越文化比较研究[M].北京：作家出版社，2011：132.
[2]西江清高.论中国南方春秋战国时代的青铜剑[J].詹开逊，译.彭适凡，校.南方文物，1995（5）：76.
[3]庄子.庄子[M].王岩峻，古云，译注.太原：山西古籍出版社，2003：150.
[4]袁康，吴平.越绝书全译[M].俞纪东，译注.贵阳：贵州人民出版社，1996：220.
[5]刘向.战国策[M].贺伟，侯仰军，点校.济南：齐鲁书社，2005：212.
[6]叶文宪.论吴墓与吴器：兼论吴文化的兼收并包和多元杂糅性[J].苏州科技学院学报：社会科学版，2007（1）：98.

事实上，处于长江下游的吴越地区，青铜器的铸造技术早在商代就受到中原文化的影响，西周以后才逐渐构建自己独特的系统[①]。在青铜器的铸造上，中原注重礼制，所以精于礼器；吴越注重耕战，所以精于兵器；中原青铜器总的数量比吴越多，但吴越青铜兵器之比重远比中原地区高许多[②]，其中最精良的当属空茎剑和有箍剑（越人铸造的剑原是一种独具特色的带耳短剑，其格斗功能与制造技术不如吴人的空茎剑和有箍剑，但越灭吴以后可能习得了吴国的铸剑技术，方铸造出越王剑的样式）[③]。

吴越系铜剑，主要是指春秋中晚期以后各国普遍流行的厚格有箍有首及薄格圆茎有首铜剑（图1-6）。关于吴越剑的形制、起源、演变、铸造技术、铭文考证以及对吴越地区之外的影响等，迄今已有很多论著论及。然而，对完整的吴越系铜剑发展演变序列进行全面梳理和论证的当推毛波的《吴越系铜剑研究》一文。他认为：吴越系铜剑主要分为三型，A型为扉耳剑，B型为厚格剑，C型为薄格剑。A、B型剑大约出现于商末，两者并存发展。A型剑于西周晚期开始出现其典型特征的退化之势；C型剑约在春秋早期由A型剑发展而来。大约在春秋晚期后段，A型剑消亡，而B型剑在春秋时呈现较强的发展势头，其剑身形制、棱脊等也为新出现的C型剑所借鉴。春秋中期以后，B型与C型剑的剑身形制走向趋同，格、茎、首等发展成熟。至春秋晚期，B、C两型剑最终定型（B、C两型剑即指空茎剑和有箍剑）[④]520（表1-3）。

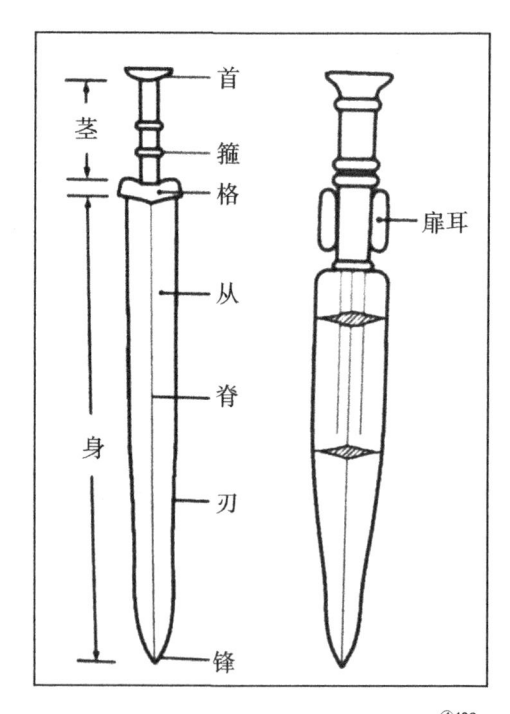

图1-6 吴越系铜剑各部位名称示意图[④]496

[①] 李学勤.从新出青铜器看长江下游文化的发展［J］.文物，1980（8）：36.
[②] 董楚平，金永平.吴越文化志［M］.上海：上海人民出版社，1998：208.
[③] 黄胜平，程勉中.中国吴越文化比较研究［M］.北京：作家出版社，2011：132.
[④] 毛波.吴越系铜剑研究［J］.考古学报，2016（4）.

第一章 立于剑：秋水神光

表1-3 吴越系铜剑的发展演变序列[1]

类型	年代	典型特征	发展演变	剑的长度	影响
A型扁耳剑	商末至春秋中期	条带状凸脊，无格，茎前部扁圆柱形、两侧圆方、后部圆柱形，扁耳，茎上有凸箍，茎前端有繁缛的纹饰	剑身：从前锐后阔尾弧收的尖叶形，到中后部大致从等宽，至中部束腰，尾部明显相对较狭，至中后部基本等宽，前部略窄且略有折收。剑脊：由圆柱形脊变为条带状凸脊，进而逐渐退化。剑茎：由圆柱形变成前扁方、后圆柱形，进而后圆柱形。扁耳：从作风多张，转而渐收敛，进而退化至新月形棱边，至上凸箍：从微有到环状变成环形，继而退化、消失。纹饰：大致从繁缛到简化，从微有到无有，再到逐渐成熟的消失	初期：20～30厘米，有镢的矛的痕迹 中期：28～36厘米 晚期：33～51.5厘米	• 吴越系A、B型铜剑的祖型均源于江西清江吴城文化[2] • 中原地区的"东、周式短剑"中厚格剑和薄格有首铜茎空首剑(主要指长度)的一型短剑
B型厚格剑	商末至战国时期	凹形厚格，茎上有两箍，喇叭形首	剑身：从近三角形，到最宽处在约剑身中部，再到剑身最宽处在中后部近等宽，刃棱从无到有。尾部：与剑身的交界线从尖凸，格两侧从明直线到略有凸。剑格：再从凸起到凹，到环状小丁箍，两凸箍间距从大于箍首间距、逐渐缩至小于箍间距。剑首：从无到有，首径渐大，后期复杂。格、茎、箍、从、流行云雷纹，其后一般多见于上多兽面纹。后期剑大多无纹饰	初期：匕首式短剑在22厘米以下 中期：一般为30～45厘米 晚期：45厘米以上	• 玉皇庙文化[3]吸收借鉴了春秋中期吴越系C型剑的特点而转造的具有自身特点(主要指长度)的一型短剑
C型薄格剑	春秋早期至战国时期	一字薄格，茎截面呈菱形，茎部圆茎中空或半空，略粗，环形首	剑身：从最宽处在中后部，刃棱从无到有。剑格：形态多样，有退化的条带状凸脊，棱脊、窄长条状，平脊。剑格：薄格截面由枣核形向菱形演变，朝首处外弧这一特征逐渐退化至消失。剑首：前扁后圆(包括"扁茎"近首处圆形)，再后演变成圆茎中空或半空，近首端略粗。剑首：从喇叭形首向环形首演变	初期：匕首式短剑在22厘米以下 中期：一般为30～45厘米 晚期：45厘米以上	• 约春秋中期，吴越系铜剑开始向周边地区传播，到战国时期成为最为流行的剑型之一

[1] 毛冠. 吴越系铜剑研究[J]. 考古学报, 2016 (4) : 495-531.
[2] 李伯谦先生在1981年的《试论吴城文化》一文中将以吴城遗址为代表的江西商代文化命名为吴城文化，三期文化为二里岗上层、殷墟前期和商末，殷墟前期的渊源，孙华认为吴城遗址的正塘山剑是扁耳茎，郑小炉认为吴越是江西新干商墓的双附耳式短铜矛发展而来。因此，毛冠认为最早的吴越系A型剑可能是正塘山剑为基础，再吸收了新干商墓的双附耳形式制发展成的。
[3] 玉皇庙文化冀北地区一支重要的青铜时代考古文化，其重刀匕首式青铜短剑首有特色，其中一型短剑的剑首为"横向回筒状剑首"，类似吴越系C型剑的剑首"横向回筒状剑首"类似吴越系C型剑格"，剑身起脊，剑格为"菱形合式剑格"类似吴越系C型剑的典型薄剑格。

从表1-3吴越系青铜剑的影响可以看出，早期的吴越剑祖型源于江西清江吴城文化。吴城文化是长江中游地区最重要的、最具代表性的商代文化[1]。李学勤先生指出：正塘山（吴城二期）采集的三件青铜兵器中，戈和矛都是模仿中原地区的，戈的形制是直援有阑，内端下角有"内缺"；矛为柳叶形，有中贯的箅。兵器的纹饰富有地方特色，戈内上接近卷云纹的异形花纹，矛箅上成列的螺线纹，均罕见于中原器物。尤其是矛箅下部的菱形雷纹，显然脱胎于当地的印纹陶，在黄河流域不可能看到[2]。毛波也认为吴越系A型剑可能是以正塘山剑为基础，再吸收了新干商墓（即吴城二期）矛的双附耳形制发展形成的。因此可以认为，吴越青铜剑早期受到了中原文化的影响。

自西周起，吴越剑开始创造出自己的独特系统，并对中原地区的剑产生了一定的影响。李伯谦在《中原地区东周铜剑渊源试探》一文中指出：东周铜剑可分为四型，其中A型剑（剑身似柳叶形，扁茎，剑身与茎分界明显，多呈直角，无格，无首，无箍，有的茎上有一小圆孔）脱胎于我国西部和北部发现较多的西周早期柳叶形剑。B型剑（剑身脊部与茎部是一根连续的圆柱体，无格，无箍）与我国北方地区的柱脊曲刃剑关系密切。C型剑（圆茎中空或半空，窄格，无箍，有首）与D型剑（实圆茎，茎上有二或三道凸箍，宽格，有首）比较接近，D型剑脱胎于我国南方，尤其是吴越地区发现的西周中期实圆茎带箍有格有首剑，所以二者有可能起源于同一地区[3]。

约春秋中期，吴越系铜剑开始向周边地区传播，如"玉皇庙文化"短剑就吸收借鉴了春秋中期吴越系C型剑的一型短剑，至战国时吴越剑已然成为盛行之剑。究其原因，《考工记》认为，"吴粤之剑，迁乎其地而弗能为良，地气然也。"自然，吴越青铜剑的优良离不开地理资源的优势，更是与吴越意欲争霸中原的时代精神分不开。

西周时期，战争的主要方式是车战。两军对垒，先从远距离的对射开始，故对士兵的射术有较高要求；其次，在两车相遇时，战车的机动迅猛与否在于驾御者的控马驾车之术是否高明。因此"庠、序"进行的"六艺"教育中，"射、御"正是为培养车战技能所设的。也正因是车战，兵器以戈、矛等长兵居多，早期的青铜剑由于器形短小而不能成为战争的主要兵器，但成为中原地区少数统治者的护身武器和权力的象征。对于江河密布、山林茂盛的吴越两国

---

[1] 彭明瀚.吴城文化研究三十年的回顾与前瞻[J].殷都学刊，2005（4）：16.
[2] 李学勤.从新出青铜器看长江下游文化的发展[J].文物，1980（8）：35.
[3] 李伯谦.中原地区东周铜剑渊源试探[J].文物，1982（1）：44-47.

来说，车战自不适合，遇水以舟济，弃舟可步战，步兵、水军才是主体。步兵作战以近体格斗为主，因此被中原统治者作为装饰、卫体的短剑在吴越两国被列为主要兵器而不断革新进化，从而有了展示其威力的舞台。毛波的研究也证实了这一点：从吴越系A型剑中演变出C型剑，这一发展趋势应是吴越系铜剑开始转向实用化的表现。频繁的战争推动了铜剑的实用化，到春秋晚期，吴越系铜剑的身、格、茎、首等发展出了符合实战需要的形制，最终形成B型、C型铜剑[①]。

于是，在吴王"被甲带剑，挺铍摺铎"[②]、越王"身被赐夷之甲，带步光之剑，杖物卢之矛"[③]的带领和吴越两师"文犀长盾，扁诸之剑，方阵而行"[④]的拼杀下，吴越两国一方面为开拓疆土、扩大势力，争相夺取东南地区的控制权；另一方面，先后西进北上，与楚、齐、晋等大国争锋。可见，正是强国霸王的追逐与战争方式的改变，使吴越之剑显示了锋芒。然而，剑在战争中发挥威力的历史时期太过短暂，骑兵的出现使主要的攻击手段由直刺变为砍杀，"直兵推之"的剑因不再适合新的战争方式而被取代。

作为精美器物的剑，很早便以一种超越的方式（灵魂崇拜赋予剑精灵之身，君权神授赋予剑神圣之位，祖先崇拜赋予剑精神之征）渗透到吴越民族的血液中，与吴王阖闾、越王勾践等艰苦卓绝的意志、志在天下的胸襟合而为一，化成励精图志的精神，在代代传承中成为吴越人一种特有的文化心理[⑤]。

- **灵魂崇拜赋予剑精灵之身**：在原始人的宗教信仰中，人们认为万物皆有"灵"，其思想基础即灵魂。他们认为，灵魂不但给人以生命和智慧，而且可以自由出入肉体，并在物之间往来转移，因而世间万物皆有灵魂。为什么会产生这种思想呢？恩格斯指出："在原始人看来，自然力是某种异己的、神秘的、超越一切的东西。在所有文明民族所经历的一定阶段上，他们用人格化的方法来同化自然力。正是这种人格化的欲望，到处创造了许多神。"在这种"灵魂崇拜"观念的支配下，吴越之剑也被赋予了独立的"灵魂"，具有了个体属性的价值判断。《吴越春秋·阖闾内传》载，越王允常曾请相剑名师薛烛为其相剑，薛烛认为鱼肠剑"逆理不顺，不可服也，臣以杀君，子以杀父"，故吴公子光用来刺杀吴王僚；盘郢剑"不法之物，无益于人"，故为吴王阖闾

---

① 毛波.吴越系铜剑研究[J].考古学报，2016（4）：520.
② 左丘明.国语[M].鲍思陶，点校.济南：齐鲁书社，2005：300.
③ 袁康，吴平.越绝书全译[M].俞纪东，译注.贵阳：贵州人民出版社，1996：163.
④ 赵晔.吴越春秋[M].徐天祜，音注.南京：江苏古籍出版社，1999：80.
⑤ 费君清.中国传统文化与越文化研究[M].北京：人民出版社，2004：214.

之女陪葬之物；湛卢剑"五金之英，太阳之精，寄气托灵，出之有神，服之有威，可以折冲拒敌。然人君有逆理之谋，其剑即出"，故后来湛卢剑自行至楚。从这段话可以看出，这三把剑都是有其独立之"灵魂"的，前两把剑意指为人所用后，会影响人的行为；而湛卢剑甚至可以根据自己的判断来选择主人，并为之"折冲拒敌"。

● **君权神授赋予剑神圣之位**：名剑不多见，君王只一人，名剑理所当然归君王所有。李君元《天子剑赋》言："天生神物，圣君用之"，一语道破名剑之归属乃是君主统治天下之天意使然，即君权神授。所以，名剑便以其与帝王之间以及因之产生的与江山社稷之间的特殊关系，而经常扮演着替冥冥上苍预言君王归属、王朝兴亡的角色。因此，对于春秋战国诸侯来讲，谁若拥有了宝剑，便意味着天意、民心之归属。《吴越春秋·阖闾内传》记载，越献吴王阖闾三把宝剑之一的湛卢之剑因恶阖闾之无道，乃去之如水，行秦过楚，楚王卧而寐，得之。但不知其故，召风湖子以问，风湖子道："今吴王无道，杀君谋楚，故湛卢入楚。"楚昭王遂宝之至也。秦王闻讯，要求楚王交出，楚王不允。秦王乃兴师攻楚，楚王宁可兵戎相见，也决不交剑。可见宝剑对于楚王的意义。

● **祖先崇拜赋予剑精神之征**：德·格鲁特的《中国人的宗教》在论述祖先是中国人家族的权威和保护神之后，得出结论："我们不能不把对双亲和祖宗的崇拜看成是中国人宗教和社会生活的核心。"恩斯特·卡西尔也在其《人论》一书中认为："中国是标准的祖先崇拜的国家，在那里我们可以研究祖先崇拜的一切基本特征和一切特殊含义。"从这些论断可以知道祖先崇拜在我国古代社会中所占据的特殊重要地位。祖先崇拜是在原始社会图腾崇拜的基础上产生的宗教观念。由图腾崇拜到祖先崇拜是原始社会氏族成员观念意识的重要发展，反映着崇拜对象由自然向人自身的转化。而且，原始时代的祖先崇拜具有某些英雄崇拜的特征，氏族和部族祖先不仅是这个集群的元父，也是这个集群事业的开拓者和奠基者，由于他们有助于聚集众民，便受到人们的崇拜并神化而逐渐升华为神。但祖先之神不同于其他神灵，它以曾经在历史上出现过的先祖为造神原型，基于血缘关系而施福佑于后世子孙是其独有的神性特征；并且又因祖神以天下万民的福祉为已任，卓绝努力成就万世伟功的精神，最终为后代所崇之，在加强民族、氏族和家族成员的凝聚力方面起着巨大的作用[1]。

---

[1] 丁丽萍.吴越武术文化研究[D].上海：上海体育学院，2007：20-22.

二、士：自由与诺言

吴越之民早期以"轻死易发""好相攻击"的民风著称。《吕氏春秋》载，吴王阖闾时，"试其民于五湖，剑皆加于肩，地流血几不可止"①，并流传着"吴王好剑客，百姓多创瘢"②的说法，可见上至统治者，下至庶民百姓，尚武好剑之风盛行。

在战场上，他们视生死如儿戏。如吴越之兵"水行山处，以船为车，以楫为马，往若飘然，去则难从，悦兵敢死"③；在吴、越槜李之战中，"越王勾践使死士挑战，三行，至吴陈，呼而自刭，吴师观之，越因袭击吴师，吴师败于槜李"④；所以左思在《吴都赋》中说吴越"士有陷坚之锐，俗有节概之风"⑤。且上至君王、下至臣民，皆用自刎表达其顽梗不屈的性格。如伍子胥因忠言进谏，夫差赐其属镂之剑自刎；夫差亡国后随即"伏剑自杀"；要离刺杀庆忌后也"自断手足，伏剑而死"等，都反映出吴越先民身体里流动着的一种原始野性——尚勇轻死。

如果说这是吴越地区的一种群体意识，为生存、为君王、为国家而战，那么在这个时期，还出现了一些人，他们桀骜不驯，拥有独立的个性，唯以"义"行事，拥有"天地间别具一种的激烈情怀"，是"天壤间第一种激烈之人"⑥，有人称他们为刺客，也有人称他们为游侠。张亮采在《中国风俗史》中说："游侠之风，倡自春秋，盛于战国。春秋之时，晋有公孙杵臼、程婴、毕阳；秦有偃息、仲行、针虎；吴有专诸，皆可谓已诺必诚，不爱其躯者。战国时代，强力轻死之风尤甚，故任侠刺客如豫让、要离……皆先人后己，勇悍坚卓，其轻死重义之风操，若能尽轨于正，固可使社会上无不平之事也"⑦。

专诸，出现在司马迁《史记·刺客列传》中，在此篇太史公以时间作序为五人立传，分别是曹沫、专诸、豫让、聂政、荆轲。此五人虽具体事迹不同，但学界一致认为，司马迁专辟《刺客列传》篇是为了突出刻画他们的性格

---

①冀昀.吕氏春秋[M].北京：线装书局，2007：464.
②范晔.后汉书[M].西安：太白文艺出版社，2006：181.
③赵晔.吴越春秋[M].徐天祜，音注.南京：江苏古籍出版社，1999：176.
④司马迁.史记[M].易行，孙嘉镇，校订.北京：线装书局，2006：196.
⑤萧统.文选[M].李善，注释.上海：商务印书馆，1959：113.
⑥汪涌豪.皇权外的拯救：中国侠文化综论[M].沈阳：沈阳出版社，1997：7-8.
⑦张亮采.中国风俗史[M].南昌：江西教育出版社，2012：31-32.

特征，即"士为知己者死"，以反映这些刺客或"不欺其志"或"以死明忠信"，与"知己"之间有为"信义"而死的关联。所以在传末他又以"太史公曰"的形式评价道："自曹沫至荆轲五人，此其义或成或不成，然其立意较然，不欺其志，名垂后世，岂妄也哉！"[①373]

专诸者，吴堂邑人也。伍子胥之亡楚而如吴也，知专诸之能。伍子胥既见吴王僚，说以伐楚之利。吴公子光曰："彼伍员父兄皆死于楚而员言伐楚，欲自为报私雠也，非能为吴。"吴王乃止。伍子胥知公子光之欲杀吴王僚，乃曰："彼光将有内志，未可说以外事。"乃进专诸于公子光。……

光既得专诸，善客待之。九年而楚平王死。春，吴王僚欲因楚丧，使其二弟公子盖余、属庸将兵围楚之灊；使延陵季子于晋，以观诸侯之变。楚发兵绝吴将盖余、属庸路，吴兵不得还。于是公子光谓专诸曰："此时不可失，不求何获！且光真王嗣，当立，季子虽来，不吾废也。"专诸曰："王僚可杀也。母老子弱，而两弟将兵伐楚，楚绝其后。方今吴外困于楚，而内空无骨鲠之臣，是无如我何。"公子光顿首曰："光之身，子之身也。"

四月丙子，光伏甲士于窟室中，而具酒请王僚。王僚使兵陈自宫至光之家，门户阶陛左右，皆王僚之亲戚也。夹立侍，皆持长铍。酒既酣，公子光伴为足疾，入窟室中，使专诸置匕首鱼炙之腹中而进之。既至王前，专诸擘鱼，因以匕首刺王僚，王僚立死。左右亦杀专诸，王人扰乱。公子光出其伏甲以攻王僚之徒，尽灭之，遂自立为王，是为阖闾。阖闾乃封专诸之子以为上卿。[①368]

而最早较完整记载要离故事的文献可见于战国末期的《吕氏春秋·仲冬纪第十一·忠廉篇》，主要记述了要离刺庆忌的故事。其后，汉代韩婴所作的《韩诗外传》第十卷第七章中记有要离的另一传奇，即要离面辱东海勇士椒丘欣的故事。东汉赵晔的《吴越春秋·阖闾内传》将以上两则关于要离的传奇加以整合，成为完整的传奇故事，也是后世流传的要离传奇的蓝本。另《战国策》《史记》《汉书》等也曾提及要离其名，但都只是只言片语，并无详细记载[②]。

---

①司马迁.史记[M].易行，孙嘉镇，校订.北京：线装书局，2006.
②于淑娟.《韩诗外传》与《吴越春秋》中要离传奇的文本考察[J].东疆学刊，2005（4）：42.

第一章 立于剑：秋水神光

吴王欲杀王子庆忌而莫之能杀，吴王患之。要离曰："臣能之。"吴王曰："汝恶能乎？吾尝以六马逐之江上矣，而不能及；射之矢，左右满把，而不能中。今汝拔剑则不能举臂，上车则不能登轼，汝恶能？"要离曰："士患不勇耳，奚患于不能？王诚能助，臣请必能。"吴王曰："诺。"明旦加要离罪焉，挚执妻子，焚之而扬其灰。要离走，往见王子庆忌于卫。王子庆忌喜曰："吴王之无道也，子之所见也，诸侯之所知也。今子得免而去之，亦善矣。"要离与王子庆忌居有间，谓王子庆忌曰："吴之无道也愈甚，请与王子往夺之国。"王子庆忌曰："善。"乃与要离俱涉于江。中江，拔剑以刺王子庆忌。王子庆忌捽之，投之于江，浮则又取而投之，如此者三。其卒曰："汝天下之国士也，幸汝以成而名。"要离得不死，归于吴。吴王大说，请与分国。要离曰："不可。臣请必死！"吴王止之，要离曰："夫杀妻子，焚之而扬其灰，以便事也，臣以为不仁。夫为故主杀新主，臣以为不义。夫捽而浮乎江，三入三出，特王子庆忌为之赐而不杀耳，臣已为辱矣。夫不仁不义，又且已辱，不可以生。"吴王不能止，果伏剑而死。要离可谓不为赏动矣，故临大利而不易其义；可谓廉矣，廉，故不以贵富而忘其辱[①]。

虽然要离未被太史公列入其中，但刘向认为专诸、要离皆属"四科"[②]中"专之可也"，为受君之命可"安社稷、利国家者"，是为君王"救危除患"的"刺客/奉使之臣"。在《奉使》篇中，他也特别叙述了一段唐雎与秦王的对话，以辨"天子之怒"与"布衣之怒"。秦王认为"天子之怒"可"伏尸百万，流血千里"；唐雎认为"布衣之怒"则如"专诸刺王僚，彗星袭月，奔星昼出；要离刺王子庆忌，苍隼击于台上""士无怒即已，一怒伏尸二人，流血五步"[③]。

如果说，世人的道德完善大多以外在的尺度，即社会评判尺度来衡量，那么专诸与要离完全是用内在的尺度，即用那种更接近他们粗朴人性的尺度来衡

[①]冀昀.吕氏春秋[M].北京：线装书局，207：214.
[②]这里的"四科"出自刘向《说苑·奉使》："《春秋》之辞，有相反者四：既曰大夫无遂事，不得擅生事矣；又曰出境可以安社稷、利国家者，则专之可也。既曰大夫以君命出，进退在大夫矣；又曰以君命出，闻丧徐行而不反者何也。曰：此四者各止其科，不转移也。不得擅生事者，谓平生常经也；专之可者，谓救危除患也；进退在大夫者，谓将帅用兵也；徐行而不反者，谓出使道闻君亲之丧也。"
[③]卢元骏.说苑今注今译[M].台北：台湾商务印书馆，1977：393.

量,这种尺度与家庭伦理观念没有必然联系[①92]。如要离为取得庆忌的信任,让吴王断其右手,戮其妻子,因为他觉得,"安其妻子之乐,不尽事君之义,非忠也。怀家室之爱,而不除君之患者,非义也"。

虽然他们不遵儒家礼仪,做不到"足容重、手容恭、目容端、口容止、声容静、头容直、气容肃、立容德、色容庄"(《礼记·玉藻》),既无君子舒雅的容仪,也做不到敦孝悌、正家室等君子端方的德行。然而,儒家的诚信、义勇观念,却对他们产生一定的道德感召力。只要是他们自己认定的需坚持不改之事,需推诚投效之人,他们都会不折不扣地去做,去服从,纵罹厄难,也不改初衷[①92-93],充分体现出"其言必信,其行必果"的特征。如公子光在要求专诸去行刺吴王僚时,对身为普通平民的专诸说:"光之身,子之身也。"意思是说,我的身体就等于是你的身体,我今后的一切就等于是你给予我的。虽然在等级森严的古代社会,一个贵族向平民讲出这样的话已属不易,但对于专诸、要离而言,他们更为看重的是获得了公子光在人格精神上的尊重。因为在他们的头脑里,既无君王神圣的敬畏观念,也无以下犯上、形同作乱的等级观念,"视刺万乘之君,若刺褐夫"[②],他们以自由交往的方式为知遇者轻生相报,以追求主体独立的精神价值为人生目标,虽殒身而不恤。如要离在死之前有过最后的交代,表达其内心的独白:"杀吾妻子,以事其君,非仁也。为新君而杀故君之子,非义也。重其死,不贵无义,今吾贪生弃行,非义也"[③]。

可见,无论专诸还是要离,他们都是抱着必死的信念去报答对自己"有知遇之恩"的人,并不计较任何恩惠报酬,所看中的只不过是一个"义"字而已。他们不惧权威,如吴越之"水",追求"特立独行"的精神自由;又如吴越之"剑",只为知己者"危冠而出,竦剑而趋";他们徘徊在自由与诺言之间,彰显着独立而刚烈的性情。

因此,张翅认为,先秦刺客与两汉刺客相比,他们虽然都具有武艺超群、不顾生死的共同特点,但相比之下,先秦刺客所秉持的重"义"观念到了汉代渐渐被淡化,汉代的刺客们对金钱财物更为看重,他们中有的人主动投身效力于诸侯王、权门贵胄、豪富之家,为的便是锦衣玉食,荣华富贵[④]。

---

① 汪涌豪.皇权外的拯救:中国侠文化综论[M].沈阳:沈阳出版社,1997.
② 朱熹.四书集注:孟子[M].张茂泽,整理.西安:三秦出版社,2005:44.
③ 赵晔.吴越春秋[M].徐天祜,音注.南京:江苏古籍出版社,1999:39.
④ 张翅.先秦与两汉的刺客[J].文史天地,2003(4):40.

第二章　游于艺：涵勇示柔

在生产力不发达的古代，由于传播手段和媒介相当有限，文化的传播更多依靠人口的流动和迁移。秦汉时期，尽管文字记载和其他实物的交流已在文化的传播中起了重要作用，但作为文化最忠实、最活跃的载体，还是人类本身。因此，在影响这一时期文化分布、文化区域变迁和文化重心转移的种种因素中，人口的迁移无疑是主要的[1]。

先秦时期的吴越文化，虽受华夏文化的深度影响，但还是夷越文化，是中国诸少数民族文化中最发达的一支。汉代的吴越文化已经成为中国主流文化——汉族文化的一个区域型。吴越文化的这一转型过程，开始于楚威王败越，剧变于秦皇、汉武时期，这种趋向是由西向东、由北向南依次展开的。这段时期，吴越地区的越人大量入海南奔，楚人与中原人先后进入吴越，由于主导人口与基本居民发生变换，使吴越地区的民族性格随之激变。皖南、宁镇、太湖平原、宁绍平原在西汉中后期已基本汉化，到六朝时期，浙江南部地区也由北向南渐次完成汉化[2]。

自汉末以后，黄河中下游屡受战争的侵扰，从宫室、贵族、士人到百姓的三次大规模南迁，对中原来说是巨大的劫难，于吴越而言则是难得的发展机遇。这三次移民浪潮不仅具有数量大、持续时间长的特征，而且移民阶层以王室和"衣冠士族"为主体，使汉民族的政治制度、学术思想到劳动力和生产技术，从精英文化到民风民俗得以在吴越地区延续[3]。与此同时，北方文化的渗透也激发起吴越地区的文化自觉。以东晋立国江东为界，秦汉、魏晋时期，南北虽有间歇性割据或相对独立的发展，但整体发展比较缓慢，在学术文化上主要是接受北方文化的哺育。南北朝、隋唐之际，尽管在军事上仍是北方占有优势并最终统一南方，但南方地区的士人北迁所造成的南学北输，在很大程度上

---

[1] 葛剑雄.秦汉时期的人口迁移与文化传播[J].历史研究, 1992（4）: 47.
[2] 黄胜平, 程勉中.中国吴越文化比较研究[M].北京: 作家出版社, 2011: 27.
[3] 黄宛峰.吴越文化与中州文化比较研究[M].北京: 中国社会科学出版社, 2009: 164.

奠定了新的统一国家的文化基础[①]。

随着经济、文化、政治中心的渐次南移，吴越文化早期的刚性特征至魏晋以后变得柔性一些，吴越的民风也由轻悍好勇转变为文弱儒雅。但是，文和武、刚与柔只是相对而言，所以有学者指出，"剑文化是古越文化的一大特色，堪与东晋衣冠南渡后的书文化并列为于越文化的千古二绝"[②]。从"剑文化"到"书文化"的转型，让看似矛盾的东西和谐地相容相适，揭示出吴越文化较之其他地域文化更具明显的"张力"性。在书文化的浸润以及经济发展的驱动下，出现了属于市民阶层的文化需求，由宫廷到瓦肆，武术的表现形式开始呈现艺术化、娱乐化的倾向。同时也反映出，吴越地区的本土文化并没有因移民文化的冲击而消亡，而是通过本土文化和异地文化的交融达到文化上的一种超越，最终形成了吴越武术文化刚柔并存、涵勇示柔的阶段性特征[③]。

第一节　楚汉争霸与尚武遗风

一、霸王起兵，沛公举义

秦统一六国后，在吴越地区设会稽郡与鄣郡。会稽郡所在吴县，辖境约为苏南太湖流域、浙江省仙霞岭、牛头山、天台山以北和安徽水阳江流域以东及新安江、率水流域之地；鄣郡治所在浙江安吉西北，辖境约为苏南大茅山以西至皖南新安江以北之地；各郡县官员基本上都由中原人担任[④]。

为进一步巩固政权、稳定社会秩序，秦政府还采取了一定的移民政策，相对于政治中心（咸阳）来说，可分为内向型移民（内迁）和外向型移民（外迁）。内向型移民是向秦朝政治中心和腹地移民，以经济性、政治性移民为主，移民身份主要是各国豪富及旧贵族，其目的是在加强对旧贵族控制的同时，从经济上充实咸阳，即经济"实都"。《史记》载，始皇二十六年，"徙天下豪富于咸阳十二万户。"外迁移民则以军事性、经济性移民为主，身份

---

① 王永平. 中古士人迁移与文化交流 [M]. 北京：社会科学文献出版社，2005：3.
② 黄宛峰. 吴越文化与中州文化比较研究 [M]. 北京：中国社会科学出版社，2009：260-263.
③ 陈越. 剑与书：越文化模式新探 [J]. 学术月刊，2006（10）：111-113.
④ 董楚平. 汉代的吴越文化 [J]. 杭州师范学院学报：人文社会科学版，2001（1）：38.

主要是平民和罪犯[1]。据《越绝书》载："乌程、余杭、黝、歙、无湖、石城县以南，皆故大越徙民也。秦始皇帝刻石徙之。" 越人本居住在今浙江地区东部，秦将其迁到今浙江西部、安徽南部的山区，还将"天下有罪谪吏民"迁至山阴（今浙江绍兴），因而有较多来自中原的移民取代了浙东平原的越人[2]。

战国时期，位于东南之地的越国被楚国所灭，楚国强盛之时，所辖地域据《淮南子·兵略训》载，"昔者楚人地，南卷沅、湘，北绕颍、泗，西包巴、蜀，东裹郯、淮，颍、汝以为洫，江、汉以为池，垣之以邓林，绵之以方城"[3]，并认为"楚国之强，大地计众，中分天下"[4]，是秦国的强劲对手之一。即使在楚国灭亡后，坊间还流传着"楚虽三户，亡秦必楚"以及"东南有天子气"的谶言，但吴越之地毕竟距离秦统治中心遥远，朝廷控制有鞭长莫及之感，所以成为有罪之人、反秦之人，以及流亡士大夫的避居之所。

《秦楚之际月表》说："虐戾灭秦，自项氏"[5]81。关于项羽，《史记·卷七·项羽本纪》有详细记载：

> 项籍者，下相人也，字羽。……其季父项梁，梁父即楚将项燕，为秦将王翦所戮者也。项氏世世为楚将，封于项，故姓项氏。
>
> 项籍少时，学书不成；去，学剑，又不成，项梁怒之。籍曰："书足以记名姓而已。剑一人敌，不足学，学万人敌。"于是项梁乃教籍兵法，籍大喜，略知其意，又不肯竟学。……项梁杀人，与籍避仇于吴中。吴中贤士大夫皆出项梁下。每吴中有大徭役及丧，项梁常为主办，阴以兵法部勒宾客及子弟，以是知其能。秦始皇帝游会稽，渡浙江，梁与籍俱观。籍曰："彼可取而代也。"梁掩其口，曰："毋妄言，族矣！"梁以此奇籍。籍长八尺余，力能扛鼎，才气过人，虽吴中子弟皆已惮籍矣[5]42。

秦二世元年，陈胜起。九月，会稽假守通素贤梁，乃召与计事。梁曰："方今江西皆反秦，此亦天亡秦之时，先发制人，后发制于人。"守叹曰：

---
[1]黄佳梦.秦移民及相关问题研究[D].长春：东北师范大学，2006：27-30.
[2]葛剑雄.秦汉时期的人口迁移与文化传播[J].历史研究，1992（4）：57.
[3]楚国疆域：北部大致为方城一线以东、淮河以北区域，其地缘关系主要为韩、魏、齐三国；西部大致为方城一线以西，其地缘关系先为巴，后为秦；南部大致为淮河以南，也包括长江以南的今湖南、江西及江浙一带的部分地区，其地缘关系是先为越，后为秦。赵炳清.楚国疆域变迁之研究：以地缘政治为研究视角[D].上海：复旦大学，2013：172.
[4]刘安.淮南子[M].许慎，注.陈广忠，校点.上海：上海古籍出版社，2016：366.
[5]司马迁.史记[M].易行，孙嘉镇，校订.北京：线装书局，2006.

"闻夫子楚将世家,唯足下耳。"梁曰:"吴有奇士桓楚,亡在泽中,人莫知其处,独籍知之。"梁乃戒籍持剑居外待。梁复入,与守语曰:"请召籍,使受令召桓楚。"籍入,梁眴籍曰:"可行矣!"籍遂拔剑击斩守。梁持守头,佩其印绶。门下惊扰,籍所击杀数十百人。府中皆慴伏,莫敢复起。梁乃召故人所知豪吏,谕以所为,遂举吴中兵。使人收下县,得精兵八千人,部署豪桀(杰)为校尉、侯、司马。有一人不得官,自言。梁曰:"某时某丧,使公主某事,不能办,以故不任公。"众乃皆服。梁为会稽将,籍为裨将,徇下县[①]。

由上可知,项羽为楚国贵族后裔,在秦灭楚的过程中,项燕(项梁之父)为秦将王翦所杀。之后,作为项羽季父的项梁也因杀人不得不带着他逃亡到会稽,并在此集聚了一些兵士。如提到的奇士桓楚,可能亦因反秦之故"亡于泽中",被项羽所收。于是,当陈涉、吴广起义时,项梁能迅速集结吴中八千"无不以一当十"的精兵,渡江北上以击秦。

在太史公笔下,项羽是一位有着颠覆暴秦历史功绩的反秦英雄,也是他最为欣赏的具有"金戈铁马,气吞万里如虎"的战神。司马迁记载,"籍长八尺余,力能扛鼎",说明项羽孔武有力,是一位天生的大力士;但他少时,认为"书足以记名姓而已",无需多学,"剑一人敌,不足学",于是项梁教以能"万人敌"的兵法,他亦未能深入。但司马迁说他"才气过人""虽吴中子弟皆已惮籍矣",这里的才气可能指的就是项羽身上那种与生俱来的无所畏惧的勇气和敢于取秦皇而代之的志气。而且,在《项羽本纪》末,太史公又说:

吾闻之周生曰"舜目盖重瞳子",又闻项羽亦重瞳子。羽岂其苗裔邪?何兴之暴也!夫秦失其政,陈涉首难,豪杰蜂起,相与并争,不可胜数。然羽非有尺寸,乘势起陇亩之中,三年,遂将五诸侯灭秦,分裂天下,而封王侯,政由羽出,号为"霸王",位虽不终,近古以来未尝有也。

意思是,"我听周先生说:'舜的眼睛好像是双瞳孔',又听说项羽也是双瞳孔。难道项羽是苗族(舜)的后裔[②]吗?否则他的发迹为何如此之快?

---

① 班固.汉书[M].颜师古,注.北京:中华书局,2006:1796–1797.
② 关于越民族的起源,有一种观点持禹后说,认为越族是夏禹苗裔。该观点主要是基于《墨子·节葬下》《史记·夏本纪》《吕氏春秋·安死篇》《淮南子·齐俗训》《越绝书》卷八、《吴越春秋》卷四等古籍中的相关记载。这里太史公欲借此说明,项羽之不凡可能是承继了苗族的血脉和精神。

秦王朝政策失当，陈涉首先发难，随后各路豪杰蜂拥起义，一起争夺天下，不可胜数。项羽并无任何根基（土地和权势），却仅用三年时间就率领五国诸侯（齐、赵、韩、魏、燕）消灭了秦朝，并分封天下于各诸侯，一切政令均由羽出，自号'霸王'，霸王的权位虽然没有维持到底，但这显赫的功业是近古以来不曾有过的。"

有西楚霸王，就必谈沛公。汉高祖刘邦，为沛郡丰邑县（现江苏徐州丰县）人，姓刘，字季。秦时任沛县泗水亭长，后因渎职而逃亡，在逃亡过程中纠集了不少逃亡刑徒组成数百人的武装反秦集团，并与城内的反秦势力相结合，成为反秦武装的主力之一。《汉书·高祖本纪》记载了这一过程：

高祖，沛丰邑中阳里人，姓刘氏，字季。……高祖以亭长为县送徒骊山，徒多道亡。自度比至皆亡之，到丰西泽中亭，止饮，夜皆解纵所送徒。曰："公等皆去，吾亦从此逝矣。"徒中壮士愿从者十余人。……高祖隐于芒、砀山泽间……沛中子弟或闻之，多欲附者矣。秦二世元年，秋七月，陈涉起蕲……郡县多杀长吏以应涉。九月，沛令欲以沛应之。掾、主吏萧何、曹参曰："君为秦吏，今欲背之，帅沛子弟，恐不听。愿君召诸亡在外者（师古曰：时苦秦虐政，赋役烦多，故有逃亡辟吏），可得数百人，因以劫众，众不敢不听。"乃令樊哙召高祖。高祖之众已数百人矣……父老乃帅子弟共杀沛令，开城门迎高祖……高祖乃立为沛公。……于是少年豪吏如萧、曹、樊哙等皆为收沛子弟，得三千人[1]。

于丰西泽中的"拔剑斩蛇"，既显示出刘邦的胆量与气魄，又被视为预言高祖帝业成功的标志，《史记·高祖本纪》载：

高祖被酒，夜径泽中，令一人行前。行前者还报曰："前有大蛇当径，愿还。"高祖醉，曰："壮士行，何畏！"乃前，拔剑击斩蛇。蛇遂分为两，径开。行数里，醉困卧。后人来至蛇所，有一老妪夜哭。人问何哭，妪曰："人杀吾子，故哭之。"人曰："妪子何为见杀？"妪曰："吾子，白帝子也，化为蛇当道，今者赤帝子斩之，故哭。"人乃以妪不诚，欲告之，妪因忽不见。后人至，高祖觉。后人告高祖，高祖乃心独喜自负。诸从者日益畏之[2]。

---

[1] 班固.汉书[M].颜师古,注.北京：中华书局，2006：7-10.
[2] 司马迁.史迁[M].易行,孙嘉镇,校订.北京：线装书局，2006：50.

很多学者认为，"斩蛇"事迹在刘邦建国历程中具有重要意义。如《艺文类聚》卷十二引后汉班固《高祖泗水亭碑》曰："皇皇炎汉，兆自沛丰。乾降著符，精感赤龙。承魁流裔，袭唐末风。寸木尺土，无侯斯亭。建号宣基，惟以沛公。扬威斩蛇，金精摧伤。涉关凌灞，受爵汉中。勒兵陈东，剟禽三秦。陈张画策，萧勃翼终。出爵褒贤，列土封功。炎火之德，弥光以明。源清流洁，本盛末弘。序将八十，赞述股肱。休勋显祚，永永无疆。於皇旧亭，留嗣是承。天之福佑，万年是兴。"可见，班固在简略勾画高祖政治业绩中对"扬威斩蛇"的笔调尤其醒目。《旧唐书·五行志》亦云："汉祖斩蛇而验秦之必亡，仲尼感麟而知己之将死。"说明"斩蛇"已经成为改朝换代的政治文化象征[1]。

太史公读秦楚之际，曰："初作难，发于陈涉；虐戾灭秦，自项氏；拨乱诛暴，平定海内，卒践帝祚，成于汉家。"[2]可见，在反秦起义的队伍中有两支是以楚人为主体的，一是项羽的，二是刘邦的。项羽出身贵族，刘邦则布衣起家；项羽于会稽起兵，刘邦在沛县举义。与此同时，他们身上所共有的楚文化元素也被传播开来。有学者说："在楚文化的传播方面，刘邦政治集团的贡献要比项羽政治集团的大。"因此，在西汉风气中，楚文化占有了重要的位置：一是以事鬼神为底蕴，高扬英雄本色的楚风；二是以礼乐文化（王道文化）为核心的儒风；三是以刑名为底色的黄老之风。楚风宣扬着刘邦代秦的浪漫气质，儒风在总结成败之理中用冷峻的眼光看待现实，黄老之风则以貌似无为、顺应自然的姿态治理国家。这三者的混融不但全面勾勒出西汉初年的社会风貌，而且以彼此间的消长奏响了西汉世风的主旋律[3]。

公元前202年刘邦称帝，以"汉"为国号，定都长安。初期国家实行郡县与藩国并行制，分封异姓王七人，但在总结秦亡的历史教训时，刘邦认为秦亡的原因是没有分封同姓子弟为王。因此，他一方面消灭异姓诸侯王，另一方面陆续分封了九个刘氏宗室子弟为诸侯王（同姓九王），并订下"非刘姓不王"的誓约。在吴越地区，当时的故东阳郡、吴郡、鄣郡五十三县[4]先封荆王刘贾（刘邦兄），但荆王刘贾为英布叛军所杀，刘邦担心"吴、会稽轻悍，无壮王

---

[1]王子今."斩蛇剑"象征与刘邦建国史的个性[J].史学集刊，2008（6）：21.
[2]司马迁.史记[M].易行，孙嘉镇，校订，北京：线装书局，2006：81.
[3]张强.汉高祖刘邦与西汉世风[J].陕西师范大学学报：哲学社会科学版，1997（3）：81-82
[4]相当于《汉书·地理志》中的会稽、丹阳、临淮郡的一半、广陵国。

以填之，诸子少，乃立濞于沛为吴王"①；而薛郡、东海、彭城三十六县②交由楚王刘交（刘邦弟）统辖。

吴王刘濞依恃吴越尚武好勇的风气和封国内的资源发展经济和地方势力。如"其居国以铜盐故，百姓无赋。卒践更，辄予平贾。岁时存问茂材，赏赐闾里，它郡国吏欲来捕亡人者，颂共禁不与。如此者三十余年，以故能使其众。"③1905齐、淮南被分割后，吴国逐渐成为东方诸侯的大国。后因子刘贤被皇太子刘启所杀，于是刘濞自立"东帝"，联合楚王刘戊、赵王刘遂、济南王刘辟光、淄川王刘贤、胶西王刘昂、胶东王刘雄渠发动叛乱。在联合其他诸侯王时，刘濞书道，"吴国虽贫，寡人节衣食用，积金钱，修兵革，聚粮食，夜以继日，三十余年矣。凡皆为此，愿诸王勉之"；"敝国虽狭，地方三千里；人民虽少，精兵可具五十万"③1910。而且西汉大将周亚夫在平定此乱时，教其破敌之策的邓都尉就指出，"吴（楚）兵锐甚，难与争锋。楚兵轻，不能久。方今为将军计，莫若引兵东北壁昌邑，以梁委吴，吴必尽锐攻之。将军深沟高垒，使轻兵绝淮泗口，塞吴饷道。使吴、梁相敝而粮食竭，乃以全制其极，破吴必矣。"③1913可见，吴、楚军的战斗力是极强的，即使名将周亚夫带兵正面决战，胜算几率也不大，只能从背后断其粮道，再伺机击溃。

二、汉画物语，史海钩沉

汉画像石，指的就是汉代地下墓室、墓地祠堂、墓阙和庙阙等建筑上雕刻画像的建筑构石。因其主要产生于西汉，盛行于东汉，故称汉画像石。陆士衡云："宣物莫大于言，存形莫善于画"④，用画像这种形象的表达方式不仅可以反映当时的"行"，更重要的是它还在一定程度上隐含着当时人们的思想观念⑤。因此，汉画像石虽然刻画的是当时的社会面貌，却综合着政治制度、社会关系、生产能力、战争方式、道德观念、精神信仰以及艺术水平等内容，被视为汉代文化的典型代表，对汉文化研究具有重要的价值⑥。

根据汉画像石分布的密集程度，信立祥先生划分出五大区域：

---

①司马迁.史记［M］.易行，孙嘉镇，校订.北京：线装书局，2006：441.
②相当于《汉书·地理志》中的东海郡、沛郡、临淮郡的一部分以及鲁、楚二国。
③班固.汉书［M］.颜师古，注.北京：中华书局，2006.
④张彦远.历代名画记［M］.俞剑华，注释.上海：上海人民美术出版社，1964：5.
⑤张清明.谶纬与汉画像石［J］.山东省农业管理干部学院学报，2008（3）：160-161.
⑥信立祥.汉代画像石综合研究［M］.北京：文物出版社，2000：1，4.

第一分布区是由山东省全境、江苏省中北部、安徽省北部、河南省东部和河北省东南部组成的广大区域，其范围以山东省西南部和江苏省西北部的徐州市为中心，东起海滨、西至河南省的安阳和永城一线，北自山东半岛的北端、南达江苏省的扬州，汉画像石的发现地点已达200余处……这个地域所发现的汉画像石数量占全国汉画像石总数的百分之六十以上。第二分布区是以南阳市为中心的河南省西南部和湖北省北部地区，其范围北起河南省的叶县、襄城，南至湖北省的当阳、随县。这里汉画像石的出现时间可以早到西汉中晚期之交，是汉画像石最重要的发祥地。第三分布区是陕西省北部和山西省西部地区。第四分布区是四川省和云南省北部地区，汉画像石集中分布在长江支流的嘉陵江和岷江流域。第五分布区是河南省洛阳市周围地区[1]。

可见，江苏省中北部属于中国汉画像石密集的第一分布区，以徐州为中心向东、南、西呈放射状分布。根据密集程度又可划分为三个分布圈：中心分布圈为徐州市及其周围的铜山、睢宁、新沂、邳州、沛县等市、县，有著名的栖山墓、九女墩墓、洪楼墓，"元嘉元年"缪宇墓、"嘉平四年"茅材墓等画像石墓和祠堂。第二分布圈是苏北的丰县、连云港、赣榆、东海、清江、宿迁、泗洪、泗阳、宝应、射阳，皖北的淮北、濉溪、宿县、亳县、萧县、定远、霍山等市县，以建宁四年（171年）胡元壬墓和祠堂、董园村曹操宗族墓、孔望山佛道教摩崖造像群等为代表。第三分布圈延展至长江以南，目前发现的有江苏镇江、苏州和浙江的海宁等地。可见，吴越地区的汉画像石主要集中在徐州市及邻县的苏鲁山区与淮阴及扬州一带的江淮平原，地理位置因与鲁南连成一片，所以画像石的风格基本与山东南部相同[2]。

苏北鲁南地区历史上就是经济发达之地，鲁南在秦代之前就是有名的齐鲁之邦；而徐州在汉代作为开国皇帝刘邦的家乡，是苏北的重要区域。汉初便分封给楚王刘交来统治、管理这片区域。由于苏北鲁南地区地处汶、泗、沂、沭河流域，水利发达，冶铁、煮盐、纺织等手工业生产进步，所以经济发展较快。以致后汉的仲长统说这里是"豪人之室，连栋数百，膏田满野，奴婢千群，徒附万计。船车贾贩，周于四方；废居积贮，满于都城。琦赂宝货，巨室不能容；马牛羊豕，山谷不能受"[3]。这些话虽有夸大的成分，但西汉时，从

---

[1]信立祥.汉代画像石综合研究[M].北京：文物出版社，2000：14-15.
[2]朱存明.论汉画像石的地域分布及特征[J].地方文化研究，2013（1）：16.
[3]范晔.后汉书[M].西安：太白文艺出版社，2006：366.

政府最重视的冶铁、制盐、纺织三大官营手工业来看，这一地区就已居全国之首，仅盐官就有12处，占全国49处盐官的四分之一。同样，徐州地区是两汉楚国和彭城国的属地，在两汉时期共有13位楚王和5位彭城王（表2-1），他们留下的大量坟墓有不少是画像石墓，如铜山县茅村乡凤凰山出土的汉画像石墓、铜山县青山泉乡出土的白集汉画像石墓及睢宁九女墩画像石墓等。据统计，目前徐州发现的汉画像石有2500块以上，占全国四分之一左右[1]。汉画像石墓相较一般的墓葬，所需的人力及物力如若没有雄厚的经济基础是不可能完成的，这一点从汉画像石墓中所发现的动辄"百万""五百万"的刻铭就足以说明汉代楚（彭城）国经济的发达[2]。

表2-1 两汉楚彭城王世系表[3]

王族分支		在位楚王及谥号	在位皇帝	在位时间 年数	在位时间起止	备注
刘交	刘交	楚元王刘交	高祖、吕后、文帝	23	前201—前179年	—
	刘郢（客）	楚夷王刘郢（客）	文帝	4	前178—前175年	—
		楚王刘戊	文帝、景帝	21	前174—前154年	谋反自杀
	刘礼	楚文（平）王刘礼	景帝	3	前153—前151年	—
		楚安王刘道	景帝、武帝	22	前150—前129年	—
		楚襄王刘注	武帝	12	前128—前117年	—
		楚节王刘纯	武帝	16	前116—前101年	—
		楚王刘延寿	武帝、昭帝、宣帝	32	前100—前69年	谋反自杀国除
刘嚣	刘嚣	楚孝王刘嚣	宣帝、元帝、成帝	25	前50—前25年	—
	刘芳（文）	楚怀王刘芳（文）	成帝	1	前24年	—
	刘衍	楚思王刘衍	成帝、哀帝	21	前23—前3年	—
		楚王刘纡	哀帝、孺子婴	10	前2—8年	王莽篡汉国绝
刘英	刘英	楚王刘英	光武帝、明帝	18	52—70年	谋反流放自杀国除

---

[1] 苑建中.汉画像石藏石[M].香港：中国文化出版社，2009：4.
[2] 陈鹏，武耕.试论苏北鲁南汉画像石呈集中分布的原因[J].阜阳师范学院学报：社会科学版，2010（5）：143.
[3] 毛丽丽.两汉楚彭城国研究[D].武汉：华中师范大学，2011：10.

(续表)

王族分支		在位楚王及谥号	在位皇帝	在位时间		备注
				年数	在位时间起止	
刘恭	刘恭	彭城靖王刘恭	章帝、和帝、殇帝、安帝	29	88—117年	—
		彭城考王刘道	安帝、顺帝、冲帝	28	118—145年	—
		彭城顷王刘定	质帝、桓帝	4	146—149年	—
		彭城孝王刘和	桓帝、灵帝、献帝	64	150—213年	—
		崇德侯刘祇	献帝	7	214—220年	国除

汉画像石的题材内容很广，但也会受到地方习俗的影响。徐州"风俗劲悍，有霸王之遗风"，所以其中不乏以武为题材的画像石。王琼以现代武术和传统武术的定义并结合汉代文献史料中武士练习的方法为标准，择选出50幅徐州汉画像石武术活动图，分为比武图、练兵图、娱乐图、武库图、练力图、练勇图六类[1]19, 24。刘朴则以刻有徒手武术动作和器械武术动作的画像石（不纳入战争图中的搏斗图）为准，收录全国61块有关武术的汉画像石，统计后发现有关武术汉画像石的分布规律与信立祥所划分的五个区域相一致：第一位是山东省、江苏省北部、安徽省北部、河南省东部和河北省东南部，共有武术汉画像石36块；第二位是以南阳市为中心的河南省西部到湖北省以北地区，12块；第三位是陕西省北部到山西省西部地区，11块；第四位是四川省和云南省北部，1块；另外，在北京新发现1块武术汉画像石。其中，位于第一区域中的徐州共有4块武术汉画像石[2]，加上铜山县的力士图，共有5块。

从表2-2可以看出，汉代徐州武术活动常见的形式主要有：练力、徒手与器械对抗、器械与器械对抗等。以练力为例，从古文献资料和汉画像石两者结合可以发现，举鼎可以用来发展上肢力量，而下肢力量的加强主要是踏强弩，两者在民间和贵族中都非常流行[1]32。《汉书·淮南衡山济北王传》载，高祖刘邦之子刘长"厉王有材力，力扛鼎"；亦载汉武帝刘彻之子，"胥壮大，好倡乐逸游，力扛鼎，空手搏熊罴猛兽。"[3]踏强弩又称蹶张，在《汉律》中设有专门的职位——蹶张士，即材官中的力健者，能以足踏强弩而张开。

---

[1]王琼.徐州汉画像石之武术活动的研究[D].徐州：江苏师范大学，2013.
[2]刘朴.汉画像石中的体育活动研究[M].北京：人民出版社，2009：70-71.
[3]班固.汉书[M].颜师古，注.北京：中华书局，2006：2760.

表2-2 吴越地区部分汉画像石中的武术活动[1][2]

图名	来源	说明	汉画像石
力士图	铜山县洪楼祠堂	七力士自左依次为持剑者、驯虎者、拔树者、背牛者、扛鼎者、抱鹿者、抱壶者	
戟对剑、钩镶	铜山县苗山画像石墓	一人手持长戟，另一人左手持钩镶、右手持剑比试	
徒手对戟	铜山县十里铺汉墓	左边为：一人手持长戟向另一人刺去，后者落荒而逃	
西王母神话乐舞图：戟对剑、钩镶	沛县栖山汉墓	右下角为：一人持钩镶、剑，另一人持长戟比试	

---

[1] 徐州汉画像石艺术馆. 馆藏精品［EB/OL］.［2019-10-30］. http://hhxs.bowuguan3d.com/collections.
[2] 王琼. 徐州汉画像石之武术活动的研究［D］. 徐州：江苏师范大学，2013：29.

（续表）

图名	来源	说明	汉画像石
邀观比武图：双人执戟对打	徐州市郊寒山散存	一格刻邀请，二格刻四人同行，三格刻二人比武，四格刻揖客告别	

在徒手与器械、器械与器械对抗中，常见的汉代兵器除长戟、剑、环首刀外，还有一种叫钩镶的兵器。《说文》曰："钩，曲也。"锴注："古兵有钩有镶，引来曰钩，推去曰镶。"《释名·释兵》曰："钩镶，两头曰钩，中央曰镶。或推镶，或钩引，用之之宜也。"《说文解字》："镶亦用来句（读"钩"字）镶，兵器也。"①

目前出土的钩镶实物中，形制最大、保存最完整的是从江苏徐州狮子山西汉楚王陵附近征集的，现保存于中国人民革命军事博物馆内（图2-1）。该钩镶总长92cm，镶板长36cm，宽17cm。镶板上下各伸出一个长钩，搏斗时用于钩住敌人的兵器，使敌丧失战斗力。镶板正面设有一根尖利的镶刺，用于战斗时刺伤敌人。镶板背面中间位置设有长方形手柄，手柄上可见丝织物痕迹，当时应有丝麻类织物缠裹②[37]。

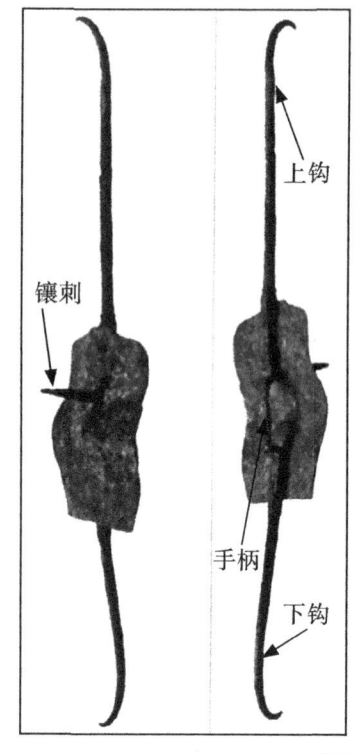

图2-1 铁钩镶及其部位名称②[38]

---

①李京华.汉代的铁钩镶与铁钺戟[J].文物，1965（2）：47.
②野田黄雀.国之瑰宝：钩镶略说[J].轻兵器，2014（8）.

第二章 游于艺：涵勇示柔

有学者认为，钩镶是由盾演变而来的，将钩、盾合在一起的兵器。它整体呈弓型，上下各有一个向外伸出的弯钩，一般上钩长于下钩，两钩均由长铁条锻造而成。两钩固定在镶板后部，镶板背面设有手柄（称为镶鼻）。镶板由铁板制成，整体呈长方形，四周加工成圆角，有的则呈上宽下窄的犁形。镶板正面略偏上位置设有一个突出的尖锥，称为镶刺。镶刺的顶端有的呈小球状，有的则呈锐尖形。钩镶兼具防、钩、推功能，一般与刀、剑配合使用。在对抗中，一手可持钩镶，用镶板或上、下钩阻挡敌人长短兵器的攻击，或用上、下钩钩住对方的长短兵器，另一手可持刀、剑砍刺对方。但钩镶的使用年代较短，汉晋以后，作为长兵器的戟逐渐退出战场转为仪仗用器后，钩镶也随之衰微以至绝迹①。

作为实物史料的汉画像石是历史见证的可靠来源，如果与当时的文献史料相互佐证，这一时期吴越地区的尚武之风就会更为丰满地展现出来。如《三国志》称："江南精兵，北土所难，欲以十卒当东一人"②，所指的就是东汉末年，因宦官专权而出现的政治混乱，随之而起的黄巾大起义、董卓之乱等相继发生，于是世居吴越之地的孙策乘机而起，经过东征西讨，立足于江东。孙权继位后又"分部诸将，镇抚山越，讨不从命"，攻庐江太守李术于皖城，枭其首，徙其部曲三万余人。在稳固内部、确保已有地盘的基础上，他继续率兵灭黄祖，于赤壁抗曹、巧夺荆州、夷陵败刘备，从而占据三峡以东的整个长江流域③，与曹魏、蜀汉形成了三国鼎立之势。

但于这霸气之中，娱乐性与表演性的"武"也开始在军旅中出现。如东吴的将领鲁肃、吕蒙、程普、黄盖、韩当、蒋钦、周泰、陈武、董袭、甘宁、凌统、徐盛、潘璋、丁奉等被称为"江表之虎臣"，皆骁勇善战。《三国志·吴书·甘宁传》就记载，吴国的大将凌统与甘宁有杀父之仇，一次，两人在元帅吕蒙的宴会上相遇，酒宴上，凌统想借"酒酣"之机"乃以刀舞"杀了甘宁，而甘宁看出凌统来者不善，即声称"能双戟舞"，于是二人在酒宴上对舞起来，吕蒙见势不妙，急忙"操刀持楯，以身分之"。由此看出，这些将领不仅善战，而且善武舞——刀舞、双戟舞、操刀持楯亦能舞。《中国武术史》也指出："古时武术，常以武舞形式出现。到汉代，尤其东汉时期，武舞已有相当的发展。如剑舞、斧舞、钺舞等，其动作虽多随意性，但出现了追扑、进击、

---

①野田黄雀. 国之瑰宝：钩镶略说[J]. 轻兵器，2014（8）：38-39.
②陈寿. 三国志[M]. 裴松之，注. 北京：中华书局，2006：1467.
③黄忠晶. 谈孙权的守成与创业[J]. 理论学习月刊，1995（6）：55.

打斗等有强烈攻防含义的动作。"[①]67

此外,还有徒手相搏的角抵。《汉书·武帝第六》应劭曰:"角者,角技也,抵者,相抵触也";文颖曰:"名此乐为角抵者,两两相当角力,角技艺。"说明角抵是一种徒手的对抗性项目,主要以摔法和体力进行较量,更多是用于娱乐和表演。秦朝禁武,汉初刘邦也曾一度罢废角抵,至武帝时才又开始提倡。三国时期东吴开始以"相扑"代替"角抵"之名,并出现了女子相扑。虞溥《江表传》载:"(吴末帝孙皓)使尚方以金作华燧、步摇、假髻以千数,令宫人著以相扑,朝成夕败,辄出更作。"意指三国时东吴的亡国之君孙皓常命宫女头戴饰有垂珠的金首饰进行相扑比赛,挥霍掉大量的钱财[①]75-78。左思亦在《吴都赋》中提到吴国人爱"拚射壶博","拚"同"抃""卞""弁",孟康曰:"弁,手搏也",说明吴越地区的角抵与手搏活动广泛。

秦末的楚汉争雄、汉初的七国之乱,以至三国时期的孙吴政权,让吴越地区依然保留着"好勇尚武"之风。但也正因如此,使吴越地区在与其他文化的相互碰撞及交流过程中既体现出国家一统时的文化共性,又在分裂时发展着自己的独特性。

第二节　北人南迁与文化自觉

一、北方的三次移民与吴越地区的开发

(一)北方的三次移民浪潮

自东晋以来,吴越地区的尚武好勇之风开始发生变化,后历经南朝、隋、唐,至宋代完成了崇文的嬗变过程,导致这种嬗变过程的外在因素主要来自三次移民浪潮。

第一次移民浪潮始于西晋末永嘉年间,由于北方战乱和西晋的最终覆灭,以及自然灾害(永嘉年间的大旱和蝗灾是空前的,而灾情最严重的地区又是战乱最频繁的北方),导致了北方人口的大规模迁移,迁移的方向和迁入地主要

---

①国家体委武术研究院编纂.中国武术史[M].北京:人民体育出版社,1996.

第二章 游于艺：涵勇示柔

是南方，尤其集中在长江下游的吴越地区。这次移民浪潮持续了一百多年，直到南朝宋泰始年间（465—471年）才告一段落。

建武二年（318年）司马睿在建康即位，东晋开始。永嘉五年（311年）后，建康就已成为晋朝实际上的政治中心，于是晋朝的宗室贵族、文武大臣、北方的世家豪族都以建康及周围地区为主要迁移目标，他们不仅成为司马睿建立东晋的主要支柱，也在整个东晋和南朝起着举足轻重的作用。如以王导等为首的琅邪临沂（今山东费县东）王氏，以谢鲲为首的陈郡阳夏（今河南太康县）谢氏，以颜含为首的琅邪临沂颜氏等，这些"衣冠士族"在带来先进生产技术的同时，也携带着他们的文化理念与宗法制度，浸染着吴越之地的风气。孙恩、卢循起义时，"海盐令鲍陋遣子嗣之以吴兵一千，请为前驱"，却被晋军主帅刘裕拒绝，理由是"贼兵甚精，吴人不习战，若前驱失利，必败我军。可在后为声援"[1]。至南朝时期，《颜氏家训》载，"梁世士大夫，皆尚褒衣博带，大冠高履，出则车舆，入则扶侍，郊郭之内，无乘马者。……及侯景之乱，肤脆骨柔，不堪行步，体羸气弱，不耐寒暑"[2]。可见，由南迁而来的北方士族构成的统治集团，对"好武者"表现出"不为公门所重"[3]的态度，致使吴越地区开始走向重文轻武的风气。

第二次移民浪潮始于玄宗天宝十四年（755年）安史之乱爆发，此后又经历了藩镇割据、唐末战争，最后止于五代结束，持续了200余年[4]。安史之乱爆发后不久，战火很快燃遍黄河中下游的主要地区，"自禄山肇祸，瀛、博流离；思明继衅，赵、魏垫厄。枌榆井邑，靡获安居，骨肉室家，不能相保"[5]；"生人赀产扫地，壮赍负，老婴则杀之，杀人以为戏"[6]；为躲避战争灾难，避难者"不南驰吴越，则北走沙朔"[7]；在李白看来，"天下衣冠士庶，避地东吴，永嘉南迁，未盛于此。"[8]也就是说，移民南迁的规模已然超过了西晋永嘉之乱时期。吴松弟《中国移民史》认为，安史之乱是我国历史人口分布的

---

[1] 沈约. 宋书 [M]. 北京：中华书局，2006：2.
[2] 颜之推. 颜氏家训 [M]. 夏家善，夏春田，注释. 天津：天津古籍出版社，1995：128.
[3] 房玄龄. 晋书 [M]. 北京：中华书局，1974：1775.
[4] 吴松弟. 中国移民史：第三卷 [M]. 福州：福建人民出版社，1997：235.
[5] 黄永年. 二十四史全译·旧唐书：第5册 [M]. 上海：汉语大词典出版社，2004：3228.
[6] 欧阳修，宋祁. 新唐书 [M]. 北京：中华书局，1975：6428.
[7] 董诰. 全唐文 [M]. 北京：中华书局，1983：4366.
[8] 邵丽鸥. 中华古诗文：李白 [M]. 长春：北方妇女儿童出版社，2013：191.

一个分水岭，在此以前北方人口占全国的半数以上，此后南方占半数以上，并且稳步上升[①354]（表2-3）。

表2-3 西汉至宋南方占全国著籍户口数比重变化（单位：万人）[①354]

朝代	全国总数	南方数量	南方占比重（%）
西汉元始二年（2年）	5767	1098	19
东汉永和五年（140年）	4789.2	1609.8	33.6
西晋太康元年（280年）	247	113	45.7
隋大业五年（609年）	890	253	28.4
唐贞观十三年（639年）	306.1	167.1	54.6
唐天宝元年（742年）	897	405	45.2
宋太平兴国（976—984年）	662	421	63.6
宋元丰三年（1080年）	1657	1159	69.9
宋崇宁元年（1102年）	2067	1478	71.5

在我国封建经济发展史上，安史之乱也是一个重要的里程碑。安史之乱之前，我国经济重心在北方的黄河流域，南方经济虽然已有长足的进步，但与北方仍有一定的差距。农业是唐代最基本的经济部门，粮食是最重要的产品。根据史念海先生的研究，天宝八年（749年）的正仓储粮中，江南道只占全国十道的第五位，约居四十分之一；淮南道只占第六位，约居六十分之一，表明长江下游各地所产的粮食在全国并未占到首要地位。安史之乱以后，南方人口迅速增长，全国的水利兴修也开始集中于此，从而使农业、手工业等得到较大发展，全国城市分布的重心呈现出自北向南的移动趋势，并逐渐替代北方成为全国的经济重心。不少学者从经济方面进行研究后认为，"黄河流域的经济受到破坏，唐朝中央的财赋收入和粮食供应，就不能不转而全力依靠于江淮各地"，说明"中国封建社会时期经济重心的南移也已完全到位"[①370-372]。

同样，唐后期五代也是南方文化大发展的重要时期。冻国栋在《唐代人口问题研究》中对唐代南、北方的儒学家、文学家和艺术家进行统计后指出，唐前期各类人才多集中在北方，南方最多时比重也只有三分之一。至唐后期，南方在各类人才中所占比重除《旧唐书·文苑传》人物有下降外，其余都有较大程度的上升。其中，在两《唐书·儒学传》人物和诗人中均占了半数以上，进

---

① 吴松弟.中国移民史：第三卷［M］.福州：福建人民出版社，1997.

士人数已接近半数。这说明唐后期南方文化与北方文化的差距在缩小，南方文化有后来居上的势头。五代时期，南方文化继续得到较快的发展[①]。如陶懋炳先生指出："吴、蜀文艺当时冠于全国，后世影响深远；而河东夙称文明昌盛之地，北汉时竟无一知名文人，中朝文人学士皆瞠乎吴、蜀之后。"这种状况一直持续到宋代，"北宋史家文人多出南方，北方犹有史学巨公司马光和理学家张载、二程，南宋则南方更胜北方"，因此他认为"随着唐中叶以后的经济重心南移，五代又出现了文化南移。"[②]

第三次移民浪潮发生在北宋靖康年间（1126—1127年）。靖康元年，金兵大举南侵，次年北宋灭亡。康王赵构建立南宋政权，定都临安（今浙江杭州），在政府的号召和求生欲望驱使下，大批北方人纷纷迁往南方，形成我国历史上汉人南迁的第三次高潮，持续了一个半世纪。与西晋永嘉之乱以后和唐后期五代相比，这次移民规模最大，距今最近，对近现代经济文化的影响最为深远。

此次北方移民迁移的主要区域为江南、江西和福建。"江南"[③]，指的就是今江苏、安徽二省的长江以南部分和上海市、浙江省，这一区域既是南方经济最发达的地区，又是首都所在，与作为大部分北方移民必经之地和移民重要迁出地的淮南仅一江之隔，涌入移民也最多。如建炎间郑毅言："平江、常、润、湖、杭、明、越，号为士大夫渊薮，天下贤俊，多避地于此"[④]。以临安为例，有76%的移民来自今河南，其中绝大多数来自开封，并往往是在南宋初年随高宗迁入的。受开封移民影响，临安在经济生活、社会风俗和语言等方面都极像开封，似乎是将开封城搬到了临安。此外，临安还屯驻大量军队，前期也主要来自北方，绍兴初年宿卫神武右军中军为72800人，如以1军人有家属2口计，军人和家属约可达20万人左右[⑤]。在南宋的许多大臣看来，南人文弱矮小，不适宜当兵。基于这样的认识，朝廷只要能招到足够数量的北方人，便不愿招南方人。

此外，北方的思想文化、文学和艺术形式、社会风尚乃至语言等，通过移民的再一次注入，形成了不同于以往的南方文化。南宋与北宋相比，就体现出若干差异性：一是理学在上层占据了主导地位；二是南方文化和艺术形式更加丰富多彩，如形成了南戏、浙派琴谱等新的艺术形式；三是北方社会风俗与当

[①] 吴松弟.中国移民史：第三卷[M].福州：福建人民出版社，1997：400.
[②] 陶懋炳.五代史略[M].北京：人民出版社，1985：383.
[③] 这里的江南在南宋时属两浙路和江南东路的建康府、宁国府、太平州、池州、徽州和广德军。
[④] 李心传.建炎以来系年要录[M].北京：中华书局，2013：405.
[⑤] 吴松弟.中国移民史：第四卷[M].福州：福建人民出版社，1997：276-280.

地社会风俗相融合，社会风貌发生转变；四是临安、平江、建康等地加入了北方方言区或次方言区。如著名宋史专家刘子健先生在《略论南宋的重要性》一文中评价道："中国近八百年来的文化模式，是以南宋为领导的模式，以江、浙一带为重心。全国政治、经济、文化重心皆聚在一起，这是史所稀见的。"他认为这种文化模式，起源于北宋，但北宋时仍在生长、变化中，到南宋始加以改变和定型。这一模式表现在经济文化方面，主要是：经济上的发展和稳定；尚文轻武；文化渐趋普及；理学对稳定社会秩序起到了大作用；儒、佛、道三教合一成为普遍倾向等[1]。

可见，自晋至宋的几百年间，正是北方移民与文化的不断渗入，涵化了吴越之民的尚武性格，使吴越的彪悍风气至宋代渐次销声匿迹。

（二）吴越地区的开发

葛剑雄指出，"尽管政治力量和社会传统可以在一定程度上促进和维持文化的繁荣，但起决定作用的还是经济基础，真正的文化发达必须有相应的经济基础"[2]。秦汉时期，相对于经济文化发达的中原，吴越地区总体上还是比较落后的。虽然有了初步的开发，但却被朝廷所忽视，认为是"取之不足以更费"，亦即开发得不偿失，人们在心理上还是把江南看作偏远蛮荒之地。

但自东汉末建安以来，中原人民"避地江南甚众"，为吴越地区的农业发展带来了先进的生产技术。三国孙吴也非常重视农业生产，"废郡县之吏，置典农、督农之官"[3]，利用北来人口和将山区越人移至平原列为编户等增加劳动力的办法，在太湖流域大兴屯田。至东晋南朝时期，吴越地区的土地开发形成了一个高潮，所谓"地广野丰，民勤本业，一岁或稔，则数郡忘饥。会土带湖傍海，良畴亦数十万顷，膏腴上地，亩值一金，鄠、杜之间，不能比也"[4]，描述的就是南朝刘宋时期吴越土地得到开发的景象，但这还仅局限于"带湖傍海"的条件优越区，许多丘陵山地及湖沼地带还没有得到普遍开发和利用。唐宋时期，特别是安史之乱和靖康之乱以后，由于北方人口进一步大量南迁，两浙地区人口增加百倍，由此造成耕地不足，其垦殖的范围也自然扩大到这些

---

[1]吴松弟.中国移民史：第四卷[M].福州：福建人民出版社，1997：525-526.
[2]葛剑雄.秦汉时期的人口迁移与文化传播[J].历史研究，1992（4）：57.
[3]顾祖禹.读史方舆纪要[M].贺次君，施和金，点校.北京：中华书局，2005：870.
[4]沈约.宋书[M].北京：中华书局，2006：1540.

丘陵山地及湖沼地带。而其开发的方法，就是筑堤围田，建立既能灌溉又能排涝的水网系统，这种耕田就是当时所说的圩田，如宋人范成大所言："江南旧有圩田，每一圩方数十里，如大城，中有河渠，外有门闸，旱则开闸引江水之利，潦则闭闸拒江水之害。旱涝不及，为农美利。"①除圩田外，近海地区的农民还大修捍海塘，开展了与海争田的斗争。因为吴越地区多泥质海岸，不但海堤易被海潮海浪冲蚀，近海土地也极易受咸潮影响而不能种植，所以捍海塘的修建，实际上也是保障土地开发利用的一项有效措施。吴越之民除了在平原和近海地区修圩田、筑海塘，还在丘陵和山地通过广开梯田的方式来增加耕地面积，如诗人楼钥在描述温、处二州间括苍山上农民们耕种梯田时生动形象地说："百级山田带雨耕，驱牛扶耒半空行"②。

在扩大耕地面积的同时，吴越地区还十分注意兴修水利。由于吴越地区多雨水，表现在地理景观上便是多河流湖泊。在生产力低下的条件下，人们无法修建许多水利工程对雨水加以利用，往往形成洪涝灾害。汉晋以后，南方人口逐渐增多，生产技术日益提高，一些大中型水利工程陆续兴建起来。如东汉顺帝永和五年会稽太守马臻主持修建的鉴湖工程可溉田九千余顷；西晋时广陵相陈敏建造的练湖工程可溉田数百顷；虽然这些工程收到了拦蓄洪水以灌溉田地的良好效益，但在当时尚不普遍。唐宋时代，一方面政府对江南粮食需求的增加和江南人口的剧增，对开发水利以提高土地的产量提出了迫切要求；另一方面南方劳动力的大量增长和生产技术日益提高，为普遍兴建水利工程提供了可能。在这种形势下，吴越地区兴修各种河渠湖陂等水利工程达到了史无前例的高潮。《新唐书·地理志》载，有唐一代江南地区各种水利工程约有七十余项，其中除小部分是重修或扩建唐以前的水利工程外，大部分都是唐代新建工程。到了宋代，吴越地区的水利工程有了更大的发展，据《宋史·河渠志》及《宋会要》等书统计，各种水利工程有一百多项。

在土地开发的基础上，吴越地区也特别注重水上交通和陆路交通的兴建。春秋时期，出于政治和经济的需要，吴国便开凿了沟通太湖和长江的吴古故水道和胥溪。《越绝书》记载，吴古故水道是"出平门，上郭池，入渎，出巢湖，上历地，过梅亭，入杨湖，出渔浦，入大江，奏广陵"③，大致是从今苏州往西经今运河到常州以北入长江，胥溪则是由太湖西北通往长江；后来吴国

---

①李焘.续资治通鉴长编[M].北京：中华书局，2004：3439.
②楼钥.冯公岭[M]//攻媿集：卷七.北京：中华书局，1985：109.
③袁康，吴平.越绝书全译[M].俞纪东，译注.贵阳：贵州人民出版社，1996：32.

又向北开凿了邗沟，从扬州至末口（今淮安北）沟通了江淮两大水系。至战国中叶，随着鸿沟的开通，更将黄、济、淮、江四大水系联成一体。隋代南北大运河的开凿，使吴越地区与北方的联系更加紧密。但是，真正形成吴越地区四通八达的水上交通网络，还是唐宋时期大兴水利的结果，因为唐代江南道的许多水利工程虽是以灌溉田地为主，但同时还兼有航运之利；而且唐代在吴越地区还比较注意陆路交通的兴建。《新唐书·百官志》记载，唐代陆路驿道已很发达，"凡三十里有驿，驿有长，举天下四方之所达，为驿千六百三十九"[1]，这种驿道是陆路交通的主干线，除此之外，吴越地区还有大量兴修水利工程时所修筑的河堤道路，围湖造田时修建的圩堤道路，以及沿海地区修筑捍海塘所成的海堤道路等。到了宋代，为了保证漕运畅通，宋王朝对南北大运河的疏通更为重视，而对盛产粮食的吴越一带水道的开浚更是不遗余力，陆路交通在唐代的基础上也有了更大的发展。

吴越地域环境的改造主要体现在交通运输体系的建设，尤其是江南运河的开凿。江南运河是江南北部的交通大动脉，北起京口、南抵杭州，纵贯太湖流域。这条运河最早开凿于春秋时期，先是苏州至吴淞江、无锡的运道，秦时则修通了镇江至丹阳的水道。运河的全部疏通是在隋炀帝时期。《资治通鉴·隋纪五》记载，"自京口至余杭，八百余里，广十余丈，便可通龙舟，并置驿宫、草顿，欲东巡会稽。"[2]

江南运河的畅通，沟通了长江和钱塘江水系，将江南和淮南、中原连成一体，运河对各种物资的运输、人员的往来、农业的灌溉和水稻种植，以及沿河城市的形成都起到了重要作用，在推动吴越地域经济不断发展的同时，不仅让它成为此后各朝代全国财政收入的重要来源，也为古代文化重心的南移奠定了坚实的基础。

二、吴越文化自觉与武之现象

中古时代，由于世局动荡，文化传播的方式发生了明显变化。在统一时代，学术文化的中心往往在王朝的都城，与政治中心一致。但汉末以后，除西晋有过短暂统一之外，南北分裂，东西对峙，华夏文化传续于世家大族。而中

---

[1] 欧阳修，宋祁. 新唐书 [M]. 北京：中华书局，1975：1198.
[2] 司马光. 资治通鉴 [M]. 胡三省，音注. 北京：中华书局，2005：5652.

古世族多能传承数十代，绵延数百年，除"政治上之权势，经济上之丰盈"外，另一重要的因素便是家族文化。陈寅恪先生在《崔浩与寇谦之》一文中有论云："盖有自东汉末年之乱，首都洛阳之太学，失其为全国文化学术中心之地位，虽西晋混一区宇、洛阳太学稍复旧观，然为时未久，影响不深。故东汉以后学术文化的重心不在政治中心之首都，而分散于各地之名都大邑，是以地方之大族盛门乃为学术文化之所寄托。中原经五胡之乱，而学术文化尚能保持不坠者，固由地方大族之力，而汉族之学术文化变为地方化及家门化矣。"①②

学术文化的"地方化""家门化"是中古时代的一个显著特征，钱穆先生在《略论魏晋南北朝学术文化与当时门第之关系》一文中说道："魏晋南北朝时代一切学术文化，其相互间种种复杂错综之关系，实当就当时门第背景为中心而贯串说之，始可获得其实情与真相……当时一切学术文化，可谓莫不寄存于门第中，由于门第之护持而得传习不中断，亦因门第之培育，而得生长有发展。门第在当时历史进程中，可谓已尽一分之功绩。"③也就是说，只有将当时学术文化与世族门第结合，"始可获得其实情与真相"。因此，要真正了解当时武术文化之现象，亦须从研究世族文化入手。

（一）术有诀：葛洪《抱朴子·外篇》

"诀"，《辞源》释为"就事物主要内容编成的顺口押韵的、容易记忆的词句。"旷文楠在《中国武术文化概论》中指出，"口诀要术的产生，说明人们已能用较为简练的语言把技击精华要点加以浓缩、概述，是武术意识走向成熟的一大标志。"④而最早关于"口诀要术"的文字记载就出现在《抱朴子·外篇》中：

少尝学射，但力少不能挽强，若颜高之弓耳。意为射既在六艺，又可以御寇辟劫，及取鸟兽，是以习之。昔在军旅，曾手射追骑，应弦而倒，杀二贼一马，遂以得免死。又曾受刀楯及单刀双戟，皆有口诀要术，以待取人，乃有秘法，其巧入神。若以此道与不晓者对，便可以当全独胜，所向无前矣。晚又学

---

① 陈寅恪.金明馆丛稿初编［M］.上海：生活·读书·新知三联书店，2001：147-148.
② 武峰.葛洪《抱朴子外篇》研究［D］.上海：华东师范大学，2007：31.
③ 钱穆.略论魏晋南北朝学术文化与当时门第之关系［J］.新亚学报，1963（2）：77.
④ 旷文楠.中国武术文化概论［M］.成都：四川教育出版社，1990：26.

七尺杖术，可以入白刃，取大戟，然亦是不急之末学。知之譬如麟角凤距，何必用之？过此已往，未之或知[①]。

《抱朴子·外篇》，作者葛洪，字稚川，号抱朴子，东晋丹阳句容（今江苏省句容县）人。关于葛洪其人，唐房玄龄《晋书·葛洪传》记载："洪博闻深洽，江左绝伦。著述篇章富于班、马。又精辩玄赜，析理入微。"[②]由此可见葛洪著作颇丰，但今所流传的仅有《抱朴子》《肘后备急方》和《神仙传》，绝大部分已亡佚。葛洪的前期思想主要以儒学为宗，兼杂道、法，后期则以玄道为本，却并未彻底放弃儒术，这些思想就蕴含在他的代表作《抱朴子》中。《抱朴子》分《内篇》《外篇》。据载："洪年二十余，乃计作细碎小文，妨弃功日，未若立一家之言，乃草创子书。会遇兵乱，流离播越，有所亡失。连在道路，不复投笔十余年。至建武中，乃定。凡著内篇二十卷，外篇五十卷"[③]。《内篇》"属道家"，言"神仙方药、鬼怪变化、养生延年、禳邪却祸之事"；《外篇》"属儒家"，言"人间得失、世事臧否"。内、外相容，儒、道互补，也代表了两晋时期的思想风气。

《抱朴子·外篇》自序中说，葛洪曾"习射"，又学过"刀盾""单刀双戟"以及"杖术"等，而且这些技艺都有"口诀要术"和"秘法"，因其在葛洪自叙内容中，所以应与葛洪的家族及当时的社会有着密切的关系。

葛洪，生于晋武帝太康四年（283年），自称籍贯为"丹阳句容（今江苏句容）"。其曩祖曾与东郡太守翟义共同起兵反抗王莽统治，被王莽徙于琅邪（今山东诸城东南）。之后，"曩祖"之子葛浦庐与葛文共同辅助光武帝刘秀取得天下，葛浦庐被封爵，但他把爵位让给了弟弟葛文，随后迁居句容。因此，葛洪的先祖应是经历过两次迁移后才来到句容的，祖籍应为宁陵（位于今河南商丘宁陵一带，西汉时属陈留郡，东汉时属梁国），之后迁到琅邪，再迁到句容[④]。（图2-2）

[①] 葛洪.抱朴子[M].济南：山东画报出版社，2004，320.
[②] 房玄龄.晋书：卷三七——卷八一[M].长春：吉林人民出版社，1995：1142-1143.
[③] 杨明熙.抱朴子外篇校笺：下[M].北京：中华书局，1997：697-698.
[④] 武峰.葛洪《抱朴子外篇》研究[D].上海：华东师范大学，2007：14-15.

第二章 游于艺：涵勇示柔

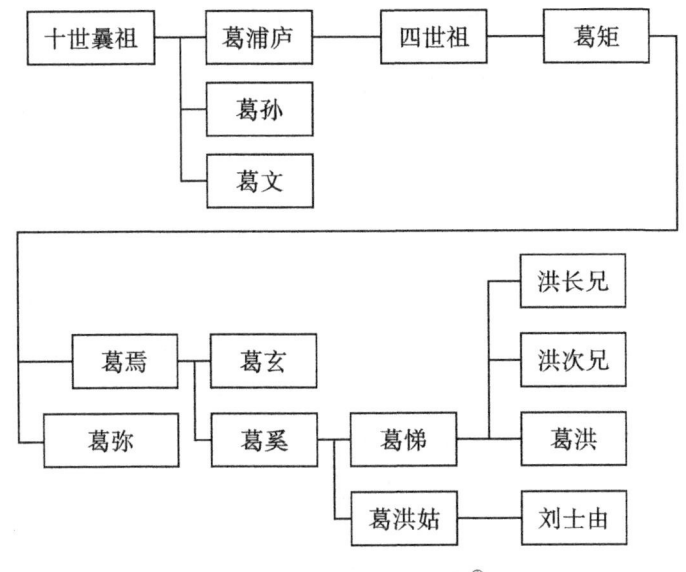

图2-2 葛洪家族谱系表[①]

在自叙中，葛洪言葛浦庐曾被光武帝封为骠骑将军，也因葛浦庐、葛文能征善战，所以王莽忌其武力把他们发至琅邪，显示出葛氏一族最早应是以武功家族显明于世的。及至葛洪，这一特点仍有所表现。如西晋惠帝太安二年（303年），张昌起兵作乱，其部将石冰侵扰扬州，江东士族合力抗击，葛洪募兵应对，并亲自征战，后被封为伏波将军，这正是葛洪出身武功家族的一个典例，然葛氏一族自葛洪后就少有以武功著名者。因为东汉统一后，葛浦庐南迁句容"逍遥丘壑"，社会的安定促使葛氏一族开始走向重文道路，并成为江东的文化士族[②]。

洪祖父学无不涉，究测精微，文艺之高，一时莫伦。有经国史才，仕吴，历宰海盐、临安、山阴三县。入为吏部待郎、御史中丞相、庐陵太守、吏部尚书、太子少傅、中书、大鸿胪、侍中、光禄勋、辅吴将军，封吴寿县侯。

洪父以孝友闻，行为世表，方册所载，罔不穷览。仕吴五官郎、中正、建城、南昌二县令，中书郎、廷尉、平中护军，拜会稽太守，未辞而晋军顺流，西境不守。博简秉文经武之才，朝野之论，佥然推君。於是转为五郡赴警。大都督给亲兵五千，总统征军，戍过疆场。天之所坏，人不能支，故主钦若，九

[①] 邹远志.葛洪家族世系考辨[J].湖南省政法管理干部学院学报，2002（2）：172.
[②] 武峰.葛洪《抱朴子外篇》研究[D].上海：华东师范大学，2007：18-19.

有同宾，君以故官，赴除郎中。稍迁至大中大夫，历位大中正，肥乡令。县户二万，举州最治，德化尤异，恩洽刑清，野有颂声，路无奸迹，不佃公田，越界如市。秋毫之赠，不入于门；纸笔之用，皆出私财。刑厝而禁止，不言而化行。以疾去官，发诏见用为吴王郎中令。正色弼违，进可替不，举善弹枉，军国肃雍。迁邵陵太守，卒于官①。

上述引文显示，葛洪的祖父葛奚"学无不涉"，具有"经国史才"，三国时效力于孙吴，历担重职，并封寿县侯。葛洪的父亲葛悌能文善武，尤重孝友清廉，孙吴时官至会稽太守，入晋后为邵陵太守。因此，从葛洪曩祖以卫正统之汉室，联合东郡太守翟义起兵反抗王莽；曩祖之子葛浦庐、葛文起兵佐光武，累有战功；至葛洪祖父、父亲这些官职便可推断出，葛氏一族经历了由武渐文的转变。

葛洪家族的这一特征也同样揭示出江东士族群体的发展规律。江东世族的家世可以追溯至汉代，中原地区的士人在两汉时期先后迁至江左，他们的发迹或因军功而得分封，或由经济实力的壮大而步入政治，或因政治地位的承袭而显贵，但在通经入仕政策的引导下，特别是在士族社会地位形成后，文化往往成为士族门第的主要标志，以区别于其他社会阶层，其重要性更加突出。余英时先生在研究士族形成问题时就指出，"士族的发展似乎可以从两个方面来推测：一方面是强宗大姓的士族化，另一方面是士人在政治上得势后，再转而扩张家族的财势。这两方面在多数情形下当是互为因果的社会循环。所谓'士族化'便是一般原有的强宗大族使子弟读书，因而转变为'士族'，这从西汉公私学校之发达的情形，以及当时邹鲁所流行的'遗子黄金满籯，不如一经'（《汉书·韦贤传》）的谚语，可以推想得之。"②因此，作为一个上层的社会阶层，各世家大族要想保持门第兴盛，世代承传，必须加强对其子弟的文化教育，培养其德行和才干。如吴兴沈氏虽素来"家世富殖，财产累千金"（《宋书·自叙》），但晋、宋间并无人认为沈氏是高级世族，其门第未显，比之顾、陆等江东传统士族，其差异主要就体现在文化方面。然而，当晋末沈氏卷入孙恩之乱而惨遭家祸以后，沈道虔、沈麟士等沈氏文士隐居乡里，潜心学业，教授子弟，从而改变了其家族风尚，推动沈氏由尚武向崇文的转变，成

---

①葛洪.抱朴子[M].济南：山东画报出版社，2004：314-315.
②余英时.士与中国文化[M].上海：上海人民出版社，2003：197.

为齐、梁间人才辈出的文化士族[1]。

与沈氏不同的是，出生于江东土著士族的葛洪，其家世可以追溯到西汉末年。按照田余庆先生的划分，葛洪家族应当属于"旧族门户"的行列，属武力而显之世族，而且"从学术渊源上说，江东旧族主要接受了汉朝官方思想文化的影响，今文经学占据着各家族文化的主导地位"[2]。因此，葛洪一族在由武力世族向文化士族转型的同时，也延绵不断地传承着这种儒学教育和儒学家风。所以，葛洪前期的人生哲学主要是儒家的，继而才有《抱朴子·外篇》的评论和感慨。《逸民》："盖士之所贵，立德立言"；《劝学》："世道多难，儒教沦丧""昔秦之二世，不重儒术，舍先圣之道"；等等。可见，葛洪最初的理想也是为了"兴儒教以救微言之绝"，所以《自叙》中亦云："年有十三，而慈父见背，夙失庭训"，即其"庭训"必不越于儒家之学；由于兵火战乱，作为家传的"先人典籍荡尽"，所谓"先人典籍"，主要还是以"四书五经"为主的儒家经典。江东士族"尽管在两晋之际接触到了中原新的玄学风尚，并不同程度地出现了玄化趋向，但这种重视儒家经术的传统风尚始终得到延续"。由于门阀等级观念的影响，句容葛氏传至葛洪，虽其家道衰落，但仍被公认为士族[3]。

葛氏一族以及葛洪自身的转变，不仅反映出汉代吴越武术的风貌，也凸显出吴越地区自东晋以来崇文风气转变的动因。

（二）偃闭武术：萧统《文选》

"武术"一词的出现，目前可查的文献中较早的是《文选》，又称《昭明文选》，为南朝梁昭明太子萧统编纂。在现存《文选》六十卷中，收录了自公元前五世纪东周的《毛诗序》至公元五世纪南朝梁代中期的《广绝交论》，共一百三十余位作家的四百八十四篇、七百六十一首诗文[4]，是我国现存最早的一部诗文总集。"偃闭武术、阐扬文令"八个字就出自卷二十所收录的南朝刘宋

---

[1] 王永平. 论中古时期世族家风、家学之特质：以江东世族为中心的历史考察[J]. 河南科技大学学报：社会科学版，2003（3）：10.

[2] 王永平. 六朝家族[M]. 南京：南京出版社，2008：17.

[3] 韩绍深. 论家风与家学对葛洪儒道观之影响[J]. 内蒙古农业大学学报：社会科学版，2010（4）：300.

[4] 清水凯夫. 从全部收录作品的统计上看《文选》的基本特征[J]. 长春师范学院学报，1999（1）：45.

颜延之在宋文帝元嘉二十年（443年）所作的四言诗《皇太子释奠会作》[①]：

> 颜延年
> 　　国尚师位，家崇儒门。汉书，元帝诏曰：国之将兴，尊师而重傅。郑玄礼记注曰：尊师授道焉，不使处臣位也。汉书儒林传曰：严彭祖、颜安乐各专门教授。禀道毓德，讲艺立言。……偃闭武术，阐扬文令。尚书曰：王来自商，至于丰，乃偃武修文。孔安国曰：阐修文教。贾逵国语注曰：偃，息也。庶士倾风，万流仰镜。……

《中国武术教程》在阐释"武术"概念时说，古代记载中如商代有"拳勇"、春秋有"技击"、汉代有"武艺"等提法，而在萧统所编《文选》中，"偃闭武术，阐扬文令"中的"武术"主要是指停止战争，发扬文治。"武术"一词作为自卫强身之术的专门用语直至清末民初时才得以广泛运用[②]。那么，"武术"一词何以出现在这一时期，又为何要"偃闭武术，阐扬文令"？

首先从颜延之说起。颜延之，字延年，生于晋孝武帝太元九年（384年），卒于宋孝武帝刘骏孝建三年（456年），祖籍琅邪临沂。曾祖颜含，永嘉时期率琅邪颜氏随晋南渡，为"渡江者百家"之一。过江后，颜含先后任上虞令、东阳太守，后以"儒素笃行"而补太子中庶子等任；祖父颜约，曾任零陵太守；父亲颜显，做过护军司马。至东晋后期，颜氏一族的声望和地位逐渐衰落，留下一脉相承的就是"儒素笃行"的家风。于是，颜延之就靠自己的努力不断获得仕途的上进，刘裕代晋建宋后，颜延之官至太子舍人，少帝时为始安太守；文帝时，官至金紫光禄大夫。

颜延之以辞采闻名，与谢灵运、鲍照合称为"元嘉三大家"，《宋书·颜延之传》载："延之与陈郡谢灵运俱以词彩齐名，自潘岳、陆机之后，文士莫及也，江左称颜、谢焉"[③]。钟嵘亦评价颜延之诗文为："其源出于陆机……又喜用古事"[④]，意思是颜延之继承了陆机的诗风，还喜欢用典言诗。颜延之自己也说："观书贵要，观要贵博。博而知要，万流可一"[⑤]。"博"意指用

---

①冯淑静.《文选》诠释研究［D］.济南：山东大学，2006：5.
②全国体育院校委员会审定.中国武术教程：上册［M］.北京：人民体育出版社，2004：1.
③沈约.宋书［M］.北京：中华书局，2006：1904.
④钟嵘.诗品全译［M］.徐达，译注.贵阳：贵州人民出版社，2008：60.
⑤郁沅，张明高.魏晋南北朝文论选［M］.北京：人民文学出版社，1996：272.

第二章 游于艺：涵勇示柔

典范围，上至先秦诸子，下至魏晋诗文，《周易》《论语》《老子》《庄子》乃至佛、道典籍无不成为颜延之诗文中的典故之源。"要"指对"事"的取舍、提炼和加工，即撷取"诸子百家""经史子集"中复杂古事之"精要"，以转化为诗文中的优美诗句[①]。因此，颜延之的诗文字句皆有出处。而且，颜延之虽曾深入研究佛学，亦爱好玄学，但秉持的还是曾祖留下的儒家入世之思想。如《皇太子释奠会作》开篇就提出"国尚师位，家崇儒门"，而"偃闭武术，阐扬文令"之出处更进一步阐明了他的观点：

"偃闭武术"——《尚书·周书·武成》曰："王来自商，至于丰，乃偃武修文，归马于华山之阳，放牛于桃林之野，示天下弗服。"意思就是武王从商国归来，到了丰邑。于是停止武备，施行文教。把战马放归华山的南面，把牛放回桃林的旷野，向天下表示不再乘用它们。

"阐扬文令"——《尚书·虞书·大禹谟》曰："帝乃诞敷文德，舞干羽于两阶，七旬有苗格"。《尚书正义·大禹谟》释曰："帝乃诞敷文德，远人不服，大布文德以来之。诞音但。舞干羽于两阶，干，楯。羽，翳也。皆舞者所执。修阐文教，舞文舞于宾主阶间，抑武事。"意思是帝舜大布文德，在朝堂两阶之间举行大规模的舞蹈，人们举着战争中用的盾牌和雉尾，载歌载舞，表示偃武修文。七十天之后，有苗终于自动前来归附了。

可见，颜延之认为儒家所提倡的"文德"是政之核心，文德原指礼乐教化。《诗·大雅·江汉》曰"矢其文德，洽此四国"，亦是此意，后泛指文章道德。《周易·小畜》曰："君子以懿文德。"孔颖达疏："君子之人但修美文德，待时而发。"汉董仲舒的《春秋繁露》强调文德必须以礼义为核心："以谏争僩静为宅，以礼义为道则文德"[②]380，即谏诤君主以娴静为形容，以礼义为根本，又要突出文德的外在精神力量，即"君子显之于服，而勇武者消其志于貌也矣。故文德为贵，而威武为下，此天下之所以永全也"[②]188，提倡的就是君子不以服饰显其威武，而以内在文德形之于外貌，这才是文德精神的力量[③]。

[①]张润平.元嘉三大家研究[D].保定：河北大学，2010：260-261.
[②]董仲舒.春秋繁露[M].曾振宇，注说.开封：河南大学出版社，2009.
[③]刘运好.论魏晋经学与审美范式的关系[J].浙江学刊，2014（5）：69.

其次是萧统《文选》的选录标准，亦决定了它的编纂旨向。一是"文"，即《文选序》中提到的"事出于沉思，义归乎翰藻"，说明他推崇善于用事又文采美丽的文章。二是萧统的书信，如他在《答湘东王求〈文集〉及〈诗苑英华〉书》中指出，文章应做到"丽而不浮，典而不野，文质彬彬"，意指风格的雅正。三是萧统的文学思想及其时代特征，王立群认为："在影响《文选》编纂的诸多外在因素中，最为重要者为萧统的身份与时代思潮"①，"萧统作为一个皇太子，由他来主持这一工作，显然不能仅仅体现他自己的看法，而是要代表统治者对当时的文人提出一种文学的方向或模式"②。同时，"《文选》的编选是为'后进英髦'提供一种模拟学习的范文，使'属辞之士，以为覃奥，而取则焉'。故而各类文体不能不有所选录"。作为皇太子，萧统"三岁受《孝经》《论语》，五岁遍读五经，悉能讽诵……八年九月，于寿安殿讲《孝经》，尽通大义"，可见儒家的文学观深深影响着他，他也曾自言，"文"要"有助于风教"③。因此，《文选》贯穿了萧统的两种文学态度，一方面收录汉魏以来侧重韵律和谐、骈俪对偶的形式美的诗文，以顺应文学发展之规律；另一方面从统治者的高度，审视诗文思想内涵的雅正，不至流于偏狭，从而具有较强的官方认可度④。

曹道衡认为颜诗可以分为两类："一类是朝庙应制之作，另一类则为抒写自己的情怀，或借咏古以自况的诗"⑤。应制诗就是指应君王公卿之命而作的诗歌，多是在君王公卿及众多文人参与的宴会、祭祀、游览、巡猎、堂会等场合下应命而作的，内容多歌功颂德，形式为典实雅丽。综观颜延之的诗文，应制诗共计12首，占全部诗歌的32.4%，分别为《应诏燕曲水作诗》《皇太子释奠会作诗》《三月三日诏宴西池诗》《为皇太子侍宴饯衡阳南平二王应诏诗》《应诏观北湖田收诗》《车驾幸京口侍游蒜山作诗》《车驾幸京口三月三日侍游曲阿后湖作诗》《拜陵庙作诗》《侍东耕诗》，以及3首《宋南郊登歌》。萧统《文选》录颜延之21首诗，应制诗8首，占38.1%⑥。因此，颜延之得萧统之青睐也是显而易见的，与其"文"要"有助于风教"的思想是统一的。

---

① 王立群.现代《文选》学史[M].北京：中国社会科学出版社，2003：162.
② 曹道衡.关于萧统和《文选》的几个问题[J].社会科学战线，1995（5）：212.
③ 孔令刚.广角视域下的《文选》选录标准研究[J].河南大学学报：社会科学版，2018（5）：123.
④ 冯淑静.《文选》诠释研究[D].济南：山东大学，2006：8.
⑤ 曹道衡.论颜延之的思想和创作[G]//《社会科学战线》编辑部.古典文学论丛：第四辑.济南：齐鲁书社出版，1986：150.
⑥ 黄磊.颜延之诗歌研究[D].上海：上海师范大学，2007：28.

最后是战争因素。明末清初学者顾祖禹在《读史方舆纪要》中统计了上自黄帝与蚩尤战于涿鹿之野，下至明代的土木堡之变、倭寇入侵时期中国所发生的6192次战争：先秦时期有战争661次（从周平王东迁算起），平均每年约1.2次；秦汉时期682次，平均每年1.6次；魏晋南北朝时战事最多，共有1677次，平均每年有4.6次；隋唐五代时期，由于安史之乱、藩镇割据和五代更迭，战事有1411次，平均每年3.7次；至宋辽金夏，虽有政权分立，但相对稳定，不像魏晋南北朝那般动乱异常，战争有620次，平均每年约2次；元明时期，2次大范围农民起义，以及边患、倭寇问题严重，所以战争亦达1141次，平均每年有3次之多①。可见，魏晋南北朝时期无论是战争总数还是年战争频次，均排在这六个阶段的首位。即使从两晋开始计算，《中国历代战争年表》记载的战争次数亦为534次，《中国战典》则认为是796次。而且，自265年司马炎建立西晋至589年隋灭陈的三百二十四年中，先后经历了西晋、东晋和十六国、南北朝时期。在这三百多年的时间里，真正实现大一统的只有西晋短短的几十年，其余大部分时间充斥着割据或战争，是中国历史上政权变换最频繁的时代②。

然而，战争动乱带来的不仅仅是物质财富的破坏，更是文化载体与文化思想的冲击。据《隋书·经籍志》记载，东汉时都城洛阳国家藏书数目很大，"石室、兰台，弥以充积"，然而"董卓之乱，献帝西迁，图书缣帛，军人皆取为帷囊。所收而西，犹七十余载。两京大乱，扫地皆尽"。曹魏、西晋两朝采掇遗亡，汇集新作，国家藏书又达29945卷。晋末大难，"京华荡覆，渠阁文籍，靡有孑遗"。战争导致大量图书典籍遗失的同时，也使得原有的主导文化渐次失去权威地位。汉武帝时，董仲舒借用阴阳家的理论，对儒学进行神秘主义改造，创立了系统的天人合一的宇宙观与政治论，使原本作为文化一脉的儒学在政治意识形态领域具有了类似宗教的约束力。然而随着分裂割据对大一统的取代，汉代儒学独尊地位的政治基础出现危机，传统的价值观也逐渐变异。于是，从东汉后期起一批学者改弦更张，或对儒学本身进行清理，或援入道家思想对其改造。进入魏晋，玄学之风劲起，取代儒学而成为学术文化的主流③。南宋学者叶适就有一段深刻的评论："汉兴，而天下之人意其有在于《六经》……当其时，大合诸侯于石渠、白虎之殿，九卿承制难问，天子称制

---

①施和金. 中国古代战争的时巧分布［EB/OL］.（2010-04-15）［2019-10-30］. http://sspress.cssn.cn/2010n/4y_30267/13_30343/d14b_30357/201508/t20150826_2656311.shtml.

②张丽峰. 两晋南北朝战争初探［D］. 济南：山东大学，2016：15-16.

③郑师渠，曹文柱. 中国文化通史：魏晋南北朝卷［M］. 北京：北京师范大学出版社，2009：12-13.

临决，莫不自以为至矣，而道终不可明。故晋求之老庄，梁求之佛，其甚也使人主忘天下之富贵而听役于其言，忠智贤明之士因之以有得者，亦莫不自足于一世。"[1]当刘宋之时，为抑制士族、加强皇权，刘裕开始了儒学的复兴。《宋书》记载："自黄初至于晋末，百余年中，儒教尽矣。高祖受命，议创国学，宫车早晏，道未及行。迄于元嘉，甫获克就，雅风盛烈，未及曩时，而济济焉，颇有前王之遗典。天子鸾旗警跸，清道而临学馆，储后冕旒黼黻，北面而礼先师，后生所不尝闻，黄发未之前睹，亦一代之盛也。"[2]可见，国子学的重建，意味着刘宋儒学得到了一定的恢复，从政治角度又重新开始强化儒学在社会思潮中的主导地位，在士人群体的精神世界中，儒家人格的地位同样有所上升。至梁代，武帝萧衍更是敦重儒术，天下翕然如风，史臣曰："上好之，下必有甚焉者。是以邹缨齐紫，且以移俗，况禄在其中，可无尚欤。当天监之际，时主方崇儒业，如崔、严、何、伏之徒，前后互见升宠，于时四方学者靡然向风，斯亦曩时之盛也。"[3]换句话说，有梁一代的儒家秩序基调主要归功于梁武帝[4]。

（三）技有谱：萧纲《马槊谱》

"谱"，《辞源》释为"记载事物类别或系统的书"。常或认为，"至迟在萧梁时期，人们已经开始对槊的使用经验用文字进行总结。梁简文帝萧纲就著有《马槊谱》一卷，该书至隋代时仍在流传。"虽然此书已亡佚，但《太平御览》记载了它的序言：

马槊为用，虽非远法，近代相传，稍已成艺。邓荟萦魏后之庭，武而犹质；桓马入丹阳之寺，雄而未巧。聊以余暇，复撰斯法。搜采抑扬，斟酌繁

---

[1] 乐胜奎.六朝刘宋儒学探析：以颜延之、宗炳思想为例[J].武汉大学学报：人文科学版，2009（6）：695.
[2] 沈约.宋书[M].北京：中华书局，2006：1553.
[3] 李延寿.南史：卷38-卷80[M].长春：吉林人民出版社，1995：1008.
[4] 梁武帝萧衍（464—549年），属于兰陵萧氏的一支。包括齐梁房在内的南迁兰陵萧氏，其祖上虽是西汉名重一时的兰陵萧氏，不过，魏晋适逢乱世，其家道相对中落而未能位列文化高门，东晋至刘宋仅靠军功，虽经学传家、儒风犹存却在终晋之世几乎未染玄风，故而只忝列次等士族，未能进入政治中心与文化高位，从《梁书·武帝纪上》几乎未载萧衍之父的行迹就可看出。但梁武帝萧衍在齐代时就是"竟陵八友"之一，升为帝王后，其子孙多以文采卓著，其流风余韵，播及隋唐。

第二章　游于艺：涵勇示柔

简。至如春亭落景；秋皋晚净，青霜旦尽，密雨初晴。秋皋晚净，青霜旦盡，密雨初晴。纤丽沃若，天马半汉。盼金精而转态，交流汗血；爱连乾而息影，不畏衣春。镂衢与白刃争晖，翠毦与红尘俱动。足使武夫愤气，观者冲冠。巴童留玩，不待轻舟之楫；越女踟蹰，无假如皋之箭。

从上引序文来看，该书是为总结舞槊之法而作。《马槊谱》出自南朝梁代（都城为建康，今江苏南京）简文帝萧纲（兰陵人，今江苏武进），从"虽非远法，近代相传，稍已成艺"来看，马槊在当时已经是比较成熟的技艺了。

槊，即矟。《释名·释兵》曰："矛长八尺曰矟，马上所持，言其矟，矟便杀也。"《宋刻集韵·入屋》："矟，长矛，或作槊。"《说文解字·木部》："槊，矛也，从木，槊声。"由此可见，槊是马上所持兵器，长丈八尺的矛就是槊，同时也说明，这时候的骑兵应是受到了极大的关注。

我国的骑兵，最早发源于北方少数民族。有学者说，"中国独立的骑兵部队自赵武灵王'胡服骑射'之后，才开始配合步兵使用。"[1]但"直到汉武帝时期，中原地区的大规模骑兵作战才达到成熟。"[2]而传入吴越地区，应是与三国鼎立以及之后不断发生的南北战争有着必然的联系[3]。

骑兵的战术分类以骑士装备的武器为标准，以弓矢为主要装备的是骑射兵，而以矟为装备的就是冲击型骑兵。两汉时，冲击型骑兵使用的刺杀性兵器主要是戟。据对临淄西汉齐王墓出土的185件铜、铁制矛、铍、戟等长兵器的统计发现，戟的比重达到78%，矛和铍各占11%，这可能是矛的长度比较短，在骑马作战的实用性方面不够突出的缘故，因此在这一时期戟的普及程度和重要性远非矛、铍等兵器可以比及[4]。

自东汉始，随着冲击型骑兵日益频繁地出现在战场上，以及士兵盔甲制作得日趋精良坚固，战争中对扎刺的需求渐渐突出，于是矛逐渐成为冲击型骑

---

[1] 刘戟峰.武器与战争：军事技术的历史演变[M].长沙：国防科技大学出版社，1992：86.
[2] 李勉.项羽骑兵军团的兴衰[J].鲁东大学学报：哲学社会科学版，2013（5）：9.
[3] 林伯原指出，"马槊，是西晋以后，由于许多少数民族相继进入中原地区，而引起的军事格斗方式的转变。因为北朝统治民族主要是鲜卑族，鲜卑军多用矟，"槊（槊即矟）多白真毦，铁骑为群，前后相接。步军皆乌楯槊，缀接以黑虾蟆幡"，故在南北朝时期的不断战争中，也促进了矟艺的传播和发展。而且由于矟的普遍使用，其运用技巧发展较快，故出现了梁简文帝萧纲编撰的《马槊谱》"。林伯原.中国武术史[M].台北：五洲出版社，1996：132-133.
[4] 常彧.矟之成艺——魏晋南北朝的骑矟战斗及军事文化的形成[J].中华文史论丛，2014（4）：257-260.

兵选用的主要兵器之一。所以，东汉末期至十六国期间关于骑兵用矛的记录较多。如记载的三国时期东吴将领就有程普"以矛突贼，贼披，策因随出"[①1283]；丁奉"跨马持矛，突入其陈中，斩首数百，获其军器"[①1301]。而这一变化可能与鞍桥变高、马镫出现的现象是一致的（东汉时出现高鞍桥的马鞍，西晋时出现马镫[②]）。如果不配合完备的鞍、镫等马具，骑兵在快速正面冲击时，马背上的平衡和稳定性就非常有限。正是在这样的背景下，专用于骑战的"丈八长矛"——矟出现了。

然而，兵器的长度是有极限的，春秋时期《考工记·庐人》就曾归纳出"过三其身，弗能用也"的观点，这是针对当时的车战兵器而言的。而"丈八蛇矛""丈八长槊"，在记载的相关文献中都特别标明了这一长度，说明在盛行骑战的汉魏六朝时期，"丈八"的长度已经非常引人注目了。因此，在《三国典略》记载中，羊侃所舞的梁大同三年造的两刃矟，"长二丈四尺三寸"，就大大超过了同时代的兵器规格[③50]。

羊侃字祖忻，尝从梁主（武帝）宴乐游苑。时少府启两刃槊成，长二丈四尺三寸。梁主因赐侃河南国紫骝马，令试之。侃执槊上马，左右击刺，特尽其妙，观者登树。梁主曰："此树必为侍中折矣。"俄而果折，因号此槊为"折树槊"。（太平御览·兵部·卷85）

史载羊侃"身躯魁伟，长七尺八寸"，但犹不及矟的三分之一。如果也像一般兵器那样只装一个矟头，是很不符合实战要求的。反之，如果在矟柄两端各装一个矟头，"两头施刃"，以双手握持中段，这个长度便是可行的。刺兵两头施刃，《三国志·魏书·公孙瓒传》已有这个先例，"瓒乃自持矛，两头施刃，驰出刺胡"[①239]。这种作法便于对两个不同方向进行击刺，所以羊侃能"左右击刺，特尽其妙"，以至于出现"观者登树"的情况[③54]。

此后至隋唐，"善马矟"不仅成为骑兵必修的战斗技能，而且技艺高超的持矟骑士也成为士人赞叹折服并争相模仿的对象。如《南齐书·崔慧景传》

---

① 陈寿.三国志[M].裴松之，注.北京：中华书局，2006.
② 杨泓.古代兵器通论[M].北京：紫禁城出版社，2005：137.
③ 沈融.中国古代的矟[J].考古与文物，1997（6）.

载："恭祖者，慧景宗人，骁果便马矟，气力绝人，频经军阵。"①475《南齐书·沈文季传》载："（陈）天福，上（齐武帝）宠将也，既伏诛，内外莫不震肃。天福善马槊，至今诸将法之。"①424可见，陈天福善马槊并成为君上的战将，尽管因罪伏诛，但他所总结的战斗技艺甚至到萧子显撰写《南齐书》的萧梁时代仍然是军人群体效法的对象②282。

常彧认为，"矟独特的使用方式、运用技巧和战术动作迅速开始受到人们关注，战斗姿态和使用经验都逐渐被当时人记录下来，成为下一个时代冲击型骑兵继续发展的重要参考。"②268所以，在南朝时期，不仅有梁武帝之子萧纪"便骑射，尤工舞矟"③759，而且还出现了梁简文帝萧纲编撰的《马槊谱》。

简文帝对马槊技艺的关注，在一定程度上反映出南朝齐梁时期舞槊已成为一种时尚，甚至波及士风。如有"士品第一"之誉的柳世隆，就"常自云马矟第一，清谈第二，弹琴第三"①249。说明，南北朝时，舞矟不仅是一种战斗技艺，其还影响着这一时代人们的审美意识。

如在《马槊谱》序中，就有"翠毦与红尘俱动"，以至于"巴童留玩，不待轻舟之楫；越女踟蹰，无假如皋之箭"。

"毦"，指用鸟羽兽毛做的装饰品。魏晋以来的史料中就出现了很多关于矟的饰物的描述。据记载，南北朝时，以丝缠矟，漆矟并挂缀毦、幡是当时最流行的装饰方法，具体表现为"露丝银缠""并白毦""并幡""赤漆""黑漆"。如南朝武将就用以丝编缠的矟，《南史·杜崱传》载："嶷膂力绝人，便马善射，一日中战七八合。所佩霜明朱弓四石余力，斑丝缠矟长二丈五，同心敢死士百七十人。"③891《南齐书·东昏侯纪》："著织成袴褶，金薄帽，执七宝缚槊，戎服急装，不变寒暑，陵冒雨雪，不避坑阱……"①57《南史·王茂传》："及战，梁武军引却，茂下马单刀直前，外甥韦欣庆勇力绝人，执铁缠矟翼茂而进，故大破之。"③770但以丝缠矟不仅仅是为了装饰，应是在战场上具有实际功能的，可能是为了提高矟杆表面的摩擦系数，防止刺杀时打滑，并帮助骑士刺敌后顺利拔矟②275-280。

---

①萧子显.南齐书：卷1-卷59［M］.长春：吉林人民出版社，1995.
②常彧.矟之成艺——魏晋南北朝的骑矟战斗及军事文化的形成［J］.中华文史论丛，2014（4）.
③李延寿.南史：卷38-卷80［M］.长春：吉林人民出版社，1995.

第三节　市民文化与瓦舍武艺

魏晋南北朝时期是门阀世族统治的社会，因为"上品无寒门，下品无士族"的森严等级制度，文化一直被上层精英所主导，贵族文化和士族文化才是主流文化。直至五代末宋初，随着城市和商品经济的发展，社会中出现了一个新的阶层——市民阶层，而迎合其价值取向的文化形式也随之出现。

龙登高在《南宋临安的娱乐市场》中指出："古代社会早期的各种文化与娱乐活动，通常主要是作为特权享受，而不是通过市场来开展的，一般不发生交易行为。中晚唐以后，娱乐作为一种消费服务，开始在市场上出现。在南宋临安，以谋生和营利为目的的文化娱乐活动已相当普遍，娱乐市场发育趋向成熟，这在经济和文化史上都具有阶段性的意义。"[①]吴晟也认为"商品经济的繁荣，为以娱乐为消费的市民的产生提供了经济条件。使演艺由宫廷走向民间，由上层社会的消遣享乐转向大众性文化娱乐。"[②]一方面，随着宋代商品经济的繁荣，大众对精神层面的需求必然随之高涨，促使精英文化由社会上层走向大众，由少数精英的特权变为大众日常生活的需要。另一方面，宋代商品经济的繁荣为文化市场的繁荣提供了时代基础，而文化市场的兴起必然会依照市场规律迎合市场消费主体——以市民为主的大众阶层的需要，从而出现了世俗化、平民化、商业化、大众化的娱乐文化趋势[③]。武术也经历了这样一个过程，由体现上层的儒雅文化转而演变成坊间的娱乐文化，并为满足市民阶层的需求而被创造出各种形式的武艺表演。

一、市民阶层的出现与市民文化的特征

（一）市民阶层的出现

中国古代早期就已有"市"，《易经·系辞下》载，"日中为市，致天

[①] 龙登高.南宋临安的娱乐市场[J].历史研究，2002（5）：29.
[②] 吴晟.宋代瓦舍的创设及其文化意义[J].广州大学学报：社会科学版，2003（2）：5.
[③] 尚光一.宋代文化市场与文学审美俗趣[M].北京：中国书籍出版社，2013：1-5.

下之民，聚天下之货，交易而退，各得其所"，"市"的本义即为聚集货物，进行买卖。但当时无"市民"之称，仅有"市人"之谓。《春秋左传注疏》卷二十载："夫人姜氏归于齐，大归也。恶、视之母出姜也。嫌与有罪出者异，故复发传。复，扶又反。将行，哭而过市，曰：'天乎？仲为不道，杀適立庶。'市人皆哭。鲁人谓之哀姜。"[1]这里的市人是指在官府划定的市场中从事商业活动的居民，并不是对全体城市居民的统称。至唐朝，才出现"市民"的称谓。《旧唐书·郭子仪传》载："（代宗永泰元年）天子以禁军屯苑内。京城壮丁，并令团结。城二门塞其一。鱼朝恩括士庶私马，重兵捉城门，市民由窦穴而遁去，人情危迫。"[2]显然，"市民"指的是包括市区和坊区的工商业户和一般居民。

关于市民阶层出现的时间，学界尚未形成统一的观点，但大部分认为形成于宋元时期。谢桃坊认为，"我国市民阶层的兴起是以公元1019年（北宋天禧三年）坊郭户单独列籍定等为标志的"[3]13-14。五代战乱之后，全国人口出现了大幅度的流动和变化，随着经济的逐渐恢复、人口的不断繁衍，户籍管理出现了很多问题。至道元年（995年），宋太宗下诏重整户口版籍，将社会结构划分为官户和民户；官户与民户的区分，是为了让享有统治特权的品官之家与被统治者区分开来；把民户又分为坊郭户和乡村户，以区别城市居民和乡村居民[3]8。但坊郭户并不完全等同于市民阶层，市民仅仅是"坊郭户"中的一部分，"他们的社会成分或职业构成，纯为工商业者，至少绝大多数是工商业者，而不包括工商业者之外的其他城居人口——诸如官绅军吏之家"[4]。可见，市民阶层的基本组成部分不是旧的封建生产关系中的农民、地主、统治者及其附庸，而是代表新的商品生产关系与交换关系的手工业者、商人、工匠，以及自由职业者等[3]13-14。

然而也有学者认为，市民阶层除了不断壮大的工商业人员、商业性文化演艺人员以外，还应包括具有商业观念和市民意识的官吏、士人、地主、农民等不同职业和身份的社会群体。它既不是指所有城市居民，又不能仅局限于工商业群体，应是多种群体的组合体[5]。

---

[1]中华书局编辑部.唐宋注疏十三经（三）[M].北京：中华书局，1998：226.
[2]黄永年.二十四史全译·旧唐书：第4册[M].上海：汉语大词典出版社，2004：2887.
[3]谢桃坊.中国市民文学史[M].成都：四川人民出版社，1997.
[4]郭正忠.唐宋时期城市的居民结构[J].史学月刊，1986（2）：36-37.
[5]陈国灿.论南宋江南地区市民阶层的社会形态[J].史学月刊，2008（4）：86.

众所周知，中国传统社会自先秦开始就极其注重以人口职业结构区分社会阶层，政策上强调"重农抑商"，并形成以士、农、工、商为基础的"四民社会"格局。管仲就建议齐王："四民者，勿使杂处，杂处则其言咙，其事易……昔圣王之处士也，使就闲燕，处工就官府，处商就市井，处农就田野""士之子恒为士，工之子恒为工，商之子恒为商，农之子恒为农"①。隋唐时期，中央政府也多次明令重申对居民职业固化的重视。唐高祖李渊下令："凡天下人户，量其资产，定为九等。每三年，县司注定，州司覆之。百户为里，五里为乡。四家为邻，五家为保。在邑居者为坊，在田野者为村。村仿邻里，递相督察。士农工商，四人各业。食禄之家，不得与下人争利。工商杂类，不得预于士伍。"② 可见，在唐代经商是被人看不起的，商人也不得入仕；因此城市人口中最多的还是统治阶层和士，体现出中国古代城市的政治属性③159。

而且，唐与前朝一样，对于城市空间仍然实行"坊市分设"制度，坊和市四面都有围墙，各面设门，坊门和市场均有人把守，定时开闭。市的设置由官府批准，唐初规定"诸非州县之所不得置市"，县以下以及不满3000户的县只有定期市集。举凡商品规格、质量、价格、度量衡的管理，市场秩序的维持，非法活动的取缔等亦都有明文规定，比之汉代更为严密和完备。度量衡不合规定或核校不平、把关不严的官吏要受杖刑；私造度量衡在市场使用的亦受笞刑。这种严苛的制度在一定程度上限制了商人的发展③161。

五代时期，统治阶层在观念上发生了转变，因为他们大多出身于社会下层，既没有传统儒家思想的束缚，更没有唐朝贵族的矜持。他们可以利用手中的特权，为自己牟取暴利，所以这一时期的皇室与官员都很重视商业经营。史载"五代藩镇多遣亲吏往诸道回图贩易，所过皆免其算"，官员因为政治身份在商业活动中获利，自然热衷于投入更大的商业活动，这进一步带动了商业的发展④。由于商业资本与政治权力的结合，商人阶层与官僚统治者之间也产生了一定的变化，有的是官僚经商，有的则由商人上升为官僚阶层。

随着商品经济比重的不断增加，坊市制表现出的阻碍性也越来越严重。至宋代，政府放宽了对城市商业活动的时间限制，坊墙的倒塌使坊与市逐渐连为一体，城市的商业区与住宅区相互交错。从张择端的《清明上河图》中，就可

---

① 左丘明.国语[M].陈桐生，译注.北京：中华书局，2013：242.
② 黄永年.二十四史全译·旧唐书：第3册[M].上海：汉语大词典出版社，2004：1634.
③ 冯兵.隋唐五代城市社会等级与社会结构变迁.云南社会科学[J].2017（2）.
④ 王丽梅.论五代十国时期的商人与市民阶层[J].唐史论丛，2017（2）：279-280.

以看到汴河虹桥一带星罗棋布的摊位，连御廊、桥梁也成为商品交易的市场。同时，草市①的发展也突破了城郭的限制，成为宋代商品经济得以蓬勃发展的另一个动因。如"杭州附近的钱塘、仁和二县有镇市十五。建康府辖镇十四，有市二十多，鄞县有八镇市"②；东京、临安以外的一些较大的商业城市，都是由近郊的草市发展而来的。坊市合一与草市的发展使商品经济获得了蓬勃发展的生态环境，从而加速了城市化的演进，农村人口流向城市为城市提供大量的劳动力，往来的客商、小商贩、流动艺人等外来移民，由于社会地位的缘由与当地的商人或手工业者结成各种利益群体，使城市聚集了大量人口，《东京梦华录》描述："人烟浩穰，添十数万众不加多，减之不觉少"[③④]。

可见，市民阶层不仅仅是工商业人群，应是由多种群体所组成的，其概念的外延从原先著录于市籍者扩展到所有城市居民，即所有坊郭人户[⑤]。

（二）市民文化的内容及特征

唐宋城市社会最重要的变化就是从以官僚士大夫为主体的士人社会向以普通居民为主体的市民社会过渡[⑥]。在魏、晋、隋及唐前期，城市社会的主流是士人，虽然也有工商杂类等人口围绕在宫殿区的中心城区周围，甚至进入中心城区的边隅，但城市政治、社会生活的方方面面主要都围绕着士人的情趣、喜好、风尚而开展。

随着市民阶层的出现和不断壮大，与之相适应的市民意识也开始不断发展并逐渐走向成熟，表现在外就是市民文化的勃兴和日渐繁荣，且以前所未有的发展态势跻身于社会的文化系统之中。姚思陟认为："宋代的市民文化是指发端于、成就于、活跃于宋代市民社会群体中并在宋代市民社会群体中广泛传播的一种文化载体。它以民间喜闻乐见的习惯性表现形式表现自己，它诉诸下

---

① 草市本是唐代平民百姓自发组织起来的商品交易场所，起初地点并不固定，或在城外，或在交通要道，或在河岸渡口。虽然草市并非合法的商品交易场所，时常遭到官方的压制，且因为没有合法的防御措施而经常遭到盗贼洗劫，但它却以顽强的生命力活存下来。北宋立国之后，采取较为开明的政策，承认了草市的合法性，鼓励草市的发展，使其成为固定的镇市。
② 贾新政.中国全史：18卷[M].北京：经济日报出版社，1999：314.
③ 孟元老.东京梦华录[M].李士彪,注.济南：山东友谊出版社，2001：47.
④ 洪畅.论中国古代市民阶层审美文化的发生、发展及其特点[J].文史哲，2009（6）：110.
⑤ 包伟民.两宋"城市文化"新论[J].文史哲，2012（5）：97.
⑥ 宁欣.从士人社会到市民社会：以都城社会的考察为中心[J].文史哲，2009（6）：110.

层市民阶层的传播者以口头语言系统，形体技艺表演系统及其他活动的行为系统。"①205 又因市民阶层不仅涵盖商人、城市居民的中下阶层，而且逐渐将仍然占居社会主流的士人和官僚阶层的中下层人士吸纳进来，这些主流社会的人士，在城市变化的进程中，与普通居民在精神文化、日常娱乐、社会生活等方面有了更多的重叠和交叉点②。因此，宋代的市民文化从其产生之时，就以各种不同的通俗活动方式，在宋代下层社会迅速扩大传播空间，同时也在上层统治阶级垄断的"雅"文化链条上撕开了一个裂口，使部分士阶层重新审视这种"俗"文化的强大渗透力和生命力，并且参与其间，最终形成了文化生活领域中雅俗并峙的态势和审美取向①206。

与乡村农民、达观显贵相比，市民文化的审美主体和消费者是市民阶层，他们有着自己独特的文化品位、审美理想和艺术追求③。那些"宫廷供奉的演出往往被关在深宅大院中，是皇亲贵胄的专属品；农村那种逢年过节才昙花一现或者那种零星的、跑江湖式的伎艺表演，也远不能满足他们在精神生活上广泛而急切的渴求"④。因此，宋代的市民文化主要表现为以城市消费为中心的物质文化、以市民文化娱乐为代表的精神文化和具有商业精神的市民意识⑤。尤其在文化艺术娱乐方面，无论是内容、形式，还是风格、趣味、语言等，都充分映射出市民阶层的社会心理。

市民文化创作、传播的群体主要由三大类构成：一是下层市民阶层中的艺人；二是下层中部分热衷于文化活动的肇始者；三是对市民文化的发展有着直接和间接影响的群体①205。所以市民阶层在审美取向上凸显出以下特征⑥。

一是艺术创作的目的。与上层社会追求的自我表现和陶冶性情不同，市民阶层追求的是自我娱乐和欢快喜庆。市民艺术往往是创造与欣赏同时进行，如说话、杂剧、鼓子词、诸宫调、傀儡戏、影戏等，台上台下、创作者与欣赏者之间可以产生即时地反馈与交流，因此创作的目的是重在消闲，而非升华。

二是艺术创作内容与表现手法。上层社会的艺术讲究脱俗，强调写意，为追求意境而得意忘象；市民阶层则擅写实手法，将现实生活忠实地再现。因此

---

① 姚思陟. 宋代市民文化本体特征的分析 [J]. 求索, 2006 (2).
② 宁欣. 从士人社会到市民社会：以都城社会的考察为中心 [J]. 文史哲, 2009 (6): 110.
③ 洪畅. 论中国古代市民阶层审美文化的发生、发展及其特点 [D]. 桂林：广西师范大学, 2006: 2.
④ 廖奔. 中华艺术通史·五代两宋辽西夏金卷：上编 [M]. 北京：北京师范大学出版社, 2006: 17.
⑤ 夏宝君, 陈培爱. 论宋代市民文化的传播与消费变迁 [J]. 求索, 2011 (6): 249.
⑥ 罗筠筠. 从宋代城市审美文化的产生看士大夫与市民艺术的不同 [J]. 文史哲, 1997 (2): 27-30.

市民艺术虽大多缺乏高雅清俗的气质，但无病呻吟的作品也很少。

三是艺术创作风格。上层社会因追求标新立异和独创精神，风格遂趋于简洁、高远、疏淡、清雅；市民艺术大多是集体性的，不易形成独特的风格，故趋于繁缛、通俗、娇艳、浓丽，以及程式化。

四是艺术欣赏和品评。"文人相轻"的上层社会对艺术的态度大多是审慎、挑剔的；而市民阶层比较宽和、包容。对他们来说，艺术是休闲娱乐的一种手段，只要能表现其真实的喜怒哀乐、安慰其枯燥乏味的悲苦生活，即使内容上有缺陷、形式上有些粗糙，他们也照样可以接受，因为这是他们反观自身生活、寄托未来期望的一种形式。

在追求上述审美倾向的同时，市民阶层对文化活动需求的日益丰富推动着文化娱乐场所的发展，而市民文化本身所携带的商业意识也淋漓尽致地体现在市场上，无论是民俗艺术，还是文化娱乐，都充斥着浓烈的商品味道。

二、瓦舍武艺与结社组织的发展

（一）瓦舍勾栏的兴设

作为城市主要的文化娱乐场所，瓦舍、勾栏在宋代市民文化发展中起着重要的作用，同样也对中国武术在宋代发生的样式和价值转变产生了一定的影响。《中国武术史》指出："宋代城市瓦舍的出现，为大批职业艺人提供了相对固定的表演场地。瓦舍勾栏中的武艺表演内容与规模，为前代所无"[1]。

瓦舍起于何时？南宋耐得翁和吴自牧均言："不知起于何时"。但据廖奔考证，"汴京的瓦舍勾栏兴起于北宋仁宗（1022—1063年）中期到神宗（1067~1085年）前期的几十年间"[2]。有学者认为，两宋勾栏瓦舍的建立是为了城中大部分军士娱乐休闲所用的。北宋建立之初，统治者为控制兵权、防止叛乱，于是在京都和全国的一些主要城市驻以重兵。北宋仁宗庆历年间，全国兵员达一百二十五万九千人；皇祐初年，兵员总数达一百四十多万；真宗以后，常备禁军厢军在八十万以上，一半以上集中在京都四周，其他则连同乡勇

---

[1] 国家体委武术研究院编纂. 中国武术史[M]. 北京：人民体育出版社，1996：209.
[2] 廖奔. 中国古代剧场史[M]. 郑州：中州古籍出版社，1997：42.

驻守各府路重镇。但承平日久，军士闲暇无事，便常嬉戏游乐，于是就兴建了瓦舍[①]。宋室南迁后，《咸淳临安志》卷十九载，"绍兴和议后，杨和王为殿前都指挥御史，以军士多西北人，故于诸军寨左右，营创瓦舍，召集伎乐，以为暇日娱戏之地。其后修内司又于城中建五瓦以处游艺"[②]，由此看出，原临安市肆里并没有设置勾栏瓦舍，是为南渡而来的大量北方籍驻军创设的。最初只是作为军士闲暇娱乐的专门场所，后来便发展为"顷者京师甚为士庶放荡不羁之所，亦为子弟流连破坏之门"[③]。

瓦舍，又称"瓦子""瓦肆""瓦市"。《梦粱录》说："瓦舍者，谓其'来时瓦合，去时瓦解'之义，易聚易散也"[③]；孟元老记载，瓦舍中有卖药、卜卦、叫卖旧衣、博戏、饮食、剃剪、纸画、令曲等玩艺儿，而且特大型的瓦子内，四周甚至有酒楼、茶馆、妓院和商铺等设施，所以北京商务印书馆1979年版《辞源》对"瓦子"的释义是："即妓院、茶楼、酒肆、娱乐、出售杂货等场所"[④34]。勾栏，又作"勾阑""枸栏""钩栏"等，本意为栏杆，初与表演没有任何关系，后才指固定的表演场所。"将演出场所用栏杆或板壁圈起来"，故称勾栏，其构造有多种形式，全封闭式或露天式的都有[④30-33]。

可见，"瓦舍"为娱乐与买卖杂货的场所，"勾栏"是固定的表演场所。瓦子与勾栏相比，瓦子大、勾栏小，瓦子之下可容许多勾栏，每一勾栏即一小型演出场所，所以"瓦舍勾栏"可释为"以勾栏为中心的瓦舍，是集演艺、市集为一体的供市民常年冶游的大型游乐场"[④25]。

关于两宋时期京都的瓦舍数量，据孟元老《东京梦华录》记载北宋汴京有九处瓦子；但南宋临安瓦舍的数量记载不一。据《西湖老人繁盛录》载"城内外有二十五个瓦子"；《梦粱录》《咸淳临安志》均记载"杭城之瓦舍，城内外合计有十七处"；据《武林旧事》记载有二十三处瓦子，虽记载不一，但可见都远超汴梁。

无论汴梁还是临安，瓦子所设的位置大部分集中在繁荣的商业区或主要的桥梁旁。据《东京梦华录》所记，汴京的商业繁荣地区有御街、宣德楼前、潘楼东街巷、朱雀门外街巷、马行街、州桥、州桥东街巷以及与州桥相邻之相国寺东门街巷，这些街巷以御街为中心散开，西至新郑门，东至新宋门，形成了

---

① 王汉民.宋代军士与大众文化[J].湘潭师范学院学报，1996（4）：66.
② 中华书局编辑部.宋元方志丛刊：第4册[M].北京：中华书局，1990：3549.
③ 吴自牧.梦粱录[M].北京：中国商业出版社，1982：166.
④ 吴晟.瓦舍文化与宋元戏剧[M].北京：中国社会科学出版社，2001.

一个十字形的商业中心街巷[1]。著名的桑家瓦子、中瓦、里瓦就集中在潘楼街东侧这一带，内有大小勾栏五十余座，其中的莲花棚、牡丹棚、夜叉棚、象棚可以容纳数千人。

临安城内在桥梁附近的瓦子有七个，有名的如清冷桥南瓦、三桥巷的大瓦子（上瓦子）、众安桥的下瓦子（北瓦子），以及盐桥下蒲桥东的东瓦子等，其中又以北瓦内勾栏最盛，"北瓦、羊棚楼等，谓之'游棚'，外又有勾栏甚多"[2]，城内的瓦子归属修内司，以市民游艺居多。城外的瓦子大部分在诸军营寨左右，作为西北军卒暇日游戏的场所，隶属殿前司管辖，其中东郊最多，有便门瓦、侯潮门瓦、小堰门瓦、新门瓦（四通馆瓦）、荐桥门瓦、菜市桥瓦、艮山门瓦七个。

（二）宫廷到瓦肆：武艺表现形式的转变

早在秦汉时期，剑舞、刀舞、双戟舞、刀楯舞等形式多样的武舞就已出现，虽是以攻防格斗的技击动作为主，却有着表演性的特征，主要出现在宫廷或盛宴之上。

鸿门宴上，项庄请曰："君王与沛公饮，军中无以为乐，请以剑舞"[3]，由此上演了一幕"项庄舞剑，意在沛公"之剧。南齐辅国将军晋陵（今江苏常州）人王敬则"性倜傥不羁，好刀剑"，"宋前废帝使敬则跳刀，高出白虎幢五六尺，接无不中"，不仅如此，他的拍张在当时也是非常有名的。《南齐书·王敬则传》载，王"年二十余，善拍张"，《南史》卷二十二也记载他在南齐太祖萧道成所设的宴会上，"脱朝服袒，以绛纠髻，奋臂拍张，叫动左右。上不悦曰：'岂闻三公如此。'答曰：'臣以拍张，故得三公，不可忘拍张。'"意即王敬则脱去朝服，裸露身体，并用红带束发，"奋臂拍张"，而齐太祖以为王敬则不讲大臣体统而责备他，但他却不以为意，认为这是他的本色，故回答道，臣下正是因为善于"拍张"才得的高官，所以又怎可忘了"拍张"。"拍张"，是指单人徒手的表演，"抚髀拍张，甚为儇捷"，描写的是奋臂跳跃、十分敏捷的形态，极可能是一种类似拳术套路的表演。《梁书·王神念传》载："（王）神念少善骑射，既老不衰，尝于高祖前手执二刀楯，左

---

[1]刘慧玲.宋代两京桥市研究[D].长沙：湖南师范大学，2019：36.
[2]周密.武林旧事[M].四水潜夫，辑.杭州：浙江人民出版社，1984：93.
[3]司马迁.史记[M].易行，孙嘉镇，校订.北京：线装书局，2006：45.

右交度，驰马往来，冠绝群伍。"

五代十国时期，吴越武肃王钱镠"少拳勇，喜任侠"①，"每值八月十八日，浙江潮水大至，谓之看潮"，钱镠在这一天"必命僚属登楼而宴，及潮头已过，即斗牛，然后相扑"。唐末以相扑技艺知名的蒙万赢，"自言京兆县人也……入相扑棚中，年十四五，时辈皆惮其拳手轻捷。及长，擅长多胜，受赐丰厚，万赢呼号自此起"，唐亡后便投奔钱镠，钱镠对蒙"待之甚丰"，蒙虽已年迈，"然犹出场累胜，王令指教数人"；另有李青州，角力赛中"殊无敌者"，后来也投奔了钱镠②。

降至宋代，随着市民阶层与瓦舍的出现，诸多宫廷演艺逐渐走向瓦肆，而瓦肆演艺也开始步入宫廷，官方与民间的交流汇合呈现出雅俗共容的情形。

如宋代"东西班"禁军中的招箭班，其士兵的职责就是在元旦大朝会或其他朝会时表演招箭技能。所谓"招箭"，就是让人对招箭兵士射箭弩，招箭兵士采用各种动作接到箭弩，具有很高的观赏性。孟元老《东京梦华录·驾幸射殿射弓》载："驾诣射殿射弓，垛子前列招箭班二十余人，皆长脚幞头，紫绣抹额，紫宽衫，黄义襕，雁翅排立，御箭去则齐声招舞，合而复开，箭中的矣。又一人口衔一银碗，两肩两手共五只，箭来皆能承之。"③77《武林旧事》卷二《燕射》亦曰："淳熙元年九月，孝宗幸玉津园讲燕射礼……前排立招箭班应喏……招箭班者服紫衣幞头，叉手立于垛前，御箭之来，能以幞头取势转导入的，亦绝伎也。"④

此外，左右军中还设有相扑营等，"朝廷大朝会、圣节、御宴第九盏，例用左右军相扑，非市井之徒，名曰'内等子'"⑤。内等子设额一百二十名，组成相扑营，专供宫廷庙会节目表演。而在庙堂之外的一些重要节日时，朝廷也会派遣自己的百戏军与民同乐。如每年的正月十六，皇帝、官员齐游相国寺，"寺之大殿，前设乐棚，诸军作乐"③63。三月一日，金明池、琼林苑向京师百姓开放，朝廷会派遣"诸禁卫班直，簪花，披锦绣捻金线衫袍，金带勒帛之类结束，竞逞鲜新。出内府金枪，宝装弓剑，龙凤绣旗，红缨锦簪，万骑争驰，铎声震地"③69，以供京师百姓娱乐观赏。清明节皇帝、官员外出时，又有

---

①马总.通纪：卷十五［M］.南京：江苏古籍出版社：1988：396.
②国家体委武术研究院编纂.中国武术史［M］.北京：人民体育出版社，1996：150-152.
③孟元老.东京梦华录［M］.李士彪，注.济南：山东友谊出版社，2001.
④周密.武林旧事［M］.四水潜夫，辑.杭州：浙江人民出版社，1984：25.
⑤吴自牧.梦粱录［M］.北京：中国商业出版社，1982：180.

"诸军禁卫，各成队伍，跨马作乐四出，谓之'摔脚'，其旗旄鲜明，军容雄壮，人马精锐，又别为一景也"①67。当皇帝登宝津楼时，有"诸军百戏呈于楼下……有花妆轻健军士百余，前列旗帜，各执雉尾、蛮牌、木刀，初成行列，拜舞互变开门夺桥等阵，然后列成偃月阵。乐部复动蛮牌令，数内两人出阵对舞，如击刺之状，一人作奋击之势，一人作僵仆。出场凡五七对，或以枪对牌，剑对牌之类"①73-74，此外还有剑舞、相扑表演等。

比起上述的宫廷百戏，瓦肆的娱乐形式及名目则更加丰富、琐细，仅《东京梦华录》《都城纪胜》《梦粱录》《武林旧事》所记载的种类就有100种左右②。如北宋时期，在东京瓦舍武艺中已有"棹刀""蛮牌""牌棒"等表演，南宋时又增加了"使棒""舞砑刀""舞蛮牌""舞剑""射弓""射弩"等内容。于是，一些"靠武术吃饭"的职业艺人甚至成为瓦舍表演活动中的主力军③。《武林旧事》卷六记载南宋末年临安城中的"诸色伎艺人"共八百多人，远超过《东京梦华录》中记载的七十多个艺人，其中仅角抵的艺人就有四十四人，"女颭"即女武艺人有韩春春、绣勒帛、赛貌多、侥六娘、后辈侥、女急快等；使棒的有朱来儿、乔使棒、高三官人；举重的有天武张、郭介、端亲、王尹生等；射弩的有周长、康沈、杏大等④。

因为要以习武卖艺来取悦观众，既要有技击的特点，又需娱心的艺术，由此出现了武术与音乐、技巧、舞蹈相结合的表演形式。《梦粱录》就记载了这样的方式："瓦市相扑者，乃路歧人聚集一等伴侣，以图摽手之资，先以女颭数对打套子，令人观睹，然后以膂力者争交。"⑤另如打擂台："护国寺南高峰露台争交，须择诸道州郡膂力高强、天下无对者，方可夺其赏。如头赏者，旗帐、银杯、彩缎、棉袄、官会、马匹而已。"这种不管是让"女颭"在相扑表演之前打套子，还是以丰厚奖金吸引相扑高手、以激烈竞技吸引观众，目的正是招徕观众，最终获取经济上的利益。

与舞蹈相结合的、能表演故事情节的节目则有砍刀蛮牌、舞判、硬鬼等。砍刀蛮牌，北宋时叫蛮牌，南宋改称砍刀蛮牌。它由体格轻健的军士多人，穿着花色服装，各持雉尾或蛮牌、木刀，排成行列，前有旗帜。起初是操演阵

---

①孟元老.东京梦华录[M].李士彪，注.济南：山东友谊出版社，2001.
②秦开凤.宋代文化消费研究[D].西安：陕西师范大学，2009：103.
③张学军.宋代瓦舍与体育[J].体育文化导刊，2009（11）：110.
④国家体委武术研究院编纂.中国武术史[M].北京：人民体育出版社，1996：208.
⑤吴自牧.梦粱录[M].北京：中国商业出版社，1982：180.

式，如开门、夺桥之类，随后全队列成一个半月形，伴奏音乐《蛮牌令》，队中走出二人，各使器械，相互格斗，一人奋力击刺，一人被击败倒地而出场。队中复走出二人，再决胜负，递接着共有六七对，有用枪对蛮牌者（即圆形盾牌），有用剑对蛮牌者。最后，一声爆仗，全队下场[①]。

可见，宫廷与瓦肆在武艺的表演形式上已渐趋同。北宋时宫廷设置的教坊，至南宋时因庞大的乐舞机构支出较多而被取消，宫廷在需要时就将民间舞蹈、杂技、武术艺人调进宫廷进行表演，表演前需学习宫廷礼仪[②]。王仲尧在《南宋临安文化市场初探》一文中就指出："瓦子演艺内容极丰富，一些当红艺人及重要艺人团体，不仅在临安演出，还经常被邀请到全国各地巡回演出，寺庙的种种仪礼时祭，行市中的民集资斋醮，以及皇宫中的有关活动，如有必要也请他们表演。而这类艺人个人或团体的演出活动都要通过市场交易行为才能实现。"[③]

因此，从宫廷到瓦肆，武艺表演不再是帝王贵胄、王公大臣文化娱乐的专享，也不再是士阶层表现自身独特、潇洒的一种行为方式，而是走向市场，为满足消费主体——市民阶层的审美取向而演变成繁缛、华丽，以及程式化的表现方式，这也正是学者认为宋代出现"套子武艺"的根源所在。

（三）武艺结社组织及其旨向

随着市井文化生活的繁盛，百戏伎艺的勃兴，由专门伎艺人自发组织的各种不同类型的民间文化社团"会社"应运而生，以便组织娱乐活动或进行各类表演，形成一定的演出规模，而且这种民间团体在宋代层出不穷，相当发达。据《武林旧事》《梦粱录》《都城纪胜》及《西湖老人繁胜录》记载，南宋时期都城临安（今浙江杭州）的体育类结社就出现了使棒的"英略社"；争交的"角抵社""相扑社"；射弩的"锦标社""川弩社""射水弩社""川弩射弓社""射弓踏弩社"等[④]。因此，有学者指出："宋代市民体育活动中处于最顶层的就是由体育爱好者和专业表演艺人所组成的体育会社团体，这是我国历史上最早出现的自发的市民体育会社。其完善的组织机制、成套的规则制

---

① 林正秋.南宋都城临安[M].杭州：西泠印社出版社，1986：317.
② 刘朝生.宋代宫廷表演性武术略考[J].兰台世界，2014（22）：118.
③ 王仲尧.南宋临安文化市场初探[J].商业经济与管理，2002（12）：55.
④ 国家体委武术研究院编纂.中国武术史[M].北京：人民体育出版社，1996：205.

度，都对后世体育发展起到了深远的影响。"①

"结社"，国内最早给予其明确定义的是王世刚先生主编的《中国社团史》，其认为中国的社团是指"由一定数量的自然人或团体、法人为了共同的目的，依法自愿成立并按照一定的原则和方式组织活动的相对稳定的群众团体"②。李玉栓则在借鉴这一概念的基础上将结社进一步定义为"两个或两个以上的成员为了相同的目的集合起来，并按照一定的规则开展活动的相对稳定的团体"。但无论是前者还是后者，都表明结社要具备四个基本特征：广泛性、目的性、稳定性和组织性③。那么，宋代吴越地区的武术结社组织是否具备这些特征呢？

首先是广泛性，是指社团成员的数量和成员身份。据《西湖老人繁盛录》记载，这些武艺结社组织每社"不下百人"，而且成员基本由"一等富室郎君，风流子弟与闲人"组成④。"富室郎君，风流子弟"自不必解释，而关于"闲人"，《梦粱录·卷十九》解释为以下几种：一是"专精陪侍涉富豪子弟郎君，游宴执役，甘为下流"之人；二是"猥下之徒，与妓馆家书写柬帖取送之类"；三是"专以参随服役资生……学像生叫声，教虫蚁，动音乐，杂手艺，唱词白话，打令商谜，弄水使拳，及善能取覆供过，传言送语"之类。由上所罗列之特点可看出，所谓"闲人"，即指专门陪侍于"富室郎君"或"风流子弟"左右的玩伴或阿谀奉承之徒，但闲人中间应有很多精于"弄水使拳""围棋抚琴、投壶打马"式的人物，否则也无法成为这些富家子弟的玩伴。

第二是目的性，是指社团活动的宗旨。这里的"宗旨"包含两方面的内涵：一是结社的内容，如"射弓踏弩社"，成员大都为武士，要求"能攀弓射弩，武艺精熟，射放娴习，方可入此社耳"；相扑社、角抵社大都是有臂力的角抵好手。说明每个社团都有自己的专业技艺，一社团一技艺。二是结社的旨向，因为入社的成员大多为"一等富室郎君、风流子弟与闲人"，也就是有钱、有闲阶层，他们所习技艺并不完全是为了在瓦舍勾栏进行表演，更多是出于自身的兴趣爱好。因此，从结社组织成员的这些身份来看，不管是由"武艺精熟"者组成的武艺结社，还是由"纨绔之辈"组成的结社，休闲娱乐的社交

---

① 赵新平.宋代市民体育研究［J］.体育文化导刊，2010（1）：122.
② 王世刚.中国社团史［M］.合肥：安徽人民出版社，1994：1.
③ 李玉栓.中国古代的社、结社与文人结社［J］.社会科学，2012（3）：177-179.
④ 吴自牧.梦粱录［M］.杭州：浙江人民出版社，1984：181.

活动是他们追求的主要旨向。

第三是稳定性,也就是说结社要有一定的活动场所和集会。《武林旧事》载,这些体育结社组织的活动场所有的在瓦舍勾栏的"游棚"之处,"作场相扑""使棒作场";有的在庙台或教场,如相扑在"庙上露台",走马、打球、射弓则在"庙东大教场内"。每一结社活动时间不尽相同,但大多集中在节日迎神赛会或节日演艺集会上[1]。如"二月八日为桐川张王生辰,霍山行宫朝拜极盛,百戏竞集",放春时"且立标竿射垛,及秋千、梭门、斗鸡、蹴鞠诸戏事,以娱游客"[2]等。《宋史·地理志四》就指出,两浙路"俗奢靡而无积聚,厚于滋味",《梦梁录》则载"临安风俗,四时奢侈,赏玩殆无虚日"。富人骄奢淫佚,宜乎其理;而穷人也荒于游乐,就是风气之影响。《梦梁录》记载每年祠山神诞辰日,有习俗游玩西湖:"至如贫者,亦解质借兑,带妻挟子,竟日嬉游,不醉不归。此邦风俗,从古而然,至今亦不改也。"[3]所以,结社的表演活动是很频繁的,凡是节庆必有娱乐项目[4]。

最后是组织性,指结社存有的规约。一个结社的规约,包含建社宗旨、组织形式、活动方式,以及成员要求等,以反映结社的独特之处[5]。虽然在历史记载中没有找寻到有关武艺结社组织的具体规约,但这些结社组织都设有一定的入社要求和标准,其技艺水平要求远远超出一般爱好者的程度,因此组织的活动应具有一定的规模和形式。如《水浒传》第七十四回,就有一段描写相扑高手任原与燕青在泰山庙会上的相扑比试:"部署问他先要了文书,怀中取出相扑社条,读了一遍。"[6]"部署",指比赛中执行规则的裁判,在比赛前"部署"要向双方比赛者申明规则,以保证双方公平地竞争,不准施行不正当的手段。可见,角抵社、相扑社应该是有完备的"社条"和规则体系的,所以比赛之前有宣读社条社规的程序[7]。林伯原也提出,宋代民间体育组织活动的特色表现在两个方面:一是采用间接对抗竞赛、注重个人技巧。以蹴鞠为例,不设球门的踢法就有很多种。一人场的叫"滚弄",即头、肩、背、胸、腹、膝、足身体各部位都可以滚弄玩球,以谁花样多而不坠地分输赢;还有二人

---

[1] 林伯原.试论两宋民间结社组织的体育活动[J].体育科学,1987(2):13.
[2] 周密.武林旧事[M].四火潜夫,辑.杭州:浙江人民出版社,1984:39-40.
[3] 吴自牧.梦梁录[M].杭州:浙江人民出版社,1984:8.
[4] 程民生.宋代地域文化[M].开封:河南大学出版社,1997:13-14.
[5] 李玉栓.中国古代的社、结社与文人结社[J].社会科学,2012(3):181.
[6] 施耐庵.水浒传[M].北京:知识出版社,2015:469.
[7] 赵新平.宋代市民体育研究[J].体育文化导刊,2010(1):122.

场、三人场等。二是注重在公开场所，如瓦市勾栏、宫廷校场等进行表演。由此他总结道："竞赛方法体现了市民阶层娱乐的心理。而'社'的成立，使他们有了共同研究体育活动的场所，使娱乐体育活动的内容向方式多样化和提高技艺的方向发展了。"[1]

吴越地区这种以娱乐为取向的武艺结社组织，其建立并不是偶然的，而是与自身的地理位置、政治、经济，以及文化的共同发展有着密切的关联。因为在北方，出现的多为军事性的武艺结社组织，规模较大的就是北宋时期的"弓箭社"和北宋末南宋初的"忠义巡社"。

"弓箭社"，出现于景德元年（1004年）宋辽和议之后。据哲宗元佑八年（1093年），知定州苏轼言："今河朔西路被边州军，自澶渊讲和以来，百姓自相团结为弓箭社，不论家业高下，户出一人。又自相推择家资、武艺众所服者为社头、社副、录事，谓之头目。"[2]可见，弓箭社最初是在定州由当地人民自发组建而成的，"带弓而锄，佩剑而樵，出入山坡，饮食长技与敌国同"。澶渊之盟后，宋辽之间虽未发生规模较大的冲突，但边界仍会有不断的小冲突，因此弓箭社的主要任务就是抵御辽的侵袭，其次是维持地方治安。但因其战斗力极强，"遇其警急，击鼓，顷刻可致千人"，而且赏罚"严于官府""若透漏北贼及本土强盗不获，其当番人皆有重罚"[2]，所以自其成立以来，宋朝官府在默许他们存在的基础上既可加以利用，又可预防和控制，但后期因为政府管理不当，弓箭社被取消。

"忠义巡社"，出现于北宋末到南宋初，缘于"河朔之民愤于兵乱，自结巡社"[3]198-199。但它在出现之初即被朝廷纳入乡兵体系，依照保甲制度进行编制，即"每五人为一甲，五甲为队，五队为部，五部为社，各有长"[4]。在宋高宗屡次下诏的推动下，忠义巡社很快从河北发展到京东、京西、河东、陕西等地，主要集结于黄河流域。但后来也遭到一些臣僚的极力反对，"言者以为巡社之设，利于西北而不利于东南。盖西北俗尚强悍，今遭敌兵侵掠，人思用命，皆有斗志……如东南创置，人多不愿，州郡强使入社，亦非乐从。逼于官司驱率，势莫能免。今日驻跸淮甸，恃东南以安民心，未宜骚动。欲望将先降存留指挥，更不施行"[3]308。于是，宋高宗诏令，"除京畿东西，河东北，陕

---

[1] 林伯原.试论两宋民间结社组织的体育活动[J].体育科学，1987（2）：13-14.
[2] 脱脱.宋史[M].北京：中华书局，1985：4726.
[3] 李心传.建炎以来系年要录[M].北京：中华书局，2013.
[4] 熊克.中兴小纪：1-3册[M].顾吉辰，郭群一，点校.北京：中华书局，1985：25.

西路许置巡社外，余路依先降指挥作罢"[1]。由此可见，朝廷偏安江南后，虽然愿意推动北方建立忠义巡社来牵制金兵，但于东南尤其是都城临安所在的吴越地区还是心存畏惧的，所以当金军南侵的威胁降低时，朝廷便于绍兴初年下令解散了各地的忠义巡社。

相较之下，同为武艺结社组织，南北却存在着极大的差异性，北方以军事为目的，南方却是以商业性的娱乐为目的，呈现出与宋代会社整体特征的一致性。而且以经济性、文娱性为主的会社，成员之间的纽带表现为业缘关系、共同的兴趣爱好等；以军事性、秘密宗教性为主的会社，成员之间的纽带则体现出地缘关系或血缘关系的特征[2]。因此，会社的这种旨向和纽带关系，形成了一种有别于以"血缘关系""地缘关系"为纽带的社会组织，这可能也是导致中国武术拳种的形成以北方居多的原因之一。

---

[1] 李心传. 建炎以来系年要录 [M]. 北京：中华书局，2013：308.
[2] 史江. 宋代会社研究 [D]. 成都：四川大学，2002：74-75.

第三章　崇于理：术道并举

在经历元末农民战争的剧烈动荡之后，元朝蒙古族统治者被彻底推翻，代之而起的是出身贫贱的汉族皇帝明太祖朱元璋。经过改朝换代的又一轮回，中国社会复归到新兴王朝初期励精图治的起点，为建立起一个强大统一的明帝国，朱元璋在开国之初就采取了一系列的措施。在科举制度方面，采用"文武"皆由"科举""科举必由学校"而出的人才培养和选官制度，即使是武官的恩荫制也要遵循一定的读书—考核—承袭的途径。明太祖这种使文武之选归于一途的科举制度以及武学的设置为培养文武双全的人才奠定了基础。如唐顺之、何良臣等不仅以文著称，而且还擅长军事兵法与武艺研究。与此同时，自天顺八年（1464年）至崇祯十六年（1643年）举行的49科武举中，武状元中来自吴越地区的占53.3%，浙江、江苏又是文状元大省，打破了传统观念中"南方出相，北方出将"的思想。

在外交政策上，明太祖规定了两大基调：一是政治上奉行"怀柔远人"的和平外交路线和经济上"厚往薄来"的朝贡贸易；二是厉行海禁，使朝贡成为中外贸易唯一合法途径的同时，也可以限制臣民与域外势力的联结。这种体制封闭了民间的贸易渠道，最终引发了沿海的倭患问题，嘉靖四十五年间爆发的倭寇动乱约占明代全期的80%。在这种情况下，以吴越沿海抗倭集团为中心，出现了兵家对民间武术流派的关注与研究。他们在区分军事武艺与民间武艺的基础上，搜集整理出民间武术的流派与技法特征，去其花套，择取适合战阵作战方式的技术为士兵训练所用。毋庸置疑的是，他们的研究既留存了生动可贵的武术技法史料，又对武术的传衍发展产生了深远的影响。

满族入主中原，对于汉族来讲，是少数民族统治政权的侵入，遂有许多汉族士人不断发起反抗活动。清朝统治者为强化政权，首先采用了高压政策，但却逐渐意识到，满汉文化冲突单纯依靠武力是不能解决的，于是开始实施"崇儒重道、表彰理学"、开"明史馆"、设"博学鸿词科"等一系列文化怀柔政策。清政府在文化政策上所做的努力，产生了较大的影响。它不仅完成了对社会凝聚力的加强，亦适应了社会思潮和学术文化思潮发展的趋势；不仅有力地促进了社会由乱向治的发展，亦在争取与知识界全面合作的努力下，将其导向对传统学术进行全面整理和总结的新阶段，开启了清代考据学以及礼学的研究风潮。

"几为苏、浙、皖三省所独占"的清代考据学家以其独特的精神魅力回归经学原典，用考据的治学方法阐明经学本来之义理，研究方法的改变带动了历史、天文、地理等多门传统学问的全方位发展。虽然武术并不从属于考据学家的研究范围，但因明末遗民中有许多大儒或组织参加了抗清武装，与民间武艺之人结交，自然会引起他们对武术的关注，并将考据学之方法运用到武术的研究中，从源流到支系、从技法到技理、从比较到归纳，构建出一套完整的拳技体系。

当然，这种变化不仅体现在著述的体例、方法、内容层面，更体现在学术观点、倾向、品格和精神层面。如在考据学思潮引领下的清代礼学复兴，在主导精神上阐发"礼时为大"的精神，对礼自觉加以体认践履，探讨礼与修齐治平的关系，使礼学思想从"以礼代理"向"礼学即理学"的发展演进。在此影响之下的武术家，也进而以其为道德伦理旨向，规约为武术的传承与习练要求。

第一节　明代政治制度与兵家武术研究

一、明代选官制度与武人培养

（一）明代选官制度：科举制与恩荫制

明代科举制的建立起于太祖朱元璋时期，他认为元代的重大失误是不重视科举和"以吏入仕"所造成的，因此早在开国前一年，即吴元年（1367年）三月就下令设文武科取士："令曰：……兹欲上稽古制，设文、武二科，以广求天下之贤。其应文举者，察其言行，以观其德；考之经术，以观其业；试之书算、骑射，以观其能；策之经史时务，以观其政事。应武举者，先之以谋略，次之以武艺。俱求实效，不尚虚文。"[1]但因元末大规模的军事战争而无法立

---

[1] 中研院历史语言研究所校印.明实录（附校勘记）：明太祖实录［M］.黄彰健，校勘.北京：中华书局，2016：323.

即开科取士，只能袭用自汉代以来就实行的察举荐贤制来搜求人才。直至洪武三年（1370年）才又颁布诏令："特设科举，务取经明行修、博古通今、名实相称者。朕将亲策于廷，第其高下而任之以官。使中外文臣，皆由科举而进，非科举者毋得与官。"[①1321]然而，在科举取士连续三年之后，朱元璋却发现科举"所取多为后生少年，能以所学措诸行事者寡"[①1322]，遂再次实行荐举制度达十年之久。通过对荐举、科举两种取士制度比较后，他发现在选拔人才上科举相较荐举来得更为有效，因"自古以来，兴礼乐，定制度，光辅国家，成至治之美，皆本于儒。儒者知古今，识道理，非区区文法吏可比也"[②]。于是，在洪武十五年（1382年）宣布复设科举考试。

  作为"科举社会"的明代，最大的特点就是社会阶层的流动。士人子弟或富家子弟想要"向上流动"就必须参加科举博取功名，才能保住祖宗的财富和地位并长期延续下去；而平民子弟要想"登天子堂"，就更加需要科举考试。依照洪武十七年（1384年）礼部颁行的"科举成式"，首先要通过科举预备性考试——童试。合格后，再依次参加乡试、会试和殿试三级考试，才能达到"金榜题名"的目标。这一程式不仅为明代科举制奠定了基础，而且为之后的清代袭用，五百多年没有发生重大变化，被称为名副其实的"永制"[③]。

  明代要求"科举必由学校"[④]，换句话说，就是考生必须入学读书后方可参加科举考试。第一关是科举预备性考试，也就是童试，主要包括县试、府试、岁试和科试。县试由知县主持，取中的考生参加由知府主持的府试，府试取中的考生再参加岁试，岁试取中以后才能称为"生员"（又称秀才或相公），方有资格进入官学读书。科试是为了选拔府州县学的生员参加每逢三年一次的乡试[④]。

  第二关是乡试，就是科举生员参加的省级考试，因为考试时间为子、午、卯、酉年的八月，所以又被称为秋闱或秋试。乡试分三场，每场考试为一天：八月初九第一场，试"《四书》义三道，每道二百字以上；经义四道，每道三百字以上，未能者许各减一道"，考试时要求依据程朱理学作答。十二日第二场，试"论一道，三百字以上；判语五条，诏诰章表内科一道"。十五日第三场，试"经史策五道，未能者许减其二，俱三百字以上"[⑤]。其中首场的经

---

① 章培恒，喻遂生.明史[M].上海：汉语大词典出版社，2004.
② 中研院历史语言研究所校印.明实录（附校勘记）：明太祖实录[M].黄彰健，校勘.北京：中华书局，2016：1215.
③ 刘海峰，李兵.中国科举史[M].上海：东方出版中心，2006：280.
④ 高彦，刘志敏.图说中国古代科举[M].北京：团结出版社，2008：99.
⑤ 王世贞.弇山堂别集[M].北京：中华书局，1985：1543-1544.

义、四书文，都以八股文形式作答，这是决定录取与否的关键①。

第三关是会试。会试由礼部主持，在京城礼部贡院举行，故称礼闱。因会试在乡试的次年，即丑、辰、未、戌年二月举行，又被称为"春试"或"春闱"。会试时间为二月初九、十二、十五三天。"第一场经义一篇限五百字、四书义一篇限三百字，第二场礼乐论限三百字，逮至第三场，时务策一道，务直述不尚文藻，一千字以上；三场之后，骑观其驰骤使捷；射观其中数多寡；书观其笔画端楷；律观其讲解详审。"②但骑、射、书、律都没有真正实行。

第四关是殿试，也是科举的最后一个阶段，因由皇帝主持——"天子亲策于廷"，又称廷试。参加者通常为本届会试的中式者，考试时间为三月十五日。自洪武三年开始，殿试仅考时务策一道，要求对策"惟务直述，限一千字以上"，而不是用"八股文"。

明代的选官制度除上述的科举外，同时也实行恩荫制。恩荫又称"任子""荫子""门荫"，即朝廷根据文武官员的职、阶高低而授给其子弟或亲属以官衔、官职的制度，属于官僚阶层拥有的一种政治特权。明代的恩荫制最早见于洪武三年（1370年），是为奖赐开国功臣所设，依唐、宋之制准允官员恩叙于子孙，洪武二十六年（1393年）成定制。唐、宋时期五品以上文武官员皆有荫子特权，但只能荫嫡子、嫡孙；宋代除荫嫡子、嫡孙外，中高级官员还可荫补远亲和异姓亲属、门客；至明代，"凡文武官员应合袭荫职事，并令嫡长子孙袭荫，如嫡长子孙有故，嫡次子孙袭荫，若无嫡次子孙，方许庶长子孙袭荫，如无庶出子孙，许令弟侄应合承继者袭荫"③。由此可见，明代荫子承袭范围比唐代广而比宋代窄④，同时亦有文武之别。

文官子弟的承袭规定：文官子弟到了承袭年龄，须经地方审查其荫叙品秩及俸禄之权的资格，但并不是有资格就可以直接袭以职位，还要参加科举考试中进士后才具有荫叙的权力，才可"有品""有禄""有职"。

武官子弟的承袭规定与文官子弟不同，入仕相对容易些，他们不需要参加科举考试，而是直接世袭职位。但在世袭之前，要接受一定的学校教育，并参加武艺比试，比试优异者方可袭职。明初，由于朱元璋尚军功，故对武臣子

---

① 刘海峰，李兵. 中国科举史[M]. 上海：东方出版中心，2006：284-285.
② 郎瑛. 七修类稿[M]. 上海：上海书店出版社，2009：138.
③ 李东阳. 大明会典：第四册[M]. 申时行，重修. 扬州：广陵书社，2019：2265.
④ 荣宁. 试论明代恩荫制度[J]. 青海社会科学，2000（6）：87-88.

孙特别优待。《大明会典》载："武官世职殁者承袭，老疾者替。"即武官亡故者或年老、有疾病者，子孙可袭职。明初之制列爵五等，为公、侯、伯、子、男，并定制："凡爵非社稷军功不得封，封号非特旨不得予"[1]；爵又分两种：一种是只授终身，不允世袭；一种是可以世袭，但世与不世视军功大小而定。凡功臣殁后加封公，追封为王侯，追封为公，合封三代者，照依追赠封爵，一体追封，其袭爵子孙非建立奇功异能，生死只依本爵。因此，武职袭替，有封爵者由子孙袭爵，但绝大多数武职官员子孙承袭的只是职位[2]。如明代的基本军事单位为卫，依次往下分成千户所、百户所，以戚继光为例：

戚继光的第六代祖先死于14世纪80年代为开国皇帝服武职时期，曾为其子赢得山东省北部沿海登州卫正四品的指挥佥事的继承权。在承袭此职一个半世纪后，戚继光16岁时在1544年其父死亡后继承这个职位。他连续地得到提拔，并在1574年获得了最高正一品的都督职位，在京城的都督府任职。由于一次战场上作战的小失误，他在1559年被剥夺了世袭特权，但后来的成就又使他在1571年重新获得较低品级的世袭特权，这样他的后裔就有权要求在登州卫出任正五品的千户；后来由于皇帝恩宠有加，他又获得了让他另一个儿子在有威信的锦衣卫中袭任正六品的百户的特权。当戚继光1585年谢事时，事实上他的两个儿子的确担任了这两个职务。这种情况与戚继光在登州卫任职四五年和从未在锦衣卫任职的事实无关，更与1561年至1567年他曾在战术指挥的司署中担任过浙江和福建两省高级将领的经历无关。他的根在登州卫，他一生经历的薪俸基本上向登州卫支领，他的正常的继承特权应用于登州卫[3]50-51。

因此，武官可以承袭的是特定的卫中具体的职位，这个卫对于武官来说就相当于出生地[3]49-50。

（二）明代武人培养：武学与武举

明太祖建朝之初，并未设置武学。礼部也曾于洪武二十年（1387年）七

---

[1]章培恒，喻遂生.明史[M].上海：汉语大词典出版社，2004：1357.
[2]荣宁.试论明代恩荫制度[J].青海社会科学，2000（6）：87-88.
[3]崔瑞德，牟复礼.剑桥中国明代史（1368—1644）：下卷[M].杨品泉，译.北京：中国社会科学出版社，2006.

月，奏请如前代故事，立武学，用武举，并建武成王庙。但太祖认为立武学、用武举是分文武为二，轻天下无文武全才，未准其议。洪武三十一年（1398年），命吏部设学于南京虎踞关，"选儒士十人教故武臣子弟之养子锦衣卫者，儒士人给米月二石"①。至建文四年（1402年），置京卫武学，设教授一人。永乐九年（1411年），成祖曾患"岁久人心玩愒，武学亦不振举，军官子弟安于豢养，武艺不习，礼仪不谙，古今不通，将来岂足为用？"②重新申明了武学旧规，令严加考课，不许徒为文具，虚应故事。永乐以后，武学逐渐废弛。正统二年（1437年），"又命天下边卫悉建武学，选立教师，拔武生与军之俊秀者充为弟子员"③。正统六年（1441年）四月，成国公朱勇奏准选骁勇都指挥官纪广等51人、娴熟骑射的幼官赵广等100人，"命两京建武学以训诲之"④1317。京卫武学设教授一人，训导二人。各卫武学设教授一人，科正二人或一人，率以儒士充之。万历元年（1573年）题准："遵化、密云、永平武学，以后但有教授员缺，开送兵部于中式武举内选举。"⑤2184此后各朝于武学均有所整饬。万历以后，武学趋于衰落。崇祯十年（1637年）曾令"天下府、州、县学皆设武学生员，提学官一体考取"④1318。但据叶梦珠《阅世编》所言，当时积习轻武，重视科举，学臣们将此令视为具文，不屑参加对武学生员的考选，"或有无多寡，不拘定额"⑥。

明代虽开设武学，却对生源有一定限制，只有现任武职、幼官及武职子弟才能入武学学习。在学习方面，对在职武官与幼官、武职子弟的要求有所不同，在职武官只须每五日一次入学听讲，而幼官、武职子弟则须每日到学（表3-1）。后来在职武官入学的情况逐渐减少，为继续加强武职子弟的培养，嘉靖二十二年（1543年）议准"各营各卫幼官二十以下，十五以上者，通查送学，其余子弟，果系在册有名亲堂弟侄，方许保送，如将军余及远房舍余混送者，听兵部委官查究"⑤2183。万历十一年（1583年）《武学事例》也规定"武学收取，每年止许一

---

①中研院历史语言研究所校印.明实录（附校勘记）：明太祖实录［M］.黄彰健，校勘.北京：中华书局，2016：3698-3699.
②杨士奇.明太宗实录［M］.台北："中央研究院"历史语言研究所，1962：1548-1549.
③郜相修，樊深纂.［嘉靖］河间府志［M］.崔广杜，袁茁萌，姚会杰，点校.保定：河北大学出版社，2017：84.
④章培恒，喻遂生.明史［M］.上海：汉语大词典出版社，2004.
⑤李东阳.大明会典：第4册［M］.申时行，重修.扬州：广陵书社，2019.
⑥叶梦珠.阅世编［M］.上海：上海古籍出版社，1981：31.

次，必系真正幼官应袭及舍余系见在武官亲弟亲男者，方准收入。如有滥收冒籍及异姓假充人员，本部将督学主事，注以下考"[1]。偶尔武学也会兼收一些民间技能之士，但"必须超群绝伦，真有实用者，方许入选"[1]。

表3-1　明代武学生源及学习规定[2]

入学身份	具体资格	学习规定
现任武职	成化年间规定，凡在职都指挥、指挥、千百户、镇抚等官，除去守营者外，由各营总兵官会同提督内外官员，选择年二十五岁以下者一二百人送武学学习	在职武官实行会讲制，即每五日一次入学听讲，授以《大诰武臣》、历代史、《鉴》、《百将传》等内容
幼官及武职子弟	各都司卫所武职官员的应袭儿男及弟侄年十岁以上者，也听提调学校官选送武学学习："在京千百户镇抚应袭子弟，愿入武学者听。"	幼官及武职子弟则须每日到学。所习书籍有《小学》《论语》《孟子》《大学》《武经七书》《百将传》等。每天早晨教官升堂，幼官子弟东西序立揖拜，然后退下画卯。每天都要背书、授书、写作，遇会讲日则听会讲。同时还要进行军事训练，每月的初二、十六，教官率领武生到城外空地演习弓马，练就武艺。如隆庆时，戚继光等人在遵化建立武学，讲习兵书、骑射。"剑弩、火攻、车战之学，随所长专治之。尤时令从戎行赴边，使习山川形势及战阵金鼓之节。"

这些具有承袭资格的武官子孙通过武学的学习，会相继参加会举制度、科举制度以获得有品官职，有的也采用捐监的途径入职（表3-2）。但即使是会举制度，也要进行相应的考试。规定指出，凡年龄达到15岁者方可承袭，20岁参加京师比武，比武中者方可袭职。凡比武者，先由本卫所送至兵部，兵部再送到中军都督府，召集文武大臣于京城大教场内，承袭者点名列队，由锦衣卫看守，逐个进行驰马、射箭、使枪三项比赛。如果第一次比武不成功，可袭职

---

[1]李东阳.大明会典：第4册[M].申时行，重修.扬州：广陵书社，2019：2184.
[2]赵子富.明代学校与科举制度研究[M].北京：北京燕山出版社，2008：170-173.

署事食半俸；两年后再试，成功者食全俸，不中者食半俸；第三次比武失败后充军，允家族其他子弟袭替[1]。此外，有些年轻的世袭军官也参加科举考试，以期能够迅速晋升，如戚继光就是在嘉靖二十八年（1549年）十月参加山东乡试时中了武举，次年秋赴京城会试时，在平叛俺答时脱颖而出的[2]。

表3-2 明代武生出路[3][4]

途径	具体规定
会举制度	成化初年规定在学幼官武生，平时考试常居优等者，每十年一次由兵部会同总兵官举送各营各卫，"遇有坐营把总掌印军政员缺，相兼选用。其余尽行黜退别选"[5]2182。正德时此例曾停，世宗继位后恢复旧例，实行会举制度，改为每六年由兵部会官拣选一次[6]326。嘉靖六年（1527年），兵部奏定《会举事例》，逢选时，"本部会各营提督官通阅在学幼官武生平昔谙策略、熟弓马，累试高等者送各营卫，俟坐营把总掌印军政缺。自此历试有将略堪任裨将守备者，另行疏补。其余十年以上，不堪教养者，悉黜之。"[6]1663 而参加会举制度未达到要求的武生，成化初年申定的《教条》规定："其余抱艺守分，不及荐举，年二十五以上，三十以下者，武学查明送部，转发各营听用。"[5]2182
科举制度	正德五年（1510年）令："在京在外军官应袭子孙，除已附入儒学者不动外，其余应袭儿男、并弟愿入武学作养者，照旧科举。"[5]2183嘉靖六年（1527年）题准，武学会举官生，除已推用守备以上者，可照岁贡生员事例由兵部会各营提督官考送应试。次年，又准许兵部在科举之年将两京武学中愿意参加科举考试者送顺天、应天府应试[5]2184
捐监	嘉靖四十一年（1562年），兵部以太仆寺缺马，奏请开纳马授职事例："京卫武学生曾经科举者许纳银二百四十两入监。"[6]8358

---

[1] 荣宁.试论明代恩荫制度[J].青海社会科学，2000（6）：89-90.
[2] 崔瑞德，牟复礼.剑桥中国明代史（1368—1644）：下卷[M].杨品泉，译.北京：中国社会科学出版社，2006：52-53.
[3] 赵子富.明代学校与科举制度研究[M].北京：北京燕山出版社，2008：170-173.
[4] 王凯旋.明代科举制度研究[D].长春：吉林大学，2005：178.
[5] 李东阳.大明会典：第4册[M].申时行，重修.扬州：广陵书社，2019.
[6] 中研院历史语言研究所.明实录（附校勘记）：明世宗实录[M].黄彰健，校勘.北京：中华书局，2016.

第三章 崇于理：术道并举

与武学相比，明代武科举的设置更加滞后。在洪武年间，武学、武科举同文科举一直是合为一科的。洪武以后，武学和武科举的发展才更为系统和完善，才作为明代科举选官，特别是选拔军事将领的一个重要科目一直存在。但朱元璋倡导的"古之学者，文足以经邦，武足以戡乱，故能出入将相，安定社稷。今天下承平，尔等虽专务文学，亦岂可忘武事"[1]这种培养经邦治国、文武俱兼的全才思想对整个明代的武人塑造都是影响深刻的[2]。

武科举于1464年始设，《大明会典》载："天顺八年，令天下文武衙门，各询访所属官员军民人等，有通晓兵法、谋勇出众者，从公保举。从巡抚、巡按、会同三司官考试，直隶从巡按御史考试，中者礼送兵部，会同总兵官，于帅府内试策略，教场内试弓马。"[3]1916后经弘治六年（1493年）更定为：武举考试为每六年一次，与试者为军卫有司官员，凡"考退生员，并曾经问断，行止有亏者不许"；后又实行淘汰制，即策与射任一项不佳者，都会被淘汰。武科举与文科举一样有乡试、会试、武举，三场试是从弘治十七年（1504年）开始的，每三年举行一次，前一日答策，后一日射箭。正德三年（1508年）又规定民间之人亦可参加武举考试，即遇武举开科之年，各色人等，若有究极韬略，精通武艺，身无过犯者，许赴所在司投报，由各省直抚、按会三司官考试起送兵部[3]1917。但通过这种途径获职的武官没有自动将其职位传给后嗣的特权，只有在承认他们的战功并根据皇帝特殊的恩赐时，他们才能被授予这种特权[4]。正德十四年（1519年）又增订《武举乡试条格》，之后也相继进行过修订（表3-3）。

表3-3 明代武科举的发展及内容[5]

时间	考试内容	考试规定与标准
天顺八年（1464年）[3]1916	先于帅府内试策略，再于教场内试弓兵	答策二问、骑中四矢、步中二矢以上者，为中式，官量加署职二级。旗舍、余丁，授所镇抚。民、授各卫试经历。俱月支米三石

---

[1] 中研院历史语言研究所.明实录（附校勘记）：明太祖实录[M].黄彰健，校勘.北京：中华书局，2016：845.
[2] 王凯旋.明代科举制度研究[D].长春：吉林大学，2005：18.
[3] 李东阳.大明会典：第4册[M].申时行，重修.扬州：广陵书社，2019.
[4] 崔瑞德，牟复礼.剑桥中国明代史（1368—1644）：下卷[M].杨品泉，译.北京：中国社会科学出版社，2006：52-53.
[5] 赵子富.明代学校与科举制度研究[M].北京：北京燕山出版社，2008：261-264.

(续表)

时间	考试内容	考试规定与标准	
天顺八年（1464年）[①1916]	先于帅府内试策略，再于教场内试弓兵	若答策二问、骑中二矢、步中一矢以上者，次之，官、量加署职一级。旗舍、余丁，授冠带总旗，民授各卫试知事。俱月支米二石。并送京营量用把总管队听调、有功照例升赏	
弘治六年（1493年）[①1916-1917]	先试策略，再试弓马	试策二道，文理优，韬略熟，及射中式者，升二级	凡中式者，或送团营，或送各边任职
		文不甚优，射虽偶中，止升一级	
		虽善行文，射不中式，及射虽合试，策不佳者，俱暂黜以候再试	
		后又定武举考试每六年举行一次，与试者为军卫有司官员，凡"考退生员，并曾经问断，行止有亏者不许"。两试不中者要发回原籍，供本等职役	
		又令考试实行淘汰制，先策略，后弓马。如策不佳，不许骑射；策虽佳，不能骑射，亦黜之	
弘治十七年（1504年）[①1917]	先答策，后射箭	奏准武举每三年举行一次，一日答策，次日射箭。试毕，中式者照文举事例出榜赐宴，俱送团营听用，愿回原籍者，由抚按推选军政	
正德十四年（1519年）[②]	考试定为三场：初场试马上箭，二场试步下箭，场试策一道	颁布《武举乡试条格》，规定：凡遇子、午、卯、酉年十月，在各省直开科。考生在九月内由各卫所起送都司，府、州、县起送布政司，均由巡按御史会同三司官考试。初场试马上箭：以三十五步为则。二场试步下箭：以八十步为则，各要彀弓平矢，直冲把子中央者为中；如有创箭并中把子旗者，俱不准。三场试策一道：其策题，两京由兵部官出题，各省则由巡按御史出题。其策问，或据古兵法，或问时务，惟在简要含蓄，以观其才识，不必专据纸上陈言，徒取记诵，致遗真才	

①李东阳.大明会典：第4册［M］.申时行，重修.扬州：广陵书社，2019.
②王圻.续文献通考：第二卷［M］.北京：现代出版社，1986：704.

第三章 崇于理：术道并举

综观明代的武举，自天顺八年（1464年）正式设立，至崇祯十六年（1643年）终止，共举行过49科，武状元总计52人，其中可考籍贯者有45人。由图3-1可以看出，明代武状元中以江苏所占数量最多，为13人，且多分布于苏南；浙江次之，为10人；上海1人；反映出明代武状元来自吴越地区的占53.3%。从地理分布来看，也呈现出南多北少的显著特点（籍贯为南方的武状元共有39人，约占87%；而北方仅有6人，约占13%）。与明代文状元的分布情况进行比较后亦发现，在武状元数量居于前位的浙江、江苏，其文状元也占到总数的37%，89人中有33人出自这两个省；而安徽、江西、福建三省的文状元所占比例为39%；地理分布格局也呈现出"南多北少"的现象，打破了一直在坊间流传的"南方出相，北方出将"的观念[1]。可见，明太祖这种使文武之选归于一途的科举制度以及武学的设置作为整个明代选材的基石，为明代社会培养出了大批的文武双全之人。

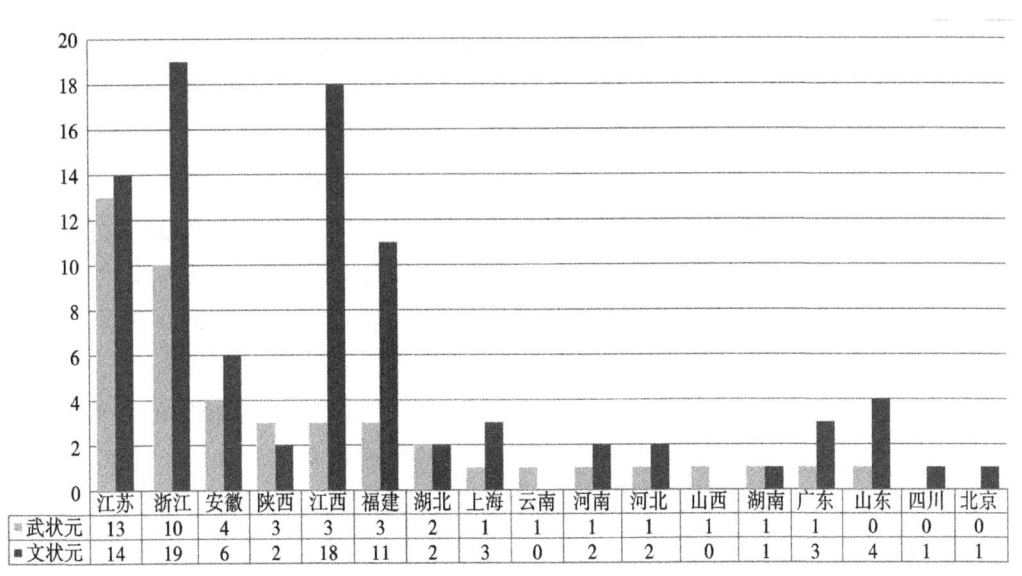

	江苏	浙江	安徽	陕西	江西	福建	湖北	上海	云南	河南	河北	山西	湖南	广东	山东	四川	北京
武状元	13	10	4	3	3	3	2	1	1	1	1	1	1	1	0	0	0
文状元	14	19	6	2	18	11	2	3	0	2	2	0	1	3	4	1	1

图3-1 明代文、武状元籍贯统计图（人）[1]

---

[1] 李晴. 明代武状元地理分布研究[J]. 皖西学院学报, 2017（4）：133.

二、明代海禁政策与倭患问题

（一）明代朝贡贸易与海禁政策

中国古代历史上大多数时期的中外贸易联系基本上都是出于物品互补性的需要，所以带有较强的自发性和松散性，如西北边境的茶马贸易、绢马贸易和东南沿海的市舶贸易等。明朝初期，政府开始实行"朝贡"关系的海外贸易。"朝贡贸易"就是指海外诸国到中国通商，要先"朝贡"后"贸易"，即将朝贡与贸易严格挂钩并厉行海禁，从而形成了明代"贡市一体化"的格局。这种体制的产生反映出明政府对中外贸易的干涉，从经济角度来讲就是封闭了民间的贸易渠道[1]。因此，明朝的朝贡体系实际上就是朝贡贸易和海禁政策的捆绑。

洪武二年（1369年），朱元璋下令编撰《皇明祖训》，告诫后世子孙："四方诸夷皆限山隔海，僻在一隅，得其地不足以供给，得其民不足以使令。若其自不揣量，来扰我边，则彼为不祥。彼既不为中国患，而我兴兵轻伐，亦不祥也。吾恐后世子孙，倚中国富强，贪一时战功，无故兴兵，致伤人命，切记不可。但胡戎与西北边境，互相密迩，累世战争，必选将练兵，时谨备之。今将不征诸夷国名，开列于后。东北：朝鲜国；正东偏北：日本国；正南偏东：大琉球国、小琉球国；西南：安南国、真腊国、暹罗国、占城国、苏门答剌、西洋国、爪哇国、湓亨国、白花国、三弗齐国、渤泥国。"[2]并在给各朝贡国的诏谕中，一再表明其"共享太平之福"的立场[3]。因此，明朝的朝贡体系是由礼部而不是户部等财政机构来管理的。礼部主要"掌天下礼仪、祭祀、宴飨、贡举之政令"，初期设尚书一人，后又增设一人，左、右侍郎各一人。下设四部，分别为仪制、祠祭、精膳、主客司，名为四清吏司。而朝贡事务主要由主客司具体负责，另有会同馆[4]是对外事务的

---

[1] 戚畅. 海禁与朝贡：明朝官方海外贸易研究（1368—1567）[D]. 广州：暨南大学，2012：8.
[2] 朱元璋. 皇明祖训·首章[M]. 四库全书存目丛书：史部第264册. 济南：齐鲁书社，1996：167-168.
[3] 李云泉. 朝贡制度史论：中国古代对外关系体制研究[M]. 北京：新华出版社，2004：63.
[4] 关于会同馆的隶属问题，因《明会典》所载兵部和礼部衙皆列会同馆，所以有学者认为会同馆属兵部管辖，也有学者认为属礼部管辖。从明代典籍的记载来看，以弘治五年（1492年）为界，会同馆经历了由兵部主管到由礼部主管的沿革变化。

接待地点；四夷馆①为专门负责翻译的机构；市舶司隶属于各地布政司，主要"掌海外诸蕃朝贡市易之事，辨其使人表文勘合之真伪，禁通蕃，征私货，平交易，阃其出入而慎馆榖之"②。洪武三年（1370年），太祖罢太仓黄渡市舶司，改设市舶司于明州（今浙江宁波）、泉州、广州三地。规定明州负责日本所来贡舶，泉州负责琉球所来贡舶，而其他海外诸国的贸易往来则统一由广州市舶司负责③。

明朝虽然已经建立，但朱元璋知道北方的蒙古人只是撤回却并未臣服，从《皇明祖训》中就可以看出他对北方边界的担忧；又恰逢"兰秀山之乱"，在这种"南倭北虏"的局势下，太祖为了王朝安全不得不多次颁布海禁之令。如洪武四年（1371年）"禁濒海民不得私出海"④1300，又令"朕以海道可通外邦，故尝禁其往来。近闻福建兴化卫指挥李兴、李春私遣人出海行贾，则滨海军卫岂无知彼所为者乎？苟不禁戒，则人皆惑利而陷于刑宪矣。尔其遣人谕之，有犯者，论如律"④1307-1308；洪武十四年（1381年）"禁濒海民私通海外诸国"④2197；洪武二十三年（1390年）"申严交通外番之禁"④3067；洪武二十七年（1394年）又制定了更为严厉的措施："禁民间用番香番货……敢有私下诸番互市者，必寘之重法。凡番香番货，皆不许贩鬻，其见有者，限以三月销尽。"④3373-3374

可见，明朝在开国之初就定下了外交政策的两大基调：一是政治上奉行"怀柔远人"的和平外交路线和经济上"厚往薄来"的朝贡贸易；二是厉行海禁，使朝贡成为中外贸易的唯一合法途径的同时，也可以限制臣民与域外势力的联结⑤。除永乐、宣德到正德时期稍有松弛外，其他时期都很严厉，尤以嘉靖时期为最（表3-4），而引发的主要原因就是私人海上贸易的发展和"争贡之役"的爆发。

---

①永乐五年（1407年），鉴于四夷外国朝贡者日众，明成祖下令设立四夷馆，中国自此才有了真正意义上的专职翻译机构。四夷馆设立后，经历了由翰林院管理、内阁委官提督和太常寺官员专管三个阶段。
②段卫宇.试论明代互市贸易形式［D］.昆明：云南师范大学，2016：29-31.
③杨晓波.明朝海上外贸管理法制研究［D］.上海：华东政法大学，2015：123.
④中研院历史语言研究所.明实录（附校勘记）：明太祖实录［M］.黄彰健，校勘.北京：中华书局，2016.
⑤李云泉.朝贡制度史论：中国古代对外关系体制研究［M］.北京：新华出版社，2004：64.

表3-4 嘉靖时期有关海禁的律令[①]

禁令来源	颁布时间	律令	律令出处
朝廷禁令	嘉靖三年四月（1524年）	凡番夷贡船，官未报视而先迎贩私货者，如私贩苏木、胡椒千斤以上例；交结番夷互市、称贷、绍财、构衅及教诱为乱者，如川广云贵陕西例；私代番夷收买禁物者，如会同馆内外军民例；揽造违式海船私鬻番夷者，如私将应禁军器出境因而事泄律，各论罪	《明世宗实录》卷38
	嘉靖四年八月（1525年）	浙福二省巡按官，查海舡但双桅者即捕之，所载虽非番物，以番物论，俱发戍边卫。官吏军民知而故纵者，俱调发烟瘴	《明世宗实录》卷54
	嘉靖八年十二月（1529年）	禁沿海居民毋得私充牙行，居积番货，以为窝主。势豪违禁大船，悉报官拆毁，以杜后患。违者一体重治	《明世宗实录》卷108
	嘉靖十二年九月（1533年）	一切违禁大船尽数毁之，自后沿海军民私与贼市，其邻舍不举者连坐	《明世宗实录》卷154
	嘉靖二十九年（1550年）《嘉靖问刑条例》	凡夷人贡船到岸，未曾报官盘验，先行接买番货，及为夷人收买违禁货物者，俱发边卫充军。若打造违式海船，卖与夷人图利者，比依私将应禁军器下海因而走泄事情律处斩，仍枭首示众。官民人等擅造二桅以上违式大船，将带违禁货物下海，前往番国买卖，潜通海贼同谋结聚，及为向导，劫掠良民者，正犯处以极刑，全家发边卫充军。若止将大船雇与下海之人，分取番货，及虽不曾造有大船，但纠通下海之人，接买番货者，俱问发边卫充军。其探听下海之人，番货到来，私下收买贩卖，若苏木、胡椒至一千斤以上者，亦问发边卫充军，番货入官	《嘉靖问刑条例·私出外境及违禁下海条例冬》

[①]怀效锋.嘉靖年间的海禁[J].史学月刊，1987（6）：29-32.

(续表)

禁令来源	颁布时间	律令	律令出处
地方禁令	嘉靖二十六年（1547年）	禁止下海捕鱼、中断沿海交通，"革渡船，严保甲，搜捕奸民"。《嘉靖问刑条例》规定："若小民撑使单桅小船，于海边近处，捕取鱼虾，采打柴木者，巡捕官旗军兵不许扰害。"然而地方官员公然违背朝廷有关允许下海捕鱼的规定，另立章程，但朝廷并不追究，说明朝廷禁海的愿望非常强烈	《明史·列传》卷93·朱纨传

嘉靖初期，东南沿海的商品经济和资本主义萌芽有了一定的发展，在这样的社会经济条件刺激下，以及永乐时期以来实行的相对弛禁政策，私人海上贸易得到迅速发展。如正德末年时，浙江沿海的商人还寥寥无几，但到嘉靖初年已不可胜计，有时在一天内航行于舟山群岛的商船就多达一千余艘，并形成了私人海上贸易港口——浙江双屿港。海商也从独家经营的模式转变为联合经营，最终发展成为以一个强有力的船头为核心的海上贸易集团[1]。

"争贡之役"是指嘉靖二年（1523年，日本室町时代的大永三年），日本大名细川氏和大内氏各派遣使团来华贸易，两团在抵达浙江宁波后因为勘合真伪之辨而引发冲突，遂在宁波、绍兴等地烧杀抢掠，时任给事中的夏言认为"倭患始于市舶"[2]，嘉靖皇帝遂罢除浙江市舶司。

争贡之役后，中日勘合贸易逐渐衰落，宁波市舶司也陷入废置的窘境，而以宁波外围岛屿双屿港为中心的走私贸易却日渐兴盛，比之勘合贸易更加繁荣。但在朱纨任提督闽浙军务后，便开始大力打击私人海外贸易，甚至禁止下海捕鱼、中断沿海交通等（见表3-4），并在1548年派兵填塞双屿港。为了自卫，中日海商武装起来共同对抗官府，于是东南沿海的私人贸易活动也逐渐演变为倭乱[3]，其中最让官府头疼的就是海商汪直。嘉靖三十五年（1556年）三月，汪直"遣党徐海等拥众十余万，寇松江、嘉兴诸郡甚急。破城池，杀县

---

[1]怀效锋.嘉靖年间的海禁[J].史学月刊，1987（6）：29-32.
[2]章培恒，喻遂生.明史[M].上海：汉语大词典出版社，2004：1567.
[3]赵晓华.明嘉靖二年争贡之役研究[D].济南：山东大学，2009：27.

官，声言欲下杭城，取金陵，震于远迩"①。如果说在此之前，明王朝一直以来最大的心腹之患是北方蒙古，而至此，来自海上的势力也开始成为影响明朝安危的威胁因素②。

（二）明代东南倭患与募兵制的发展

"倭寇"的称呼，最早并不是从明代的中国传出的，而是1600多年前朝鲜半岛的高句丽人所提。日本的对马岛与朝鲜半岛南端仅隔50公里宽的朝鲜海峡，那里自古以来就是大陆与半岛文化东传日本的交通要道。404年，约中国东晋末期，朝鲜半岛北方的高句丽势力向南方扩展，战胜了支援新罗与百济的倭国（日本）势力，于是在颂功碑《高句丽广开土王碑》（日本称《好太王碑》）上刻记了"倭寇溃败"之事（该碑现保存于中国吉林省集安）。而关于倭寇问题，现代史学界从世界史的角度把其归为两个时期：一是14世纪朝鲜半岛的倭寇问题，约从1350年始，至1420年左右为止，以朝鲜半岛为舞台，日本九州边民的"三岛倭寇"为主体，目的是掠夺粮食等生活必需品；二是16世纪中国东南沿海的倭寇问题，从明朝建立初期至嘉靖末年，达200年之久，其中最为猖獗的时期就是从嘉靖三十一年（1552年）到嘉靖四十五年（1566年）的十五年，是以中国走私海商为主、日本佣兵参与其间，走私日本白银为目的，并波及中国的江苏、浙江、福建、广东等南部沿海地区③。

据统计，明代倭患主要集中于初期的洪武、永乐年间，以及中期的嘉靖年间。明初洪武到永乐的56年，倭患频率约占明代全期的12%，而嘉靖的45年间则高达80%，其余的8%则分散于其他152年间。在嘉靖的45年中，又以嘉靖三十一年（1552年）为界，前三十年倭患事件只是零星发生，而后的十五年是倭寇的集中动乱时期，频率高达97%④。（表3-5）

---

① 傅维鳞.明书［M］.上海：商务印书馆，1938：3216.
② 段卫宇.试论明代互市贸易形式［D］.昆明：云南师范大学，2016：57.
③ 纪红建.明朝抗倭二百年［M］.北京：华文出版社，2006：7-8.
④ 汪义正.明代倭患的统计数据［C］//中国明史学会.第十六届明史国际学术研讨会暨建文帝国际学术研讨会论文集.北京：九州出版社，2017：17.

表3-5 明朝历代皇帝在位时间及倭寇动乱统计表（起）①

序号	年代	在位时间	辽东	山东	江南北	浙江	福建	广东	合计
1	洪武	1368—1398年（31年）	1	10	5	20	3	9	48
2	建文	1399—1402年（4年）				2			2
3	永乐	1403—1424年（22年）	2	8	4	26	1	3	44
4	洪熙	1425年（1年）							
5	宣德	1426—1435年（10年）							
6	正统	1436—1449年（14年）		1		10			11
7	景泰	1450—1456年（7年）				1			1
8	天顺	1456—1464年（8年）							
9	成化	1465—1487年（23年）				1	1		2
10	弘治	1488—1505年（18年）					1		1
11	正德	1506—1521年（16年）		1		1			2
12	嘉靖	1522—1566年（45年）		5	225	198	159	41	628
13	隆庆	1567—1572年（6年）				3	21		24
14	万历	1573—1620年（48年）		1		8	6	9	24
15	泰昌	1621年（1个月）							
16	天启	1621—1627年（7年）							
17	崇祯	1628—1644年（17年）							
合计		1368—1620年（共253年）	3	26	234	266	175	83	787

面对嘉靖年间的倭患问题，由于明朝政府已集中全国之力抵御北方鞑靼的进攻②，因此根本无法保证东南州府抗倭的军事守备。而此时的沿海卫所空虚，水军军力亦大不如前。如余继登所言："嘉靖中年，倭寇发海上，五十余人耳，转掠十余府，至应天门外，而四十八卫者，无一人出撄其锋，卒见夷于

---

① 汪义正. 明代倭患的统计数据［C］//中国明史学会. 第十六届明史国际学术研讨会暨建文帝国际学术研讨会论文集. 北京：九州出版社，2017：18.
② 在嘉靖年间，以俺答汗为首的蒙古部对明边境的战争非常频繁。俺答汗生于1508年，他最早的政治活动是在嘉靖二年（1523年）三月入侵大同，当时他年仅十五岁，嘉靖二十一年俺答汗之兄吉囊去世，之前的军事活动几乎都由两人共同出兵，之后，俺答汗大权独揽，势力渐增，除了自己经常出兵以外，他的儿子、部下也领兵作战，侵扰明边境。而且从明初开始，太祖朱元璋就在《皇明祖训》中告诫子孙要对北方持以高度警戒，并倾国之全力守备北方边境。

淮扬民兵之手。此其明验也。"①可见卫所军的战斗力已不堪一击。

在这种情况下，嘉靖三十二年（1533年）八月，南京御史赵宸上御倭方略曰："宜行各府州县随宜招募，使人自为战，家自为守。"②7033随后，嘉靖三十三年（1554年）十二月兵部核准南京兵部尚书张经总督南直隶、浙江、山东、两广、福建等处军务，允许苏、浙编立当地主兵：

兵部覆上总督张经条陈……一编立本地主兵。言诸路调兵，劳费不赀，而吴浙间耆民、沙民、盐徒、矿徒类皆可用，请于各府所属州县，二百里以上者编兵三百名，二百里以下二百名，或均徭编派，或各里朋出。每兵一名定银十二两。如自有丁壮乡民准其应役，否则征银募兵②7241。

由此，在卫所军事力量不足倚赖的情况下，中央不得以才正式授权东南各府招募士兵，组织军队，自行抵御。江南地区的军事体制也开始发生重大转变，换句话说，抗倭战争加速了募兵制逐渐代替世袭军户制的过程，将军被鼓励募集"家军"以壮大抗倭队伍③。

嘉靖三十四年（1555年），时任浙江按察司副使、负责海道工作的谭纶，在选募兵士时，要求年少、力强，能举200斤以上者才可入选，然后进行严格训练，教习荆楚剑法和方圆行阵，最后把这支军队练成了一支"进止先后有节，厉诛信赏，部士皆欲争命效死"④的精兵⑤。

戚继光是嘉靖三十八年（1559年）提出募兵训练主张的，他去义乌招募新兵时，以陈大成、王如龙等人为首的义乌矿工和农民踊跃应募，很快便组成了4000余人的军队。戚继光根据倭寇善于格斗和南方水网的特点出发，创立了鸳鸯阵和一头两翼一尾阵。鸳鸯阵是1名队长位于队列最前方，后面横排2牌手（长牌、藤牌），每牌手身后有1狼筅手，再次是4长枪手，每2名长枪手管1牌1筅，最后是2短兵手。一头两翼一尾阵则是把参战部队分成4个部分：前者为头，为正兵，是主要的进攻部队；头两翼的部队为奇兵，保护头的两侧不受袭击的同时进攻敌人的侧翼；尾是策应的部队（即预备队），随时准备增援头和

---

① 余继登.典故纪闻：卷18 [M].北京：中华书局，1981：335.
② 中研院历史语言研究所.明实录（附校勘记）：明世宗实录 [M].黄彰健，校勘.北京：中华书局，2016.
③ 刘光临，刘红铃.嘉靖朝抗倭战争和一条鞭法的展开 [J].明清论丛，2012（00）：125.
④ 欧阳祖经.谭襄敏公年谱稿 [M].北京：中华书局，1936：28.
⑤ 纪红建.明朝抗倭二百年 [M].北京：华文出版社，2006：73-74.

两翼。按照这样两个营阵对士兵进行训练,从而在东南抗倭战争中取得了胜利①78。

但募兵不是世袭,是个人当兵且可退役;也不像卫所军一直驻守一地,而是活动于较广的地区;更不会像卫所军那样,平时训练与战时指挥的将领不同,募兵之官即指挥作战之将,将、兵之间相互了解。与此同时,募兵的军饷来自政府的税收,不像卫所军那样来自屯田之粮。所以,募兵所组成的军队完全脱离了明初的寓兵于农,成了专职的常备军和机动之师,可以东征西讨。以至于到了嘉靖后期,募兵基本成为一种制度而固定下来①73-74。

三、明代兵家武术研究

(一)兵家武术论著作者分布及群体特征

"兵家",是对传统军事家的通称,主要包括两种类型:一类主要从事军事活动,另一类则对军事进行研究与著述,前者通常指将帅,表现为在军事实践领域取得非凡战功;后者则指兵学家,即在军事理论方面有突出的建树[2]。而在吴越地区涌现的兵家则是两者兼而有之。

众所周知,兵者武也,军事武艺不仅与武术为同源之水,在发展过程中也有着极为紧密的相互影响与作用[3]。如中国兵学的发展经历了三次高潮,第一次是战国至汉初,第二次是北宋中后期至南宋,第三次则是明代中后期至清初[4],与此相同的是,中国古代武术论著的发展也经历了先秦、秦汉至宋元、明清三大阶段。先秦时期的武术论著,通过《庄子·杂篇·说剑》《吴越春秋·勾践阴谋外传·越女论剑》等书中的零散论述可略知概貌,《汉书·艺文志》中记载有《手搏六篇》《剑道三十八篇》等,但均已佚失。在秦汉至宋元的一千五百余年间,武术尽管仍然作为古代军事战争的主要手段不断发展,但在理论方面却只有宋代的《角力记》等为数不多的几部[5]。直至明清时期,才涌现大量的武术论著,为当代开展武术研究奠定了深厚的理论基础和指导意义。

---

①纪红建.明朝抗倭二百年[M].北京:华文出版社,2006.
②赵国华.中国兵学史[M].福州:福建人民出版社,2004:6.
③旷文楠.兵家与武术的同源与交流:兵家与武术文化论之一[J].体育文史,1990(2):27.
④刘庆.论中国古代兵学发展的三个阶段与三次高潮[J].军事历史研究,1997(4):88.
⑤余水清.明清武术论著概述与主要成就研究[J].体育科学,2004(8):75-76.

经查阅、汇总,本文整理出明代武术论著20本,作者17人。对这些作者的生平背景进行简要梳理、统计后发现,明代13名可考的作者中有8名为兵家(唐顺之、赵本学、俞大猷、戚继光、郑若曾、茅元仪、何良臣、王鸣鹤),约占总数的61.5%;另有4名为文官(谢肇淛、王圻、朱国桢、谢三宾),还有1名来自民间(程宗猷);由此反映出,明代武术论著作者群体主要以兵家为主(表3-6)。

表3-6 明代武术论著作者籍贯、成书年代及简介一览表[①]

序号	书名	作者	籍贯	成书年代	生平简介
1	武编 唐荆川文集	唐顺之	江苏武进	嘉靖年间 嘉靖二十八年	官翰林编修,后调兵部主事。曾以兵部郎中督师浙江破倭
2	续武经总要	赵本学(俞大猷)	福建泉州	嘉靖三十六年	隐居之士,喜钻研孙武以来兵学思想
3	正气堂集	俞大猷	福建泉州	嘉靖四十四年	戎马四十七年,四为参将,六为总兵;拜赵本学为师习兵书
4	纪效新书 练兵实纪	戚继光	山东登州	嘉靖四十一年 隆庆五年	世袭将军,受推荐赴浙江组建"戚家军"破倭
5	江南经略	郑若曾	江苏昆山	隆庆二年	仕途失利,归居乡里。被胡宗宪聘入军中,辅佐平倭事宜
6	阵纪	何良臣	浙江余姚	万历十九年	文武通才,年青时于东南沿海从军,后升为蓟镇游击将军
7	登坛必究	王鸣鹤	江苏淮安	万历年间	武进士,喜吟咏,有文才。驻通州狼山平倭,屡建战功
8	五杂俎	谢肇淛	浙江钱塘	万历年间	进士,在京为官时,喜抄阅古籍,亦是知名藏书家
9	新镌武经标题正义注释	赵光裕	不详	万历十六年	不详
10	续文献通考 三才图绘	王圻	不详	万历十四年 万历三十五年	进士,辞官后以聚书著述为事,"上海四大藏书家"之一

[①]资源来源:余水清.明清武术论著概述与主要成就研究[J].体育科学,2004(8);中国武术百科全书编撰委员会.中国武术百科全书[M].北京:中国大百科出版社,1998;国家体委武术研究院编纂.中国武术史[M].北京:人民体育出版社,1996.

(续表)

序号	书名	作者	籍贯	成书年代	生平简介
11	耕余剩技	程宗猷	安徽休宁	天启元年	少年远游,访师求艺,棍法得自少林僧人洪纪
12	武备志	茅元仪	浙江吴兴	天启元年	茅坤之孙,喜研历代兵法,后随孙承宗督师辽东,抵御后金
13	涌幢小品	朱国桢	浙江吴兴	天启元年	举人,首辅大臣,著述丰。为官体恤民情,解浙江赋役不平
14	武备新书	谢三宾	浙江宁波	崇祯三年	进士,官至太仆寺卿。能画山水,常与名画家讨论画理
15	武备要略	程子颐	安徽黄山	崇祯年间	不详
16	浑元剑经内外篇	毕坤	不详	明代成稿	不详
17	名剑记	李承勋	湖北嘉鱼	不详	不详

在对籍贯可考的明代14名作者进行统计(图3-2),发现他们主要集中在南方,以东南沿海一带为盛,仅浙江一处就占35.7%,江苏为21.4%,南北差异显著,并呈现以浙江为中心向四周辐射的武术研究圈。

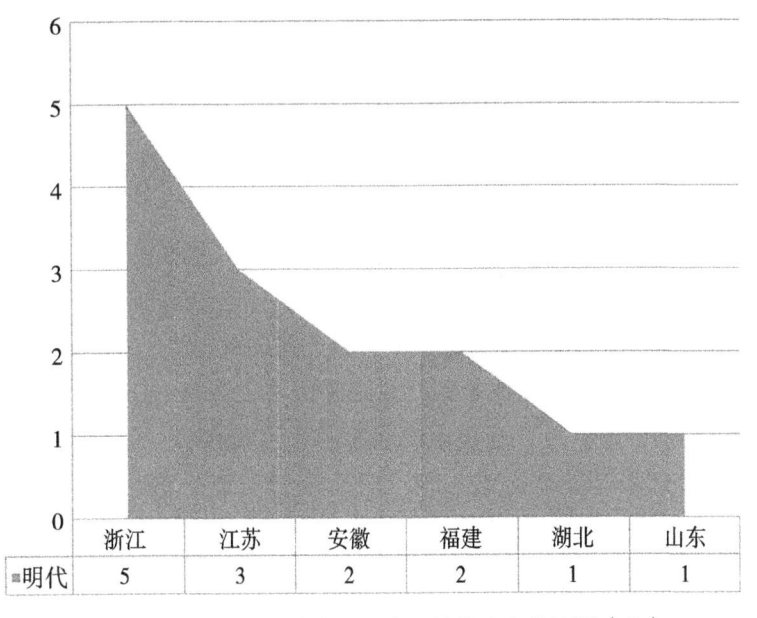

	浙江	江苏	安徽	福建	湖北	山东
明代	5	3	2	2	1	1

图3-2 明代武术论著作者籍贯及数量分布统计图(名)

从时间来看，明代的武术论著成书主要集中在嘉靖和万历年间，占55%（图3-3）。明代武术论著出自嘉靖年间，这绝不是偶然的，如前所述，与这一时期的倭患之重有着必然的联系。同时也正因明代的科举制度和选官制度，使得朝廷所得之人大多是文武全才之人。

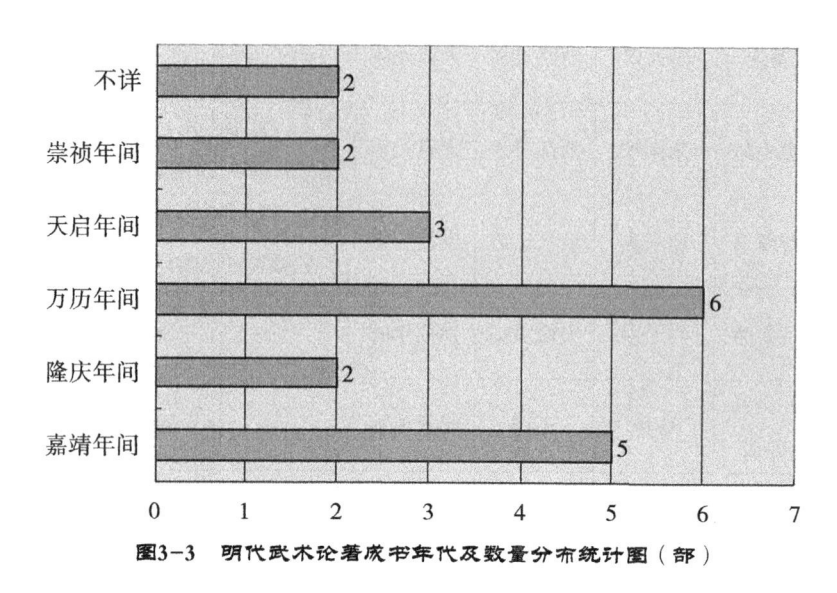

年代	数量
不详	2
崇祯年间	2
天启年间	3
万历年间	6
隆庆年间	2
嘉靖年间	5

图3-3 明代武术论著成书年代及数量分布统计图（部）

唐顺之（1507—1560年），字应德，号荆川，常州府武进（今江苏武进）人。明嘉靖八年（1529年）进士，历官兵部主事、吏部考功、翰林编修、右金都御史、凤阳巡抚等职。他于学无所不窥，对历史、地理、数学、历法、兵法及乐律皆有研究，且精于书法，是明中叶有重大影响的文学家。其诗文创作在明代自成一家，尤以古文著称，是现行文学史上重要古文流派"唐宋派"的领袖。唐顺之一生三仕三隐，交游广泛，晚年北出塞、南抗倭建立壮烈功业，是一位富有传奇色彩的儒将。

郑若曾（1503—1570年），字伯鲁，号开阳，江苏昆山人。《剑桥中国明代史（1368—1644）》评价他为"第一个把注意力特别集中于沿海地区的地理学家"[1]。据《崑新合志·文苑传》载，郑若曾"幼有经世志，凡天文、地舆、山经、海籍靡不得其端委"；其所著诸书，非空言无补之学，"皆切实经济，不以文词为功也"，明代南都四君子之一的魏校"最器重之"[2]。嘉靖

---

[1] 崔瑞德，牟复礼.剑桥中国明代史（1368—1644）：上卷［M］.杨品泉，译.北京：中国社会科学出版社，2006：740.

[2] 柳诒徵.抄本郑开阳杂著跋［G］//北京图书馆善本组编.影印等书序跋集录（1911—1984）.北京：中华书局，1995：212.

时期，郑若曾以贡生身份两次参加科举会试均名落孙山，遂放弃科举仕途，归乡潜心于学术。后作为胡宗宪的幕僚，参加了嘉靖年间的抗倭战争，《江南通志》也记载，胡宗宪与戚继光皆重若曾才，遇事决断时常与其商讨决定。

何良臣，生卒年月不详，约为明正德至万历年间人。字惟圣，号际明，浙江余姚人，早年擅辞赋，以诗文著称乡里。后投笔从戎于东南沿海，多年的军事生涯和勤奋学习，使他积累了丰富的军事理论，为后来成为蓟镇游击将军奠定了基础。何良臣在明代就被誉为文武"通才"，他的文集名为《乾坤集》（又名《辞赋集》），所做诗词气魄宏大，被认为"壮诗人气"。兵法方面除《阵纪》外，他还著有《军权》《利器图考》等，四库馆臣将之与明代"捃摭陈言，横生鄙论"的"谈兵之家"严加剖分，称其所论"犹为切实近理"[①]。

王鸣鹤，生卒年不详，字羽卿，山阳（今江苏淮安）人。万历十四年（1586年）丙戌科武进士，历官至广西总兵、广东总兵、骠骑将军、南京右府都督佥事等。王鸣鹤出身将门，"少负伟志"而投笔从戎，"袭千夫长"即袭职海州守御所正千户。因其久经战阵，故而有着十分丰富的实战经验，但也深知明军中世袭军官不学无术的实际，"尝观世胄子弟、伛偻一官，目不识一丁，举笔如扛鼎，语以忠君爱国之道，审机达变之权，则懵乎无知"，于是旁搜博采以汇辑各类兵书，"凡有裨将略者，手录盈笥，汇成简编，得四十卷，题曰《登坛必究》"，希望将帅随身携带参考，"临戎备览"，以提高军事素养[②]。

茅元仪（1594—1640年），字止生，号石民、东海波臣、梦阁主人等，湖州归安（今浙江吴兴）人。茅元仪"少而受《尚书》于祖父"；七岁学为诗；十一岁"学为制举文"；"十三为诸生"，"学为古文词"；"性好读书"，"阴记古兵戎、屯田、漕运"等，比较注重实学之风。茅元仪一生经历二次征辽，三次戍闽，虽迭遭权臣倾轧，却为后人留下了丰富的著述。除《武备志》外，茅元仪还著有许多文集、笔记，是一位"富有纂述"的诗人[③]。

在考察明代兵家武术论著作者群体特征的基础上，进而对他们的内部关联进行了调查（图3-4）。8名兵家按时间排序，唐顺之、赵本学、俞大猷、戚继光、郑若曾5人同为嘉靖年间人，其次何良臣与王鸣鹤为万历年间人，茅元仪

[①] 李兆禄. 从《四库全书总目·子部·兵家类》看四库馆臣的军事思想[J]. 图书馆工作与研究，2011（4）：66.

[②] 赵星. 王鸣鹤《登坛必究》研究[D]. 武汉：华中师范大学，2017：8-9.

[③] 任道斌. 茅元仪生平、著述初探[C]//中国社会科学院历史研究所明史研究室. 明史研究论丛：第三辑. 南京：江苏古籍出版社，1985：240-244.

则是明代后期。在梳理嘉靖时期5名兵家之间的关系时，一个不能忽视的关键环节就是胡宗宪幕府。作为当时指挥抗倭的领导机构，胡宗宪幕府实际上由两部分成员构成：一是直辖的官员吏目；二是胡宗宪从各处延揽的幕客，大多为明代南直隶与浙江地区的士绅，其中又以生员居多。而郑若曾、茅坤（茅元仪的爷爷）就是胡宗宪幕府的重要幕僚。其中，茅坤与胡宗宪同为嘉靖戊戌进士，"时倭事方急，胡宗宪延之幕中，与筹兵事，奏请为福建副使"，后胡宗宪被捕，茅坤亦受牵累，几至破家[1]。郑若曾也是在倭扰东南时，以《珍倭方略》密陈，被胡宗宪、戚继光聘请入幕，参赞机务。后受胡委托，出定海关考察海防形势，编写《筹海图编》。他与当时一大批名家学者来往也很密切，如王守仁的高徒王畿，唐顺之、归有光、茅坤等都是他的朋友，《筹海图编》在很大程度上就是受唐顺之的启发[2]。唐顺之与茅坤又是明代"唐宋派"的代表人物[3]。

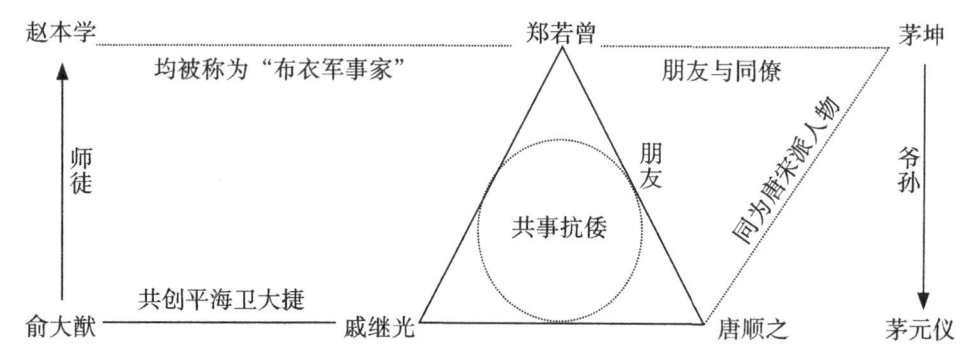

图3-4 明代武术论著作者群体：兵家人物关系图

作为当时抗倭主帅的胡宗宪，除需要一批优秀的幕僚外，同样还要有抗倭第一线的杰出将领，因而聚集在他身边的将领就有唐顺之、戚继光、俞大猷等。唐顺之，嘉靖35年，倭寇蹂躏江南，赵文华上疏举荐唐顺之获准，起为南京兵部主事。后被派往浙江，与胡宗宪共事平讨倭寇[4]，在巡抚任内，唐顺之曾为戚继光讲解枪法圈串[5]。戚继光则是在嘉靖36年，由胡宗宪推荐任参将，镇守倭患最严重的宁波、绍兴、台州三府的第一线[6]。同时，在平海卫之役

---

[1] 吕靖波.胡宗宪幕府人物考略[J].滁州学院学报，2008（4）：5.
[2] 王杰.一代海防军事学家：郑若曾[J].文史月刊，2012（8）：28.
[3] 贝京.唐宋派称名论略[J].求索，2005（4）：143.
[4] 刘晓东.嘉靖"倭患"与晚明士人的日本认知：以唐顺之及其《日本刀歌》为中心[J].社会科学战线，2009（7）：108.
[5] 中国武术百科全书编撰委员会.中国武术百科全书[M].北京：中国大百科出版社，1998：535.
[6] 赵连稳.胡宗宪与明代抗倭战争[J].社会科学辑刊，1995（4）：95.

中，"戚家军在刘显军与俞大猷军配合下，大败倭寇，歼敌二千多人，救出被虏百姓三千人，取得了平海卫的大捷"[①]，为福建全境最后肃清倭寇奠定了基础。

关于俞大猷的师父赵本学，有记载说俞大猷久慕赵本学，往请教益，自称弟子，学习兵法，尽得其传。赵本学以《易》推衍兵家奇正虚实之权，著有《韬钤内外篇》《赵注孙子兵法》，在赵本学"若知敌一人之法矣，讵（岂）知敌百万人之法"的启发下，俞大猷领悟了"天下之理原于约者未尝不散于繁，散于繁者未尝不原于约"的兵法原则，为其后来将兵法"约"于技击格斗理论，将个体武艺"散"之于万人敌的战场奠定了基础[②]。

（二）吴越兵家武术研究特征

旷文楠说，"明人所著的武术简史"是武术发展至明代体系形成的实证之一，而这些完备的体系大部分出自兵家对武术的相关研究（表3-7），其中又以出自吴越地区以戚继光为首撰写出《纪效新书》《练兵实纪》的兵家贡献最大。综其内容，他们对中国武术的发展呈现出以下特征。

（1）对军事武艺与民间武艺的划分。戚继光在《纪效新书》开篇《或问》中指出，"开大阵、对大敌，比场中较艺、擒捕小贼不同"，军事作战是"堂堂之阵，千百人列队而前，勇者不得先，怯者不得后，丛枪戳来，丛枪戳去，乱刀砍来，乱杀还他，只是一齐拥进，转手皆难，焉能容得左右动跳？一人回头，大众同疑，一人转移寸步，大众亦要夺心，焉能容得或进或退？"[③12-13]因此，他一针见血地指出当时军队中存在的重要弊病，"今之阅者，看武艺但要周旋左右，满片花草，看营阵但要周旋华彩，视为戏局套数"，士卒"所学所习，通是一个虚套，其临阵的真法、真令、真营、真艺，原无一字相合"[③19]。如长枪，"单人用之，如圈串，是学手法；进退，是学步法、身法。除此复有所谓单舞者，皆是花法"；藤牌的"闪滚之类"，钩镰、叉、钯的"转身跳打之类"都是花法[③13]。由此阐明了军事武艺与民间武艺之区别。

虽然民间武艺有诸多技法无益于阵战，但戚继光并不否认民间武艺的技击价值。如他在《纪效新书》中用了大量篇幅介绍民间武艺技术，并择取部分

---

①董惠民.略谈俞大猷在平海卫之役中的作用[J].西北师范大学学报：哲学社会科学版，1987（1）：38.

②张银行.《剑经》研究[J].体育科学，2014（12）：19.

③戚继光.纪效新书：十八卷本[M].曹文明，吕颖慧，校译.北京：中华书局，2001.

内容作为提高士卒作战能力的训练方法。他提出，武艺训练的目的在于使士卒学好本领、防身杀贼、立功报国，并告诫士卒："凡武艺，不是答应官府的公事，是你来当兵，防身立功，杀贼救命，本身上贴骨的勾当。你武艺高，决杀了贼，贼如何又会杀你？你武艺不如他，他决杀了你。若不学武艺，是不要性命的呆子"①80，"拳法似无预于大战之技，然活动手足，惯勤肢体，此为初学入艺之门也"①227，而且"大抵拳、棍、刀、枪、叉、钯、戟、弓矢、钩镰、挨牌之类，莫不先由拳法活动身手。其拳也，为武艺之源"①229-230。为此，他搜集综合民间著名的十六家拳法，吸取三十二个拳势编成《拳经》三十二势，作为士卒练习各种兵器的"武艺之源"，不仅要求士卒在平日练习器械时注意学习"手法、步法、身法"，还制定了一系列完整的较技规则与考核要求，无论是长枪、狼筅，还是叉钯、藤牌，都要先"试其手法、步法、身法、进退之法"或"令其自舞，看其身手足法合一"，然后再进行两两对试、真正交锋。戚继光的这些论述虽是从军事训练的角度出发，但他不仅说明当时军事武艺和民间武艺的相互交融，而且还揭示出两种相关的文化形态的不同特征，对于我们认识武术发展的特征及其社会作用都有着非常重要的意义。

表3-7 吴越兵家武术研究主要内容及其成就一览表

序号	作者	书著名称	主要内容及来源	主要成就
1	唐顺之	《武编》前集卷五②	拳：一是记述民间拳派；二是记述拳势名目；三是论长拳短打的行着要领；四是辑手法拳法运用歌诀；五是论长拳行着中的惊取势法；六是讲述腿法操练；七是记述手脚势法名目；八是记蹴腿、弹腿练法；九是评述绵张和温家两个拳派各自的拳技特点。此外，另有枪、剑、刀、筒、锤、扒、挡器械技法和较技法则	1.《拳》中关于"拳势"的论述，以"虚实之道"和"惊取之法"阐释拳势之变和制胜之机，揭示出拳中含势、势中藏变、变生虚实、因变制胜的较技法则 2.首次记载民间武术拳派 3.所记载的温家拳谱是迄今为止我国最早见到的一个拳谱

①戚继光.纪效新书：十八卷本[M].曹文明，吕颖慧，校译.北京：中华书局，2001.
②江百龙，林鑫海，余水清.明清武术古籍拳学论析[M].北京：人民体育出版社，2008：26，34，11.

第三章 崇于理：术道并举

(续表)

序号	作者	书著名称	主要内容及来源		主要成就
2	戚继光	《纪效新书》卷十到十四	《卷十》长兵短用说篇：认为长枪之法尤以杨氏梨花枪为精妙，但几乎无人知其奥妙而失传。常见的为沙家马家枪法，两者之异在于长短之分。录六合之法并二十四势	引《武编》枪	《拳经捷要篇》的贡献：一是提出"拳为武艺之源"的观点；二是为拳势绘图、注诀；三是为后代拳种创编提供了重要参考
			《卷十一》藤牌总说篇：藤牌于战之利，藤牌8势，听锣声试牌。狼筅总说篇：狼筅形制特点，虽重滞不利，御而不能杀，但却是行军队伍的藩篱和门户。绘狼筅6势		
			《卷十二》短兵常用说篇：绘14势	引《剑经》所论棍法，再配图势	
			《卷十三》射法篇：射法精髓与执弓之法，骑射与步射要点，射箭之法与易犯错误，实握射图与掌心推射图	引《正气堂集》余集所论弓箭射术，再配图势	
			《卷十四》拳经捷要篇：综述当时民间流传较广拳种、拳家及其技艺特点，并择取各家所长创编32势长拳，绘之以势，注之以诀		
		《练兵实纪》卷四	《练手足》：各类武艺比较的要求、标准及赏罚条例，同时提出练心、手、足、身力的方法和途径		指出军队练兵要重视武艺比较，并作为练兵准则执行
3	郑若曾	《江南经略》卷八	收录民间流行的11家拳法、31家棍法、17家枪法、15家刀法、6家剑法、14家弓弩、10家杂器、16家马上器械、5家使钯等		罗列出作者所知各拳种、器械流派之名目

107

(续表)

序号	作者	书著名称	主要内容及来源		主要成就
4	何良臣	《阵纪》卷二	《技用篇》第五节至第十节：分节讨论拳、棍、枪、筅、刀、剑、藤牌、杂器等各项武艺，简要概括出不同流派拳法器械的技术特色与效能，以及士兵习练要求和标准		一是提出"拳棍为诸艺之本源"的观点；二是指出5家剑术流派的特点；三是收录民间拳派较多而全
5	王鸣鹤	《登坛必究》卷三十	剑经	引《剑经》	取前人之经典记载
			教弩、教射	引《武经总要》	
			射法、长兵短用	引《纪效新书》	
6	茅元仪	《武备志》卷八十四到九十二	弓	引《武经总要》《虎钤经》《事林广记》《步射总法》《马射总法》《射疏墨鞑遗事》《纪效新书》《筹海图编》	所记武术内容在弓、弩、刀、枪、剑、棍等兵器技法技术及拳术三十二全套进行了全面、广泛而系统的论述。在辑录过程中征引了大量图书典籍，为后世保存历史文献作出了贡献[①]
			弩	引《太白阴经》《武经总要》《教弩诀法》《蹶张心法》	
			剑	引《剑诀歌》《朝鲜势法》	
			钯（增七势）、枪、牌、筅、拳、比较武艺	引《纪效新书》	
			棍	引《少林棍法阐宗》	

---

① 赵娜. 茅元仪《武备志》与戚继光著述关系考[J]. 河南师范大学学报：哲学社会科学版, 2012（3）：144.

第三章 崇于理：术道并举

（2）搜集整理出民间武术的技术体系。以拳种为例，唐顺之列出5家（温家长打、赵太祖长拳、山西刘短打、绵张短打、吕短打）；戚继光在此基础上增加了"山东李半天之腿、鹰爪王之拿、千跌张之跌、张伯敬之打"；郑若曾记载有"赵家拳、南拳、北拳、西家拳、温家钩挂拳、孙家披挂拳、张飞神拳、霸王拳、猴拳、童子拜观音神拳、九滚十八跌打挝拿以及绵张短打"；何良臣除引用戚继光所言之十六家外，还增加了一些新的拳术流派："如童炎甫、刘邦协、李良钦、林琰之流，各有神授，世称无敌。"①134 可见，正是这些研究，为当代武术的内容分类（长拳与短打）及中国武术概念中关于武术的本质——踢、打、摔、拿四击之法提供了理论基础。

器械的类别主要有棍术、枪术、刀术、剑术及其他杂器等。如棍术约有东海边城棍、俞大猷棍、少林棍、紫微山棍、张家棍、青田棍、赵太祖腾蛇棒、贺屠钩杆、西山牛家棒、孙家棍十派。枪术则列出当时著名的马家长枪、沙家竿子、李家短枪、杨氏梨花枪四家。刀术有偃月刀、双刀、钩刀（阴手、阳手）、手刀、锯刀、掉刀、太平刀、定戎刀、朝天刀、开天刀、开阵刀、划阵刀、偏刀、车刀、匕首。何臣良认为不全，于是在《阵纪》中又列出十余家，如"凤嘴刀、三尖两刃刀、斩马刀、镰刀、苗刀、糜刀、狼刀、掉刀、屈刀、戟刀、眉锋刀、雁翎刀、将军刀、长刀、提刀"①123。剑因战场少用，一般兵家不会提及，但何良臣也作了综汇："剑用则有术也，法有剑经，术有剑侠。故不可测，识者数十氏焉。惟卞庄之纷绞法、王聚之起落法、刘先主之顾应法、马明王之闪电法、马超之出手法，其五家之剑，庸或有传，此在学者悉心求之，自得其秘也。"①136 此外，还有一些杂器，如"燕尾权、虎尾权、五龙钯、三股权、钯尾鞭、丈八鞭、双钩枪、连珠铁鞭、鹰爪、飞挝、开山斧、挫子斧、钩镰戟枪、铁挡、钩竿、天蓬铲、捣马枪、蒺藜椎、鸦项枪、拐突枪、鱼肚枪、狼牙棒、豹尾鞭、芦叶枪、流星椎、权尾椎、权竿、抓枪、铁锏、榮镘、掷远、铁梧、环子枪、抓子棒、紫金标、八尺棍"①123-124 三十六类。由此可见，明代武术已经形成了不同风格、特征与内容的技术流派。

（3）武术基本技法理论的构建。其一为"拳棍为诸艺之本源"，如前所述，戚继光不仅认为拳为武艺之源，此外，他又在《纪效新书·短兵长用说篇》指出："用棍如读《四书》，钩、刀、枪、钯如各习一经，《四书》既明，《六经》之理亦明矣。若能棍，则各利器之法从此得矣。"② 何良臣在汲

---
① 何良臣.白话阵纪［M］.毛元佑，译注.长沙：岳麓书社，1997.
② 戚继光.纪效新书：十八卷本［M］.曹文明，吕颖慧，校译.北京：中华书局，2001：184.

取戚继光观点的基础上又加以总结道："学艺先学拳，次学棍。拳棍法明，则刀枪诸技，特易易耳，所以拳棍为诸艺之本源也。"[①]113，同时也认为"短兵者，为接长兵之不便，然亦有长用也"，如钯尾鞭、丈八鞭、连珠铁鞭、豹尾鞭、铁铜等，"不可悉数，各有专门。但身法、手法、步法，皆由拳棍上来，其进退腾凌顺逆之势，俱有异样神巧杀着，学之得精，俱可制敌"[①]137。反映出在明军武艺训练中，即使是用鞭者也要重视以拳棍技术为基础，从而提高鞭的实战能力。

其二为短兵技法特点。我们现在常讲的剑术基本技法主要包括：挑、撩、斩、绞、剪、点、崩、刺、带、格、抹、洗等。而在茅元仪《武备志》中记载的一套流传到朝鲜的中国剑法中，则包含五种击法和刺法，分别为"豹头击、跨左击、跨右击、翼左击、翼右击"和"逆鳞刺、坦腹刺、双明刺、左夹刺、右夹刺"；三种格法和洗法，为"举鼎格、旋风格、御车格"和"凤头洗、虎穴洗、腾蛇洗"[②]3394。不仅如此，在剑诀中更是生动地表达出剑法运用过程中的"左顾右盼"和"眼随剑走"等技法要求，把眼法也分为"看剑、看走、看手、平视、斜盼、意顾"六种。（图3-5、图3-6）

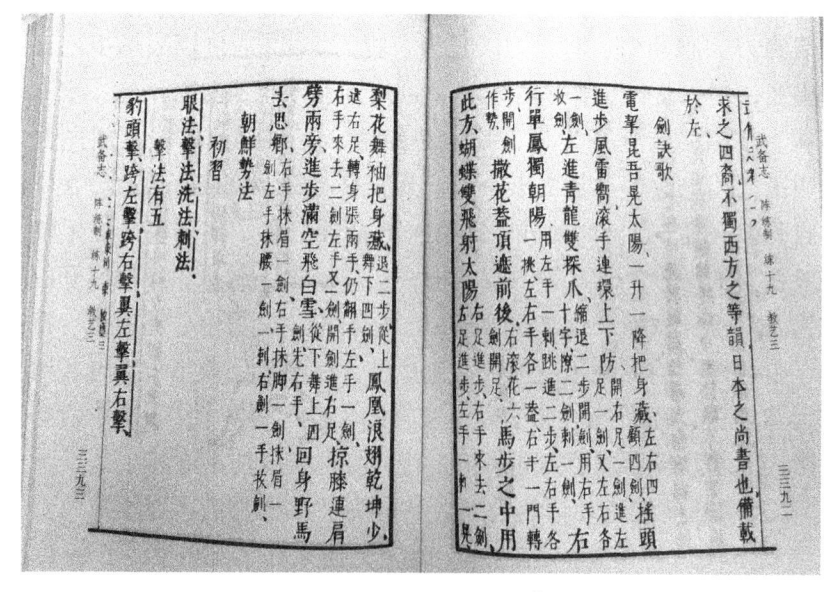

图3-5　《武备志·剑诀歌》[②]3392-3393

---

①何良臣.白话阵纪［M］.毛元佑，译注.长沙：岳麓书社，1997.
②《中国兵书集成》编委会.中国兵书集成：第30册［M］.北京：解放军出版社，沈阳：辽沈书社，1990.

第三章 崇于理：术道并举

图3-6 《武备志·朝鲜势法·举鼎势》[1]

其三为长兵短用与短兵长用之法。戚继光认为，军事作战如果"器械不利"，就会"以卒于敌，是鱼肉乎吾士也"，所以他要求士兵要"精于艺"[2]157。在对器械武艺进行深入比较后他提出了"长兵短用"与"短兵长用"之法，"长兵短用"他首推"杨家枪"，"短兵长用"则是"俞公棍"。根据"长则谓之势险，短则谓之节短"的原理，戚继光分析出，长兵不足之处在于"长枪架手易老，若不知短用之法，一发不中，或中不在吃紧处，被他短兵一入，收退不及，便为长所误，即与赤手同矣"[2]157；而短兵虽有"利在速进"之长，但不足之处则在于其"终难接长，持久即为所乘"[2]182-183。因此，"长以短之秘"在于"须手步俱要合一"，即当攻击敌人一发不中之时，"缓则用步法退出，急则用手法缩出枪杆"[2]158；而"短以长之秘"则在于"所执叉、棍、钩、钯，皆有六七尺在外"，当敌人进攻时，就可"被我一格打歪，即用棍内连打之法，下下着在长兵上，流水点戳而进"[2]183，就是我们现在棍术技法特点中的"兼枪带棒，梢把并用"。戚继光提出的"长兵短用"与"短兵长用"之法，从兵器技法的角度进行了突破性阐明，丰富了武术技击理论与方法。

---

① 《中国兵书集成》编委会.中国兵书集成：第30册［M］.北京：解放军出版社，沈阳：辽沈书社，1990：3394-3395.
② 戚继光.纪效新书：十八卷本［M］.曹文明，吕颖慧，校译.北京：中华书局，2001.

据上，明代兵家缘何对武术流派作搜集整理和比较分析呢？我们有必要了解一下中国古代兵书的概貌。《中国兵书总目》记载：先秦兵书著录有104部，现存42部；秦汉著录85部，现存21部；三国、魏晋南北朝著录111部，现存34部；隋唐五代著录183部，现存23部；宋金元著录455部，现存103部；明著录1165部，现存748部；清前期著录228部，现存208部。可以看出明代兵书最盛，而明代有97%以上的兵书成书于嘉靖之后。因此，它存有的最重要的自身特点就是"具体实用"，即对战争准备的每一事物都有详细的记载，这正是以前兵书所不及之处。如武器装备，不仅叙述一门火炮的技术性能、使用方法，还讲述如何造出好箭、好炮，甚至是各种火药配方的具体比例[①]。同时还注重研究外国人的兵器，戚继光就是根据葡萄牙和日本的新式火器，仿制出鸟铳和"佛朗机"炮，从而使明军进入了冷热兵器混用的阶段[②]。

可见，明太祖朱元璋"文武合一"的人才培养及选官制度，以及嘉靖时期的倭寇战争，推动了兵家对武术的整理和研究，虽然目的只为军事战阵所用，但也正是如此，出现了"军事武艺"与"民间武艺"的划分。

第二节 清代文化政策与民间武术研究

一、清朝的文化政策

满洲贵族在入关之初，为强化其统治政权，实施了一系列的民族高压政策，如"剃发令""文字狱""圈地令"等。以"文字狱"为例：顺治朝有5起，波及南方3省；康熙朝有11起，波及全国7个省，大部分也在南方。顺治十六年，朝廷借"江南奏销案"名目"大大示威"，受牵累者"一万三千余人，缙绅之家无一获免"；康熙即位后，"袭用顺治末年政策"，对反对清朝统治的知识分子，继续以文字罪迭造冤狱……[③]。在这种严酷的政策下，许多

---

① 范中义.明代兵书概论［C］//中国明史学会.第五届中国明史国际学术讨论会暨中国明史学会第三届年会论文集，1993：413-418.
② 赵永刚.明代中后期练兵方法研究［D］.成都：成都体育学院，2011：29.
③ 李海生.论顺康两朝的文化政策及其对汉族知识分子的影响：兼论清代学问由经世之用转向考据之实［J］.上海行政学院学报，2001（2）：105.

第三章 崇于理：术道并举

汉族知识分子乃至广大民众为恢复故明江山，捍卫民族权力和民族文化，不断发起反抗活动。虽然这些活动最终都被镇压，但无数抗清志士凝成的反清意识，以及千百年来形成的华夏正统观念，不是依靠武力就能消灭的。

清朝统治者随后也逐渐意识到："士人之心，只能以智谋巧取，不可以武力强夺"，单纯的镇压只会适得其反[①]。为稳定动荡的社会局势并巩固业已取得的政权，他们不得不转换思路，开始倾向于缓和满汉文化冲突，强调"满汉一体"，并采取了一系列的"文化怀柔政策"。

其一是"崇儒重道，表彰理学"策略的确立。众所周知，满族信仰的宗教有萨满教、佛教和喇嘛教。但出于治国安邦及证明自身统治合法性与合理性的需要，顺治帝最终选择了儒学作为官方的正统思想。因为与其他思想体系相比，儒学不仅强调个体的道德实践，而且注重个体与社会整体和谐的伦理规范，在与政治长期的磨合过程中，也积累了丰富的作为意识形态而实施思想与伦理控制的经验[②]111。顺治二年（1645年），清廷下令改国子监孔子牌位为"大成至圣文宣先师"。顺治九年（1652年）9月，清政府举行"临雍释典"大礼，鼓励士子笃守"圣人之道"，后又颁谕礼部将"崇儒重道"定为一项基本国策。

康熙推崇程朱理学，因为他认为周、程、张、朱四子之学不仅继承了孔孟以来儒学的精华，而且为帝王事业提供了一套化育天地万物的良策，既是儒学道统的延续，又具有完善的政治伦理功能，"道统"与"治统"在它身上得到完美统一[②]112。因此，对于宋人以后的理学著作，康熙除屡次加以翻译、刊印与表彰外，还把它作为科举考试的主导思想和主要参考书目[③]。

在理学家的思想中，康熙特别强调"主敬"之说。"主敬"既是个人道德修养的功夫，也是体认天理的重要途径。朱熹就指出："大凡学者须先理会'敬'字，'敬'是立脚去处。程子谓：'涵养须用敬，进学则在致知。'此语最妙。"[④]而对康熙来说，"主敬"不仅是人君道德修养上的一种约束，也是君主治国安民的根本之道。所谓"临民以主敬为本。昔人有言，一念不敬，或贻四海之忧；一日不敬，或以致千百年之患。《礼记》首言'毋不敬'，《五子之歌》始终皆言'敬慎'。大抵诚与敬，千圣相传之学不越乎

[①] 杨淑艳.论康熙如何消除汉族士大夫的反抗心理[J].学术交流，1999（2）：195.
[②] 林国标.儒家意识形态与清初政权[J].湖南科技大学学报：社会科学版，2005（5）.
[③] 王元冬.清代前期文化政策研究[D].青岛：青岛大学，2013：27-28.
[④] 黎靖德.朱子语类：第1卷[M].杨绳其，周娴君，点校.长沙：岳麓书社，1997：191-192.

此。"①也就是说，人君只要以敬为本、正心诚意、谨慎自持，就能够推而广之，治国安民②。故康熙把"崇儒重道"的国策又进一步具化为《圣谕十六条》：

敦孝悌以重人伦，笃宗族以昭雍睦，和乡党以息争讼，重农桑以足衣食，尚节俭以惜财用，隆学校以端士习，黜异端以崇正学，讲法律以儆愚顽，明礼让以厚风俗，务本业以定民志，训子弟以禁非为，息诬告以全良善，戒窝逃以免株连，完钱粮以省催科，联保甲以弭盗贼，解仇忿以重身命。（《清圣祖实录》卷三十四）

从十六条的内容来看，传统礼仪伦理强调的就是《圣谕十六条》的要旨，此后雍正、乾隆两朝也以此为准绳，延其风而续有发展。

其二是开科举、设"博学鸿词科"的举措。顺治二年，浙江总督张存仁向朝廷建议用开科取士的方式平息反清士人，认他们有仕途之望。于是，顺治朝通过科举途径分化、羁縻了一批知识分子使他们由反清转为附清，但仍有一些学问渊博、威信极高的学者，坚守自己的名节而不去参加科举。

康熙十五年，政府对"三藩"的平定熄灭了明朝遗老复辟故国的幻想，借此时机，康熙于十七年（1678年）正月宣布开一次荐举和考试相结合的制科——"博学鸿词科"，下诏吏部曰：

自古一代之兴，必有博学鸿儒，振起文运，阐发经史，润色词章，以备顾问著作之选。朕万几余暇，游心文翰，思得博学之士，用资典学。我朝定鼎以来，崇儒重道，培养人材，四海之广，岂无奇才硕彦，学问渊通，文藻瑰丽，可以追踪前喆者。凡有学行兼优、文词卓越之人，不论已仕未仕，令在京三品以上及科道官员，在外督抚布按，各举所知，朕将亲试录用。其余内外各官，果有真知灼见，在内开送吏部，在外开报督抚，代为题荐。务令虚公延访，期得真才，以副朕求贤右文之意。（《清圣祖实录》卷七十一·乙未）

由诏令可以看出，"博学鸿词科"的取才标准在于淹贯"经史"。这既顺应了清初学术界自发掀起的"经""史"复兴思潮，也契合顺治以来官方所

---

① 康熙帝.讲筵绪论［M］//清圣祖仁皇帝御制文集：卷二六.上海：上海古籍出版社，1987：225.
② 黄爱平.清代康雍乾三帝的统治思想与文化选择［J］.中国社会科学院研究生院学报，2001（4）：59-60.

第三章 崇于理：术道并举

倡导的"本于经史"的实学主张。遴选出来的五十"鸿博"中，以江苏（22人）、浙江（13人）居多，他们进入清朝官僚体制后，对官方文化政策的制定及清代的学风都产生了一定的影响。如康熙一朝就曾多次派遣翰林院检讨、编修出任地方乡试的考官，以江浙籍"鸿博"为例，就有汪霦（康熙二十年陕西乡试副考官）、朱彝尊（康熙二十年江南乡试副考官）、徐嘉炎（康熙二十九年贵州乡试正考官）、陆葇（康熙二十九年福建乡试正考官）、王顼龄（康熙二十九年陕西乡试正考官）等[①27-28]。而"博学鸿词科"的开设，使江浙地区从文化抗清的主阵地，变为满清政权平伏人心并争夺学术领导权的文化战场，江浙地区也由此成为清廷文化统治政策的"实验样板"[①11]。

其三是开明史馆。明史馆的首次开修是在顺治二年，但因战火未熄，人才与史料皆不齐，修史时机尚不成熟。康熙四年再度开馆，仍因修史各方面的问题未有实际进展。康熙十八年（1679年），即博学鸿词科开设的次年，50名鸿儒全被授予翰林院官职，成为纂修官；又命内阁学士徐元文为《明史》监修总裁官，掌院学士叶方蔼、右庶子张玉书为总裁官；12月，明史馆正式开办[②]。

明史再次开馆，首要任务之一就是广搜遗书，征集史料。当时史馆征书，大致有以下渠道：一是礼部行文各省搜集。凡修史所需史料，均不拘忌讳，采访搜求，呈上史馆。二是派遣翰林官员分道搜访。三是藏书之家献书。官府广征遗书，不少藏书之家纷纷出其所藏，有的不愿出献，官府便派遣专人"就其家誊写"。如浙中名儒黄宗羲，精于史学，著述宏富，"奉特旨，凡黄宗羲有所论著，及所见闻有资明史者，着该地方官钞录来京，宣付史馆"[③]等[④]。最终所搜集到有关明朝一代典册就有约一千几百部。

清政府的修史之举在一定程度上满足了汉族士大夫，尤其是那些故明遗老的愿望和要求。尽管他们不愿入仕，并拒绝统治者的"盛情相邀"，但修史毕竟可以将强烈的民族情绪和经世意识寄托于其中——"以故国之史报故国"，在不侍清朝的原则下，他们最终还是为修史做出了让步。他们为史臣提供力所能及的帮助，其史学思想也在很大程度上影响着史臣，如潘耒曾将顾炎武的史学观点带入史馆，为大家学习借鉴。汤斌也赞誉黄宗羲著述弘富，事功文章，经纬灿然，真儒林之巨海。受到遗民的感染，鸿儒们也将修史作为经世致用的

---

① 吴超. 经、史视阈下的清初实学学风研究—以康熙朝江浙籍"博学鸿儒"为考察中心［D］. 上海：华东师范大学，2011.
② 赖玉芹. 博学鸿儒与清初学术转变［D］. 武汉：华中师范大学，2004：45.
③ 黄炳垕. 黄宗羲年谱［M］. 北京：中华书局，1993：42.
④ 王俊义，黄爱平. 清代学术与文化［M］. 沈阳：辽宁教育出版社，1993：110-111.

一个途径，积极参与到《明史》的纂修中，以完成一个新朝史官的使命①。

二、考据学的发展和礼学的重振

（一）清代考据学的发展

在中国古代学术史上，对于宋明以后，清代近三百年的学术定位，学界已有诸多论述。如钱穆认为："清代经学，亦依然沿续宋元以来，而不过切磋琢磨之益精益纯而已。理学本包孕经学为再生，则清代乾嘉经学考据之盛，亦理学进展中应有之一节目，岂得据是而谓清代乃理学之衰世哉？"②即阐明清代学术上接宋明学术，乾嘉经学考据也是宋明理学的继续。梁启超则认为清代学术"以复古为解放"③11，"有清二百余年之学术，实取前此二千余年之学术，倒卷而缫演之，如剥春笋，愈剥而愈近里；如啖甘蔗，愈啖而愈有味；不可谓非以奇异之现象也"③2。所以纵观学术思潮，秦以后"则汉之经学，隋唐之佛学、宋及明之理学，清之考证学"③5。齐思和在《魏源与晚清学风》一文中提出清学有"三变"：清初大儒厌薄空谈，讲求典章制度，笃行实践；乾嘉之世学者畏文网严密，专于考据一途，进为纯学术研究；道咸以来，变乱迭起，学者厌弃考证，欲富国强兵，学主经世。可见，诸说小异大同，在清代，学术是以考据学，也就是朴学为主流的观点上都是一致的④。

许苏民提出："朴学有广、狭二义。"狭义的朴学就是以文字训诂、文献校雠、历史考据等为主要研究对象，目的是寻求关于其研究对象的确切可靠的知识，不允许学者带有任何主观臆测的"自由心证"。广义的朴学则是一种以考据为手段、以"闻道"为目的的学问，六书九数、名物训诂、典章制度、历史事实的考证，都是为了达到对人文化成的历史文化世界的"道"的认识，即"志存闻道"，因此，它是将考据与义理结合起来的一种学问⑤。

考察清代考证学派，梁启超认为"发源于顺、康之交，直至光、宣，而流

---

①赖玉芹.博学鸿儒与清初学术转变[D].武汉：华中师范大学，2004：47.
②钱穆.中国学术思想史论丛：卷八[M].合肥：安徽教育出版社，2004：357.
③梁启超.清代学术概论[M].成都：四川人民出版社，2018.
④许结.清代朴学：中国古代学术文化（七）[J].古典文学知识，2004（5）：96-97.
⑤许苏民.从清代朴学看长江文化的特征[J].江海学刊，2004（6）：11.

风余韵，虽替未沫，直可谓与前清朝运期终始"①。而清学的初兴，也正是从明清之际思想家顾炎武、王夫之、黄宗羲的事功精神到阎若璩、颜元等朴学家的成就为发展线路的②。

在明清朝代更迭、社会动荡之下，许多思想家从明亡原因的反思中，认识到宋明理学空言心性、误国误民的弊害，于是对陆王心学和程朱理学展开了不同程度的修正、批评和攻击③。传统的说法是程朱"道问学"而陆王"尊德性"。朱熹主张"今日格一物，明日格一物，一旦豁然贯通，则众物之表里精粗无不至，而吾心之全体大用则无不明矣"。陆九渊则主张"先立乎其大者，而后使之博览"，把朱熹的"格物致知"讥为"支离事业"，把自己的称为"易简工夫"。然而，程朱陆王的时代，是普天下"尊德性"的时代，陆王尚不主张过分束缚人的个性，程朱却要用"天理"来严格规范人的行为，可见，程朱的尊德性比陆王有过之而无不及④57-58。

学术随世运为转移，龚自珍指出，"入我朝，儒术博矣，然其运实为道问学"。也就是说，儒学进入清代以后，其根本宗旨才从"尊德性"转变为真正的"道问学"。钱穆在对明遗民学术思想的研究中也指出："我们若把这一转变，用一种术语来表达，则不妨谓是由'内证'转移到'外证'。在宋、明儒一切工夫境界，都重内面的自证，现在则转向外面的共证。只需这一个转变，便把两时期的学术，明白地划分开了。就心性方能论，似乎应该偏重内向，但晚明学者，也都把他挽之外向。"因此，明遗民学风与宋明理学的迥异之处就在于从"内证"到"外证"，从"自证"到"共证"⑤。这种从"内证"到"外证"，从"自证"到"共证"的意识开启了朴学的发展历程。古人谓"众言淆乱则折诸圣"，很多学者也逐渐认识到，要解决程朱陆王之争，就必须重新研究古代经典，遂转向文献校勘研究的学术路向④52。

这批朴学的先驱人物是从王阳明学派分化而出的，梁启超在《中国近三百年学术史》中写道：

这些学者虽生长在阳明学派空气之下，因为时势突变，他们的思想也像蚕蛾一般，经蜕化而得一新生命。他们对于明朝之亡，认为是学者社会的大耻辱

---

① 梁启超. 清代学术概论 [M]. 成都：四川人民出版社，2018：88.
② 许结. 清代朴学：中国古代学术文化（七）[J]. 古典文学知识，2004（5）：96-97.
③ 黄爱平. 朴学与清代社会 [M]. 石家庄：河北人民出版社，2003：15.
④ 许苏民. 朴学与长江文化 [M]. 武汉：湖北教育出版社，2004.
⑤ 张笑龙. 钱穆对明清学术思想史的研究 [D]. 天津：南开大学，2013：70-71.

大罪责，于是抛弃明心见性的空谈，专讲经世致用的实务。他们不是为学问而做学问，是为政治而做学问。他们许多人都是把半生涯送在悲惨困苦的政治活动中，所做学问，原想用来做新政治建设的准备，到政治完全绝望，不得已才做学者生活。他们里头，因政治活动而死去的人很多，剩下生存的也断断不肯和满洲人合作，宁可把梦想的"经世致用之学"依旧托诸空言，但求改变学风以收将来的效果。黄梨洲、顾亭林、王船山、朱舜水，便是这时候代表人物。他们的学风，都在这种环境中间发生出来[①]。

由此，自清初遗民学人发皇，迄于乾嘉而蔚为大观的朴学发展成为四个流派：以惠栋为代表的吴派（"好博而尊闻"，需要做大量的材料搜集整理工作，并懂得版本、校勘、辨伪与辑佚），以戴震为代表的皖派（"综形名，任裁断"，侧重在文字的音韵训诂、天文历算和六书九算以通经义），承皖、吴二派之余绪而兴起的以王念孙、王引之、汪中、焦循、阮元为代表的扬州学派（"扬州之学最通"，能以己之性灵合诸古圣之性灵，并贯通于千百家著书立言者之性灵），以及继黄宗羲、万斯同之后而兴起的以全祖望、章学诚为代表的浙东学派（最重个人的学术个性和神解精识）[②]65-71。

其中，黄宗羲开创的浙东学派，遵循的是"言性命者必究于史"的治学思路，即重视经史、文献之学的研究，注重考证。范围涉及历史事件、人物传记、职官世系、地理沿革、郡县建置、律历演变，以及字义疏证等。他的弟子全祖望也勤于文献资料的搜访和编纂，"必综汇历代所有"，连一般学者不注意的碑帖拓本的残编断简也不放过；同时还注重学术文化源流的辨析，考证辨析各家学说的师承关系。后起之秀章学诚在继承"浙东贵专家"的传统上，更是突破了一般考据学家的局限性，主张考订、词章、义理三者交互为用，倡导"因史明道"的"通史家风"，从而将史学研究引向建立历史哲学，于"沉潜"中见"高明"，以"高明"指导"沉潜"的新路途[②]71。

因此，程朱派传统的以"道问学"为体验"天理"之途径的治学方法，通过"浙西尚博雅"的考据学发展成为纯粹的求知方法；陆王派传统的"尊德性"则通过"浙东贵专家"的史学研究发展而转化成尊重专家之学及其学术个性的术语，从而改变了道统凌驾和统驭一切学术门类的局面，使文献学、历史学、自然科学、文学、哲学等学科在很大程度上摆脱了它们原本作为无所不包

---

① 梁启超.中国近三百年学术史[M].北京：中国和平出版社，2014：16~17.
② 许苏民.朴学与长江文化[M].武汉：湖北教育出版社，2004.

的传统经学和道学之"婢女和附庸"的地位，呈现出独立性的特征[1]。

朴学家们以性灵治学的"人的自觉"与"学问的自觉"赋予了"几为苏、浙、皖三省所独占"的清代考据学的精神魅力[2]，同时还促进了中国传统学术从注重伦理道德、包罗万象的道统（尊德性）向重视知识、分门别类的具体科学（道问学）的转变[1]。

（二）清代礼学的重振

礼学，主要是指"三礼"学，即以《仪礼》《周礼》《礼记》三礼典籍为核心的经典诠释之学。而关于三礼的成书年代与作者，历代争议不断，但都认为《仪礼》是最早出现的。《仪礼》共十七篇，主要记述了周代的冠、婚、丧、祭、乡、射、朝、聘等礼仪制度，偏重行为规范。《周礼》原名《周官》，大约成书于东周春秋时期，但直到西汉初年才见称于世，是分述各级官职及其相关的典章制度，所以偏重政治制度。《礼记》是孔门七十子论礼的文集，共四十九篇，为西汉时期戴圣所纂，多为后儒为《仪礼》所作的传，故偏重对具体礼仪的解释与论述。因此，从两汉至唐代，《礼记》只被认为是"传"，而未获得"经"的地位[3]。

从"三礼"学的研究发展来看，也经历了一个曲折的变化过程。汉朝初建之时，为加强法治和礼治建设，汉高祖"命叔孙通制礼仪以正君臣之位，以通为奉常，遂定仪法"，设立了包括礼经在内的五经博士官（五经即《诗》《书》《礼》《易》《春秋》，其中《礼》是今文经学）。王莽掌权后，按《周礼》模式托古改制，立古文经为博士官，其中包括古文经《逸礼》。东汉建立初期，重立今文经学为博士官，再次把各种古文经学排斥在官学之外。尽管如此，由于古文经学已大兴于世，今古文之别也渐不明显。于是大多数今文学派的礼学家为适应朝廷礼制建设的需要并实现自己的功名，不再局限于今文经《礼》的传授，而逐渐形成了"博学洽闻，通贯古今"的学风，其中尤以郑玄注经最为突出。他以三礼互证，兼采今古文，集前人之大成，"三礼"之名不仅由此出，又因他特崇《周礼》，后人又崇郑学，于是《周礼》一跃而居"三礼"之首[4]，

---

[1] 许苏民.朴学与长江文化[M].武汉：湖北教育出版社，2004：64.
[2] 许苏民.从清代朴学看长江文化的特征[J].江海学刊，2004(6)：11.
[3] 武勇.江永的三礼学研究[D].武汉：华中师范大学，2016：1.
[4] 冯素梅.试论清代"三礼"学研究[D].太原：山西大学，2007：1.

故孔颖达曰："礼是郑学"[①1-3, ②29-32]。

魏晋以后，南北分裂，学术亦分南北，而南方六朝尤精于礼学。因为在以士族为本位的凝固社会中，要巩固士族的特权地位，保持一姓士族内部之凝聚（即"齐家"），不能单凭从玄学中找到有用的思想工具，还要靠礼学来维系士族门户的界限，礼学遂成显学。隋统一后，既关心法治建设，又重视礼治建设，复立郑氏三礼之学为官学，并集南北仪注，定五礼一百三十篇[②30-31]。唐初，官方修《五经正义》，于三礼独收《礼记》，这是第一次由朝廷将《礼记》正式升格为经，且置于《仪礼》《周礼》之上；而且唐代礼学形成了三部具有里程碑式的著作，就是以郑注为底本，由贾公彦作疏的《周礼注疏》《仪礼注疏》和孔颖达做疏的《礼记正义》，自此《三礼注疏》正式形成[①1-3]。

宋初，"三礼"仍袭唐之旧制，以《三礼注疏》列于学官。仁宗庆历时期，开始出现疑古之风的转变，即对前人注疏进行质疑，力求新义，其中尤以理学为最，"三礼"的地位受到影响。宋儒尚理学，以《大学》《中庸》言心性，将之从《礼记》中抽出别行，割裂《礼记》，后之治《礼记》者皆不释此二篇；王安石改制，废置《仪礼》学官，于是治《仪礼》者愈少；至南宋后期，朱熹及其弟子黄榦、杨复等撰《仪礼经传通解》，以《仪礼》为经，而取《礼记》《周礼》及群经有关礼者，附于经下，于经所缺者，别为撰述，以求礼经之全。此书虽冠《仪礼》之名，而实开纂修"通礼"之先河[①2]。元陈澔《礼记集说》"空疏固陋"，解义浅显。明代《仪礼》几成绝学，无可称道者，虽有官修《礼记集说大全》，也是根据陈澔其书补益而成的。可见，"三礼"之学至宋而微，至明殆绝[②32]。

直至清初，治《仪礼》者多用朱熹、敖继公之说，《礼记》多用陈澔《礼记集解》，而《周礼》则多疑其为伪，而于汉唐注疏则多有驳斥[①2]。

清初，儒学家们惩于晚明王学的流弊，认为明人清谈误国，遂倡"以经学济理学之穷"之说，在考据学思潮引领下，礼学也拉开了复兴的序幕。如顾炎武、黄宗羲、万斯大、万斯同、张尔岐、李光坡、毛奇龄、姚际恒、王夫之等人，或创立研礼门径、或专究一礼、或综研《三礼》，发凡起例、创辟路径、畅发大义、考订训诂，留下了卷帙浩博、材料丰富的"三礼"学名著[③]。

---

①武勇.江永的三礼学研究[D].武汉：华中师范大学，2016.
②詹子庆.对礼学的历史考察[J].东北师大学报：哲学社会科学版，1996（5）.
③林存阳.清初三礼学[M].北京：社会科学文献出版社，2002：150.

第三章 崇于理：术道并举

对于清朝统治者来说，"崇儒重道"等基本文化政策的确立，也为礼制建设提上政治日程打下了思想基础。于是乾隆元年（1736年）6月16日，高宗颁谕总理事务王大臣，命开馆纂修《三礼义疏》，其言曰[①73]：

> 昔我皇祖圣祖仁皇帝。阐明经学。嘉惠万世。以大全诸书。驳杂不纯。特命大臣等。纂集《易》《书》《诗》《春秋》四经传说。亲加折衷。存其精粹。去其枝蔓。颁行学校。昭示来兹。而礼记一书。尚未修纂。又仪礼、周礼二经。学者以无关科举。多未寓目。朕思五经乃政教之原。而礼经更切于人伦日用。传所谓经纬万端。规矩无所不贯着也。昔朱子请修三礼。当时未见施行。数百年间。学者深以为憾。应取汉唐宋元注疏诠解。精研详订。发其义蕴。编辑成书。俾与《易》《书》《诗》《春秋》四经。并垂永久。其开馆纂修事宜。大学士会同该部，定议具奏。（《清高宗实录》卷21·乾隆元年六月乙卯条）

历经十三年，由方苞领纂的《周官义疏》48卷、周学健领纂的《仪礼义疏》48卷、李绂领纂的《礼记义疏》82卷，至乾隆十三年（1748年）终于成书，《三礼义疏》也成就了清兴以来《三礼》学集大成之作[①75]。之后，又于乾隆二十一年（1756年）6月修毕《大清通礼》50卷，秉高宗"法古准今"之意，依吉、嘉、军、宾、凶之次，进行排纂，每篇之首加以数言，括其大旨。于"五礼之序，悉准《周官》，而体例则依仿《仪礼》"。又鉴于"辨上下，定民志，纲纪四方"，所以《通礼》重在行礼仪节，详悉纪载，以便于遵循。可见，高宗的用意就是让家诵户习，以达人伦日用之间，兴孝悌而正风俗[②]。

因此，清代三礼学的研究，也自然表现出以考证为基础，以经世为目标的特征：体现在主导精神上，就是对"礼时为大"的阐发；体现在方法上就是求实，趋向于"超越汉宋"或"兼采汉宋"；体现在认识上，就是能对礼加以自觉体认践履；而在思想取向上则关注礼与法、礼与理、礼与修齐治平的关系，使礼学思想从"以礼代理"向"礼学即理学"发展演进[③]。如《四库全书总目》论儒学传统时，谓"三代以上，无鄙弃一切，空谈理气之学问"，"濂洛

---

① 林存阳，杨朝亮.浅析"三礼馆"诏开之意义[G]//国家论衡编委会.国学论衡：第五辑.北京：人民日报出版社，2009.
② 王文东.清代的文化政策与礼仪伦理建设[J].满族研究，2005（3）：58-59.
③ 林存阳.清初三礼学[M].北京：社会科学文献出版社，2002：312.

未出以前，其学在于修己治人，无所谓理气心性之微妙也，"意思就是强调儒学传统是"学期实用"的。这既表明了对清代"实学"的肯定，也表明了对礼仪之学经世品质的默应。首先，礼仪是面向现实生活和社会秩序的，蕴涵着经世致用之精神；其次，礼仪是可践履、可实行的，属于"实学"范畴；最后，礼仪是伦理，其中的"伦"就是人群相待相倚的生活关系，"理"是事实如何的必然规律，伦理便是人际关系事实如何的规律及其应该如何的规范。所以，张寿安指出：清代"以礼代理"的主张，"转化了礼学家论道德偏重内在心性体悟之途，而使之直接切入实际人伦日用之践履"[1]。

作为中国传统思想文化的一个分支，三礼学不仅从属于儒学和经学的范畴，自身也具有一定的独立性，对于社会道德风俗的维系、整合社会规范，甚至是整个中华民族精神的形成与塑造，都发挥着其独特的功能。中华民族之所以能以"礼仪之邦"著称于世，也是与三礼学的发展演变息息相关的[2]。

三、清代民间武术研究

（一）民间武术论著作者分布及群体特征

"民间"，包含两种含义，民众之间或非官方的意思。在本文，一是指虽参加科举考试，但未入仕途获取官职者；二是指既未参加科举考试，也未入仕途之人。同样，对清代武术论著作者的生平背景进行简要梳理、统计后发现共有17名作者，其中12名可考的作者中有9名来自民间，分别为王余佑、黄宗羲、黄百家、吴殳、姬隆凤、王宗岳、李亦畬、苌乃周、陈鑫，另有3名为文官陈梦雷、曹秉仁、包世臣（表3-8）。由此反映出，清代武术论著作者群体主要以民间为主的特征。

---

[1] 王文东.清代的文化政策与礼仪伦理建设［J］.满族研究，2005（3）：59.
[2] 林存阳.清初三礼学［M］.北京：社会科学文献出版社，2002：44.

表3-8 清代武术论著作者籍贯、成书年代及简介一览表[①]

序号	书名	作者	籍贯	成书年代	生平简介
1	十三刀法	王余佑	河北保定	清初成稿	喜兵学、习骑射,取得秀才资格;隐居后教授文、武之学,拒不入仕
2	王征南墓志铭	黄宗羲	浙江余姚	康熙8年	学问极博,于明末组织武装抗击清兵,入清拒仕
3	内家拳法[②]	黄百家	浙江余姚	康熙15年	博览群籍,以所学撰《天文志》等,好拳术
4	手臂录	吴殳	江苏太仓	康熙17年	无家学和功名,游踪广,喜结交文学和精于武艺之人
5	六合拳谱	姬隆凤	山西永济	康熙雍正间	自幼习文练武,尤精大枪术,访少林,传艺于豫皖
6	古今图书集成	陈梦雷	福建福州	雍正初年	12岁秀才、19岁举人、康熙九年进士。受命主编《古今图书集成》
7	宁波府志·张松溪传	曹秉仁	陕西富平	雍正13年	官为宁波府知府
8	阴符枪谱	王宗岳	山西新绛	乾隆年间	喜经史与兵家,通击刺之术,枪法尤精。设馆教书、授拳
9	万宝全书	毛文焕	不详	乾隆11年	不详
10	拳经拳法备要	张孔昭述	不详	乾隆49年	不详
11		曹焕斗注	不详		不详

---

①资料来源:余水清.明清武术论著概述与主要成就研究[J].体育科学,2004(8);中国武术百科全书编撰委员会.中国武术百科全书[M].北京:中国大百科出版社,1998;国家体委武术研究院编纂.中国武术史[M].北京:人民体育出版社,1996.

②据周伟良《试论明清浙东内家拳的拳理技法及文化价值》(2009)一文考证:《内家拳法》原名为《王征南先生传》,其内容以内家拳法为主,还含有王征南射技的描述,收于黄百家的《学箕初稿》中。至道光二十九年(1849年),吴江(今常州)人沈楙德在清前期著名学者张潮、杨复吉所编《昭代丛书》甲集至辛集八集基础上,按"广所咨,精所择,以备昭代掌故而嘉惠后学始登选"的原则,补足壬、癸两集后,又"不揣固陋,易去闲情、艺物有损风雅者,计得六十种,另为一编,名曰'别集',从此鸿文巨制,都成拱璧"。黄百家原来的《王征南先生传》被易名《内家拳法》编录其中,原文中的射技内容也被删节殆尽,从而使拳法内容更为集中(民国期间,唐豪先生将有关射技内容编为《征南射法》,收于他的《清代射艺丛书》)。

（续表）

序号	书名	作者	籍贯	成书年代	生平简介
12	艺舟双楫	包世臣	安徽泾县	道光24年	举人，学识渊博，喜兵家言，好书法。曾官江西新渝知县
13	太极拳谱	李亦畬	河北永年	咸丰年间	出身书香门第，举人。受舅父禹襄公影响，弃仕研拳
14	剑法真传	宋赓平	四川广石山	光绪34年	不详
15	苌氏武技书	苌乃周	河南汜水	清成稿	自幼酷爱文武之学，为科考贡生。寻师访友，切磋技艺
16	陈式太极拳图说	陈鑫	河南温县	1908—1919年	幼习文，得岁贡生。随父练武，喜究拳理，以授拳谋生
17	兵仗记	王晫	浙江钱塘	不详	不详

在对籍贯可考的14名清代作者进行统计后发现，南北呈均衡之势。但南方依然呈现出以浙江为中心向外辐射的特征。（图3-7）

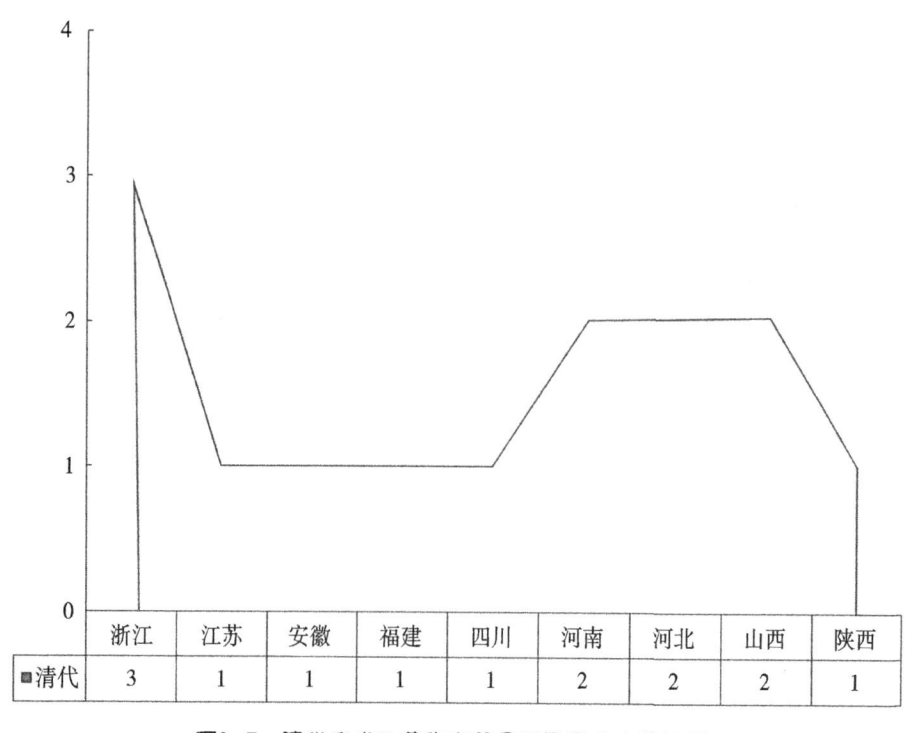

	浙江	江苏	安徽	福建	四川	河南	河北	山西	陕西
■清代	3	1	1	1	1	2	2	2	1

图3-7　清代武术论著作者籍贯及数量分布统计图

第三章 崇于理：术道并举

从时间来看，清代武术论著成书主要集中在康熙和乾隆年间，约占43.8%（图3-8）。清代武术论著的高峰期出现在"康乾盛世"，表现出与明朝截然不同的特征。

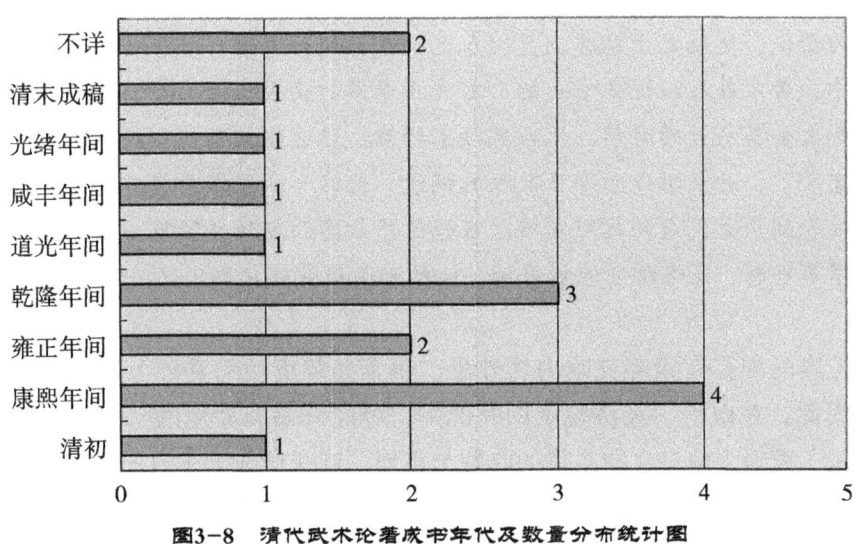

图3-8 清代武术论著成书年代及数量分布统计图

年代	数量
不详	2
清末成稿	1
光绪年间	1
咸丰年间	1
道光年间	1
乾隆年间	3
雍正年间	2
康熙年间	4
清初	1

究其成因，在综合考察当时的社会特点与作者背景后，发现：康熙时期虽是盛世，但清初因民族矛盾所激起的民间反清结社组织促进了武术的交流和传播。在清兵入关之初，明朝王室逃亡至南方，在江苏、浙江、福建等地建立南明政权对抗清军。如明福王朱由崧于顺治元年（1644年）五月在南京建立"弘光政权"；明唐王朱聿键于顺治二年（1645年）在福州建立"隆武政权"；明桂王朱由榔于顺治三年（1646年）在广东肇庆建立"永历政权"[①]。同时，顺治时期颁布的"剃发令"，对于当时的汉人而言，心理上是难以承受的。"身体发肤受之父母，不可损伤"，这是千年以来形成的伦理观，也是一种根深蒂固的思维方式。剃发不仅有违传统，更被视为一种侮辱。因此，这项政策不仅遭到汉族知识分子的抵制，也激怒了下层民众。他们通过歃血为盟、结拜异姓兄弟的手段结成秘密组织，为武装起义积聚力量、反抗清朝统治。在当时的社会状况下，这些组织内部汇聚的武艺之人与东南沿海一带具有"反清复明"愿景的学士，他们的结合在一定程度上为武术研究与理论提升提供了契机，如黄宗羲与王征南。黄宗羲是"明末清初五大家"之一，曾招募义兵组成"世忠营"抗清；其友王征南（1617—1669年），早年从军，后随南明大臣、东阁大学士兼兵部尚书钱肃乐起兵浙东，抗击清兵，

[①]邹睿.清前期秘密会党空间分布研究[J].华中师范大学学报：人文社会科学版,2013(S4)：73.

事败隐居鄞县（浙江宁波），并将其术传与黄宗羲之子黄百家。

文人从军，古已有之，但是作为后世的旷世大儒的黄宗羲，他从军的目的只有一个，即恢复明朝大业。他对自己一生的概括是："初锢之为党人，继指之为游侠，终厕之于儒林，其为人也，盖三变而至今。"在明末清初的遗民大儒中，黄宗羲可以说是唯一的、有真正率军打仗经历的一个。就在各地抗清活动如火如荼展开的时候，他毅然毁家纾难，迅速组织了一支抗清武装，名曰"世忠营"，并且听命于鲁王政权的调遣。他的军队纪容严整、士气高涨，所到之处受到广大民众的热烈支持。可惜他所效忠的朝廷并没有给他太多机会，他的军事思想、策略都没能被采纳，他的部队很快便被剿灭了[①]。

乾隆时期是在康熙祛除内忧外患、雍正整顿吏治的基础上迎来的繁荣昌盛。因此，在政治、经济稳定的状况下，乾隆开始施展他的"文治武功"。"文治"表现为他对文物典籍的收藏与整理，这在全国范围内产生了较大的影响，也为武术资料的收录提供了条件，不但有了毛文焕的《万宝全书》，而且民间如王宗岳，也开始注重对技法加以总结和整理，并立言著书。其后的李亦畬、苌乃周、陈鑫等也在寻师访友、切磋技艺、博采众长的基础上，投入自家技法技理的系统整理与阐释，为今人理解、传承武术留下了宝贵的财富。

此外，对清代武术论著民间作者背景进行条分缕析，发现具有以下群体特征：一是文武全才，又分别表现出受家学影响和自身喜好两类特征。其中受家学影响的有王余佑、黄宗羲、黄百家、李亦畬、苌乃周、陈鑫6人。王余佑幼时跟随父辈学习，其父王延善"喜谈兵，颇泛览武家言，所著有《武侯八阵图说》。能骑射，尤精医"，后过继给出仕为官的伯父王建善为嗣子，奠定成为文武全才的基础，于"十六岁补邑诸生，次年食禀饩"，取得"秀才"资格[②]。黄宗羲与黄百家父子自不必说。李亦畬出身书香门第，后受舅武禹襄影响，放弃举业钻研太极拳。《中国武术百科全书》载，苌乃周为"明代指挥使苌宋忠之后。自幼酷爱文、武之学，先以文显，为科考贡生；后习枪锤之术，清乾隆年间武科获隽杰士第三名"[③]543。陈鑫"幼习文，得岁贡生。随父仲甡练武，每练一式，必究明理法，寻其精微"[③]548。

[①]丁志可.明朝遗民的大清岁月[M].南宁：广西人民出版社，2008：20.
[②]侯东罡.基于《十三刀法》的王余佑武学思想研究[D].开封：河南大学，2012：5.
[③]中国武术百科全书编撰委员会.中国武术百科全书[M].北京：中国大百科出版社，1998.

第三章　崇于理：术道并举

自身喜好者则有吴殳、姬隆凤、王宗岳。吴殳早年入赘到崑山，出身寒微；学识主要从"于书无所不窥"中得来，一生亦无功名仕履可述；但他在清初的文坛上，特别是在东南士林中，并不是无名之辈，其《围炉诗话》被"叹为知言"[1]。《中国武术百科全书》也言其初为书生，少时见中原多事而嗜武，习练骑射。姬隆凤为姬氏第九世，自幼习文练武，《族谱》旁注云："技勇绝伦，老年破流寇于村西，手歼渠魁，人号神枪。训次子，字龙峰，传艺河南，至今人以夫子事之。"从姬从礼到姬训，八代中没有精于武术的，显然艺非家传[2]。王宗岳也自幼喜读经史、老子之书，以及兵家言。

二是有相似的人生阅历。王余佑、黄宗羲、吴殳3人均为明亡后坚守志节的遗民。1644年"甲申之变"是王余佑人生的转折点，其时，他正在易州参加乡试，明亡即弃学；与父起兵时，正值清兵入关，因"抗清"罪，父兄被杀，对于满清异族的抵触情绪自然有之；从《五公山人集》中便可窥知一二，凡称"国朝"皆为明朝，称明思宗为"先帝"；入清后，隐居30年，又在献县讲学10年，40年不出仕，以示抗拒[3]。黄宗羲的一生也颇富传奇色彩，作为东林党人的后代，少年时代的黄宗羲曾参加了对魏忠贤余党的清算，并有过在刑部大堂上锥刺阉党许显纯的惊人之举；明朝灭亡后，他又"毁家纾难"，积极参加抗清活动，屡遭追捕；当意识到回天乏力时，退入书斋，潜心著述讲学，拒绝入仕[4]。其子黄百家也受其影响，拒不入仕。关于吴殳，虽然没有其参加抗清活动的考证，但他一生游历南北，交往的有石敬岩、"天都侠客"项元池、渔阳老人、朱熊占等，并习棍、枪、刀等武艺达10年，潜心穷究。明亡后，则疏于枪法，以诗寄情。《登北固山》有句云："生平不忘中流楫，每到登临便怆然"，由此可见其心志，后在友人勉励下，才开始辑写所得精微之艺[5][6]。

姬隆凤、王宗岳、李亦畬、苌乃周、陈鑫5人则循着寻师—授拳—创派或阐拳理之轨迹。姬隆凤访少林，传艺于河南、安徽，后归故里，创"心意六合拳"。王宗岳曾在河南洛阳、开封设馆教书、授拳，并悉心研究拳术理论及拳械技艺，所著《阴符枪谱》记述了枪法技理。李亦畬亦放弃仕进，致力于太极

---

[1] 马明达.吴殳著述考[J].暨南史学，2002（00）：217.
[2] 姬祥和，黄新铭.先祖姬际可传略[J].体育文史，1983（4）：21.
[3] 张京华.遂老双峰下，谁甘廿载心——北学中坚王余佑事迹新探[J].河南科技大学学报：社会科学版，2001（4）：16.
[4] 俞波恩.黄宗羲传记写作及理论之研究[D].金华：浙江师范大学，2005：8.
[5] 中国武术百科全书编撰委员会.中国武术百科全书[M].北京：中国大百科出版社，1998：538.
[6] 唐豪.中国武艺图籍考[M].太原：山西科学技术出版社，2008：35.

拳研究，除著有《五字诀》外，于1881—1882年间将王宗岳拳谱、武禹襄拳论益以己作，手书三册，俗称"老三本"。苌乃周常访少林寺，曾到温县陈家沟，后游山东、陕西、山西等地，寻师访友，切磋技艺，博采众长创苌氏武技和理论。陈鑫以授拳谋生，晚年发奋著书，阐释陈式太极拳理法。

（二）吴越民间武术研究特征

"与明代相比，清代武术论著的最大区别是军事武艺的内容明显不再占有主导地位，而受传统文化的滋养……使武术最终在内涵与外延、思维方式与形式表达，乃至行为哲学上，都具备了完整而独特的新形态"[1]，清代吴越民间的武术研究基本都成形于康熙时期，最突出的就是黄宗羲的《王征南墓志铭》、黄百家《王征南先生传》中的内家拳法，以及吴殳的《手臂录》，尽显浙东学派之考据功底及对理学的继承。

（1）从明代"满片花草"的军事武艺与民间武艺的划分，转为民间武术流派"内家"与"外家"的划分。黄宗羲《王征南墓志铭》作于清康熙八年（1669年），收入《南雷文案》，不仅是最先记载"内家拳"的文献，而且提出了至今都具有深刻影响力的武术内家与外家的观点。

少林以拳勇名天下，然主于搏人，人亦得以乘之。有所谓内家者，以静制动，犯者应手即仆，故别少林为外家。

温力也认为，戚继光在《拳经捷要》中提到的"今之有名者"只有"少林寺之棍"，而且并未涉及其技术风格，"内家拳"也尚未提及。这也说明，明代黄宗羲的这段文字之所以引人注意，不仅在于文中以少林与内家并举，而且明确地指出二者技术特点上的不同，这就是少林"主于搏人"。而内家是"以静制动"，反映出两者在技术风格上的不同[2]。

自黄宗羲提出"内家、外家"之观点后，后世就把相继出现的、特点异于"少林拳"而类似"内家拳"的拳种，如太极拳、八卦掌、形意拳等概称为"内家拳"。中华人民共和国成立后制定的武术套路竞赛规则，就把传统拳术分为三类，其中一类拳就是八卦掌、形意拳和八极拳等，相对偏重内劲的拳种。

---

[1] 江百龙，林鑫海，余水清.明清武术古籍拳学论析[M].北京：人民体育出版社，2008：14.
[2] 温力.中国武术概论[M].北京：人民体育出版社，2005：300-301.

第三章 崇于理：术道并举

"内家拳"和"外家拳"这种叫法至今还被大部分民间武术传习者所沿用。

（2）技理兼有的拳法体系及理学之"敬"的武德要求。黄百家记述的内家拳法包括内家拳的源流、练手法、练步法、打法、穴法、套路，以及内家拳的禁犯病与心法等内容（图3-9）。

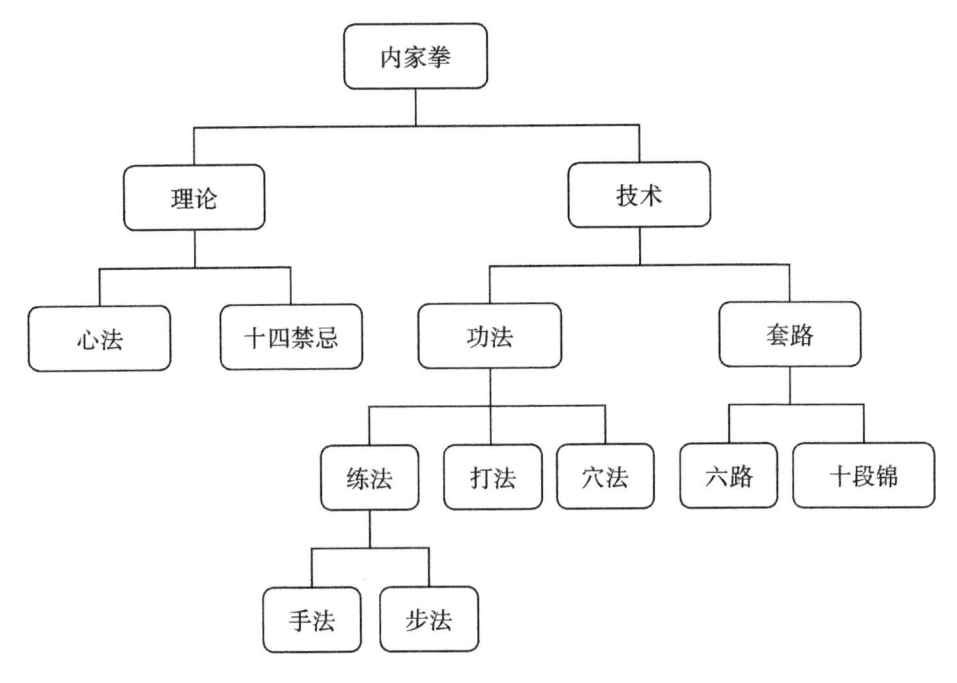

图3-9　内家拳技理体系图

理论方面有十四禁忌和心法两大类。十四禁忌包括懒散、迟缓、歪斜、寒肩、老步、腆胸、直立、软腿、脱肘、戳拳、扭臀、曲腰、开门捉影、双手齐出。这些禁忌对后来的太极拳、形意拳、八卦掌等拳种的技法要求都产生了重要的影响。心法，内家拳讲"拳亦由博而归约，由七十二跌（长拳、滚斫、分心十字等打法色名）二十五拿（斫、削、科、磕、靠等）以正十八（即六路中十八法），由十八而十二（倒、换、搓、挪、滚、脱、牵、绾、跪、坐、挝、拿），由十二而归之存心五字——敬、紧、径、劲、切。故精于拳者，所记止有数字。"①但黄百家未对这五字作进一步解释。据沈一贯《搏者张松溪传》记，此五字原出嘉靖年间的张松溪，"张有五字诀：曰勤，曰紧，曰径，曰敬，曰切，其徒秘之"，其前三字传自孙十三老，而"后二字张所增也"，沈

---

①唐豪.少林武当考·太极拳与内家拳·内家拳[M].太原：山西科学技术出版社，2008：51.

一贯原文解读为：

> 曰勤者，盖早作晏休，练手足力，少睡眠，薪水井臼必躬。陶公致力中原，而恐优逸不堪，以百甓从事，此一其素也。曰紧者，两手常护心胸，行则左右护胁。击刺勿极其势，令可引而还。足缩缩如有循，勿举高蹈阔，丁不丁，八不八，可亟进，可速退，心常先觉，毋令智昏。立必有依，勿虚其后。众理会聚，百骸皆束，蜎缩而虎伏。兵法所谓始如处女，敌人开户者，盖近之。曰径，则所谓后如脱兔，超不及距者，无再计，无返顾，勿失事机，必中肯綮。既志其处，则尽身中一毛孔力，咸向赴之，无参差，若猫捕鼠。然此二字，则击刺之术尽矣！曰敬者，儆戒自将，勿露其长。好胜者必遇其敌，其防其防。温良俭让，不忮不求，何用不臧。曰切者，千忍万忍，掐指龇齿，勿为祸先，勿为福始，勿以身轻许人。利害切身，不得已而后起，一试之后，可收即收，不可复试[①]。

沈一贯的诠释，对于今人深入了解内家拳的五字有重要的启示意义。但从"存心五字"排序上看，黄百家改"敬"字为首位，从某种程度上也反映出他深受清代礼学思想的影响。

在宋明理学的发展过程中，朱陆之间的学术论争无疑是一条主线索。朱陆两派都以成圣成贤的"圣人之学"，即道学作为学问的最终目的，但在"为学之方"的路径上却存在较大的分歧。朱熹主张程颐所说的"涵养须用敬，进学则在致知"的居敬穷理二元工夫论，即在存心、主敬道德涵养工夫（"尊德性"）的同时，强调只有通过读书穷理工夫（"道问学"），才能穷尽天地万物之理的全体。可见他是将"尊德性"与"道问学"视作修养方法中相辅相成、齐头并进的两个方面。而陆九渊认为，天理内在于本心之中（"心即理"），只有"尊德性"才是儒家道德践履之学的前提和目的，作为补助手段的"道问学"归根结底无法与"尊德性"相提并论。而黄百家在《宋元学案》中辑录了张载"不尊德性，则问学从而不道"的一条语录，并在案语中指出"学不求诸心，则无所归宿。道问学者，所以尊德性也。然不能尊德性，问学如何去道"，说明他也认为学问的关键在于反求之于本心，"尊德性"是"道问学"的前提与目的，而"道问学"不过是"尊德性"的手段罢了[②]。

[①]周伟良.试论明清浙东内家拳的拳理技法及文化价值[J].北京体育大学学报，2009（12）：101.
[②]连凡.清儒黄百家对宋明理学的批判与继承：以《宋元学案》为中心[J].华侨大学学报：哲学社会科学版，2017（4）：16.

第三章 崇于理：术道并举

王阳明也指出，主敬就要主于"一"，这里的"一"是指"敬"，而不是指一特定的物事，如果逐于物，则不能明道契理，而只有主于敬，才能使道彰理明。所谓"此心纯是天理，须就'理'之发见处用功。如发见于事亲时，就在事亲上学存此天理；发见于事君时，就在事君上学存此天理……至于作止、语默，无处不然，随他发见处，即就那上面学个存天理"。因此，主一是就理上用功，心持守专一，以符合天理的道德准则为基础，不发生任何偏移。外在须斋庄恭敬，格物以体认天理，方为"敬"[①]。结合黄百家的字"主一"，名"百家"即可窥出其承传的思想。

因此，黄百家论述内家拳法存心五字时，认为"敬"是武术技法的前提，更是武术技法习练的宗旨和目的，以"敬"为始，亦以"敬"为终，所有的习练都是为了修养工夫，而不仅仅是沈一贯所解读的——"曰敬者，儆戒自将，勿露其长……温良俭让，不忮不求"，故心险者、好斗者、狂酒者、轻露者都不可传。这个融合着道德伦理原则与训练要求的"敬"字，既是明清时期内家拳的习练要求，也是武学体系中的重要内容和特色[②]。

（3）综各派枪术之短长，辨枪术之技理。吴殳"留心击刺三十余年"，手臂纯熟，技进乎道，追溯石、程二家之法，并著以录，取曹丕《典论》之语，命名为《手臂录》。《手臂录》由四卷及附卷组成，除卷三《单刀图说》，卷四《诸器总说》《叉说》《狼筅说》《藤牌腰刀说》《大棒说》《剑诀》《双刀歌》和《后剑诀》外，均讲枪法[③]，因此被称为"枪经"，包含着吴殳一生对枪法的实践和研究[④]。

在阐释枪理之前，吴殳对当时可考的枪家派别进行了详尽的分析，并在自序中说道："余所得者，有石家枪，敬岩也。峨嵋枪，程真如也。杨家枪、马家枪，其人不可考。少林枪，余得者洪转之法。汉口枪，则程冲斗也。……此七家者，其法具存。余若金家枪、拒马枪、大宁笔枪等，尚有十余家，名存而无徒，书又不传，无可考据。应由技术浅小，虽取名一时，不足以传久故也。"在《枪法微言》中又提到，"枪本为战阵而设，自为高人极深研几，遂使战阵之枪，同于嚼蜡。"[④]由此说明，枪本就是为了在战场上杀敌而创造

---

① 田晓膺.王阳明对"静"与"敬"的认识[J].湖北社会科学，2018（4）：112.
② 周伟良.试论明清浙东内家拳的拳理技法及文化价值[J].北京体育大学学报，2009（12）：102.
③ 松田隆智.中国武术史略[M].吕彦，阎海，译.成都：四川科学技术出版社，1984：29.
④ 吴殳.中国枪法真传：增订手臂录[M].孙国中，增订点校.北京：北京师范大学出版社，1989：73.

的，其技术是为"战阵而设"，但自从经过"高人"的研究，使枪法的内容更加丰富、细腻和复杂，相较之下，反觉得兵枪的枪法过于简单而索然无味了[1]。

表3-9 诸家枪法概述一览表[2]

派别	枪质	枪长	技术内容	主要特点
杨家枪法	木质 竹质	一丈二至一丈八尺	八母、六合枪法；二十四枪势	杨家枪法，因其长短无定，故腕臂身足无定用。丈二者倚马家枪法，丈八者倚沙家竿子，而丈六者倚丈八，丈四者倚丈二
马家枪法	木质	九尺七寸	马家枪二十四势，其名称与杨家枪基本相同，唯"抢琵琶势"，杨为"琵琶势"	马家以杨家为根本，而兼用棍法。马家法，身重而短，腰劲头轻，其势紧密而迅疾。其用在手，以吞吐变化，身如轻云随风，手如生蛇渡水。其用在两腕，臂以助腕、身以助臂、足以助身，以成全体
沙家竿子	竹质	一丈八至两丈四尺	马家枪分出十分之一即沙家枪，但加以大步耳；其步法有十字步、剪刀步、虚脚步、鸭脚步、四门枪法等	沙家竿子身长、腰软头重、其势阔大而疏迟，其用在足，以腾挪退进，身如电光者为善。其用在两足，身以助足，臂以助身，腕以助臂，以成全体
峨嵋枪法	木质	九尺七寸	有治身、宜静、宜动、攻守、审势、形势、倒手、扎法、破诸器、身手法、总要共十一篇，技术以十二扎法、十二倒手为止	峨嵋枪法，唯有革法十二、扎法十八，不言立势、不言步法、攻守兼施

---

[1]温力.中国武术概论[M].北京：人民体育出版社，2005：290.
[2]资料来源：林伯原.中国武术史.台北：五洲出版社，1996：312；吴殳.中国枪法真传：增订手臂录[M].孙国中，增订点校.北京：北京师范大学出版社，1989.

第三章 崇于理：术道并举

（续表）

派别	枪质	枪长	技术内容	主要特点
汉口枪法	木质	一丈六至一丈八	八枪母、六合原论并注；散扎拔萃（共二十六条）；长枪式说；附十六枪势	冲斗学于少林，唯取其刚强，以自立一门；制胜之方为其要亦惟以中平为主，虽有挪、拿、勾、捉等法，深思临敌便捷，可望长胜者，无过大封、大劈为最
少林枪法			八母：封、闭、提、拐、拿、拦、还、缠；六妙：一截、二进、三乱、四定、五斜、六直；五要：一圈、二串、三排、四压、五扎；三奇：一软、二闪、三赚	以枪法为主，兼用棍法。讲究刚柔相济，以柔制刚，以弱胜强

对六家枪法进行逐一比较后，吴殳总结道："六家之枪，须分纯杂。纯中有长短二门，杂中有知正、入邪、担扳、骡学四门。""短而纯者"是"峨嵋枪法"；"马家枪法"因"不知枪棍之介，详于身势，疏于手法，欲得以势破势"谓之"入邪"；"汉口枪法"则"于马家少林之法，只见重大一边，不知峨嵋轻细一边"，故谓之"握扳"；"杨家枪法"因"杂沙、杂马、杂少林"是为"驴非驴，马非马，骡也"[①39]。"总而论之，峨嵋之法，既精既极，非血气之士，日月之工所能学。沙家、杨家专为战阵而设。马家、少林、冲斗，其用于战阵，皆致胜之具，惟江湖游食者不可用耳。"[①2]可见，他是极为推崇峨嵋枪法的。

另外，吴殳又明确指出枪、棍的本质区别在于"扎"与"打"，其他延伸出的各法也因此而有别。在《枪棍辨》篇首吴殳明确指出："长棍七尺五寸，短枪九尺七寸，其体相近，其用天渊"，随后列出七处之别：棍重三斤，枪重十斤；棍用打，枪用扎；棍打一大片，有定向，而枪扎一条线，无定方；棍因打大易见易革，而枪因扎小故难见难革；棍之打与勾扳，举手即是，枪之扎革，苟完亦须二年之工；用棍身与手足，其功正均，须有架势，而用枪则全在乎手，身与足以成就其手而已，不须架势；棍打之锋影，作人字形，而枪封闭之锋影，作圆相形[①30]。由此得出"棍易会，枪难能"的观点，而"枪扎一条

---

①吴殳.中国枪法真传：增订手臂录[M].孙国中，增订点校.北京：北京师范大学出版社，1989.

线，棍扫一大片"也袭用至今。

 既明枪棍之别，又知诸家枪法之优缺处，故吴殳提出了枪法技理。吴殳在《峨嵋枪法原序》中说："作枪法元神空中鸟迹图及说一篇，枪法圆机说二篇，以发明敬严、真如之正论，距辟冲斗之邪说；作枪根说二篇，以发明马家之根本；作闪赚颠提说一篇，以明大小之用；作脱化说一篇，以明终始之理；作短降长说一篇，以明不得已之故。"[①]由此可见，吴殳是在综合诸家枪法之长的基础上，提炼出了一套枪法技理。

---

①吴殳.中国枪法真传：增订手臂录［M］.孙国中，增订点校.北京：北京师范大学出版社，1989：183.

第四章　敢于变：西学东渐与南北交汇

中国近代以来与西方的文化交往一开始就是被动的，交往的大门是被西方用枪炮打开的，正是在这枪炮声中，中国人认识到落后就要挨打的道理，认识到非采用世界先进文化不能摆脱落后之局面，于是由被动转而自觉，有了"洋务运动"，有了"戊戌变法"，有了"新文化运动"这些主动的文化交往实践[1]。

这一主动自觉的转变经历了梁启超所说的三个不同阶段："第一期，先从器物上感觉不足""第二期，是从制度上感觉不足""第三期，便是从文化根本上感觉不足"，"革命成功将近十年，所希望的件件都落空，渐渐有点废然思返，觉得社会文化是整套的，要拿旧心理运用新制度，决计不可能，渐渐要求全人格的觉醒"[2]。而这些"进步的思想和思潮，会在那些经济、文化相对发达，社会比较开放，思想环境比较活跃的地区率先出现，并得到广泛传播。……近代长江流域各省，尤其是以上海为中心的江浙地区，成为众多思想和思潮的形成、滥觞之地……无论是粤、闽的思想文化北上，还是北京的思想文化南下，都必然到长江流域汇聚成'潮'"[3]。

先是国粹主义思潮裹挟着"强国必先强种"的意识，使国内"识者之士，渐知拳术之为国魂"，武术由此从被废弃转升为"国术"。一时之间，以上海、南京为中心，辐射全国的武术组织"如春笋勃发"，"各地名流或组织武术机关，造就武术人才，或会集名士专事研究或著述专书，广为传播，或编辑杂志，或设武术场，或延聘武士教授子女。军警或以为正式体操，或以为普通运动。学校之中或以武术列入正课，或设为课外运动"[4]，以期"唤醒我炎黄子孙，强我种族壮我国魂"。

随之而来的新文化运动又以"民主""科学"为口号来倡导人权并开启民智，首先指向的就是带有封建主义色彩的中国传统思想和文化，在国粹主义

---

[1]桂翔.文化交往规律论[D].北京：中共中央党校，2002：46.
[2]梁启超.梁启超文集[M].北京：燕山出版社，1997：450-451.
[3]罗福惠.长江流域的近代社会思潮[M].武汉：湖北教育出版社，2004：8-10.
[4]易剑东.试论近代武术军事功能的演化[J].成都体育学院学报，1995（1）：25-26.

思潮下刚刚复兴的"国术"自然又成为其革新的对象。面对"科学"的质疑，处在吴越地区的武术界人士开始进行自我调适，"各家各派，风起云涌，各展所长，力求改进""一派以考据名于世，一派以科学相号召"，开启了武术去"神秘性"与"伪科学化"的反思之路。

与此同时，西方的体育运动也伴随着西方文化的强势输入而率先进入吴越地区，它所携带的竞技理念与竞赛规则等促使武术向竞技化和标准化的取向发展。以南京中央国术馆和上海精武体育会等为代表的组织在招揽南北武术家的同时，又以其为中心向全国及海外输送武术精英人才，从而既促进了近代武术的南北交流，又推动了武术的普及与发展。武术界人士也开始逐渐打破门派限制，互相学习，尝试革新传统武术，使其从封闭走向开放。

第一节　上海开埠与吴越地理位置的凸显

一、上海开埠与长江下游经济的发展

1842年8月29日，中英签订《南京条约》，条约第二条规定："自今以后，大皇帝恩准英国人民带同所属家眷，寄居大清沿海之广州、福州、厦门、宁波、上海等五处港口，贸易通商无碍；且大英国君主派设领事、管事等官住该五处城邑，专理商贾事宜。" 1843年11月17日，上海正式开埠。

上海开埠通商后，首先出现了洋行（外国产业资本在中国的销售与采购机构）。1844—1876年，上海的洋行就从11家增加到200余家，从而也使上海的进出口贸易额由原来占全国的10%升至50%，上海遂渐次取代广州成为全国对外贸易的中心[①]。

对外贸易的提升推动了上海水陆交通运输业的发展。1862年，上海第一家轮船公司"旗昌轮船公司"开业。由于轮船具有运量大、速度快、安全稳妥的特点，所以很快就取代帆船成为上海及长江沿线的主要水上交通运输工具。1876年7月1日，我国第一条铁路——从上海至吴淞，全长12英里（约19.31千米）的窄轨铁路也正式通车。同时，内外贸易中的商情传递需求催生了电讯业的迅速发展，1871年（同治十年），贯通欧亚两洲的海底电缆接至上海。1881

---

①陈科美.上海近代教育史（1843—1949）[M].上海：上海教育出版社，2003：43-44.

年（光绪七年），在洋务派的倡导下，又完成了天津至上海之间的电线架设，该线越黄河、循运河、跨长江，经过大沽、济宁、镇江、苏州等地到达上海，使我国沿海南北两大商埠之间的信息畅通无阻。1884年（光绪十年），上海至广州的电线联结完成，所经之地为浙江湖州、嘉兴、杭州、绍兴、宁波、台州，联结福建福宁、福州、兴化、泉州，至广东潮州、惠州、广州，基本上都是国内重要的商业城市。交通运输、电线电缆的铺设在加速国内贸易发展的同时，更是推动了欧洲与中国的国际贸易，英国的丽如银行、汇隆银行、麦加利银行、汇丰银行，以及法国的法兰西银行相继在上海开设分理处，经营金融业务，并通过对中国钱庄进行信用贷款来操纵中国的金融市场[①]44-45。

贸易的发展从来都是一系列的连锁反应，在这种情况下，上海的近代工业开始迅速崛起，最先兴起就是外资开设的船舶修造厂和缫丝厂。19世纪60年代，洋务派创办的我国早期最大的军事工业企业——江南制造局在上海诞生，中国第一家机器棉纺织厂也随后建成。而且，在官办、官督商办和官商合办企业产生和发展的同时，上海的民族资本工业企业亦同时兴起。19世纪60年代后期，上海的第一家民族资本企业"发昌号"建立，能制造出排水量达115吨的轮船。19世纪70年代以后，建昌铜铁机器厂等相继设立。截止到甲午战争前夕，上海已经创办了建昌、邓泰记、均昌、远昌、永昌、合昌、福昌、公茂等13家民族资本的机器修造厂[①]45-46。

这些中外近代工业的出现为上海带来了巨大的活力，外国冒险家们在上海摄取大量利润的同时，也"充当了历史的不自觉的工具"。新旧经济形式之间的不断整合，把上海最终推到了时代的最前列[①]46。

在1935年出版的英文《上海指南》（*All About Shanghai*）中就把上海称为"东方的巴黎""西方的纽约""世界第六大城市"[②]。1936年的《全国银行年鉴》也指出："上海初不甚发达，嗣以八十年之惨淡经营，始有今日之宏大规模。现人口三百余万，工商繁盛，交通便利……工业方面，举凡纺织业、饮食品工业、日用品工业、化学工业莫不荟萃于此。商务方面，若以福州以北，山东以南，国货之出口，多以上海为必经之地，洋货之输入，亦由上海分散各地，长江流域无论矣，甚至滇、黔、陕、甘、豫、闽、鲁省之大半，皆为上海

[①]陈科美.上海近代教育史（1843—1949）[M].上海：上海教育出版社，2003.
[②]这里的"世界第六大城市"是依城市人口而言的。按照1934年世界大城市人口的排名，前六名依次为伦敦（8202218人）、纽约（6930446人）、东京（5312000人）、柏林（4000000人）、芝加哥（3376438人）和上海（3350570人）。

贸易之范围。……其为我国经济之重心，至为显明。"[1]

二、以上海为中心的人口流动

在开埠之前，上海人口主要有四个方面的来源："一是随着上海陆地的逐步形成，从太湖流域顺势东迁过来的居民；二是，随着宋王朝首都南迁至杭州，从中原一带迁移而来的移民；三是元末农民起义时因避战乱，从江南、江北一带逃离到上海的；四是随着明清时期上海经济的逐渐繁荣与海上贸易的发达，从广东、福建、宁波等地来此的经商淘金者。"[2]55

上海开埠后，英国殖民者在外滩以西设立英租界；1848年，美国殖民者在虹口设立美租界；1849年，法国殖民者则在上海县城与英租界之间设立法租界。1863年，英租界与美租界合并成立所谓公共租界。1863—1945年的这段时期内，上海都是由公共租界、法租界，以及除租界以外的南市、闸北、浦东和附近郊区的"华界"三个部分组成[3]31。开埠时上海的人口仅为20万左右；1905年就达到200万以上，1947年超过400万，1949年初就已经有540多万了。也就是说，在短短一百年中，上海的人口就涨了近30倍，从一个普通县城一跃成为全国第一大都市，显示出上海作为一个多功能中心城市的积聚效应[2]56。

在公共租界内，1843年的外国人人数为26人，法租界1849年时仅有10人，到抗日战争时期前者约5万人，后者则近3万人。他们主要来自英、日、美、法，大部分以从事工商业为主[3]66-67, 76, 81。

在国内人口的流动调查中，"距离上海地区的远近与其有关省份籍贯人口的多少是成正比的。距离上海越近的省份，迁入上海的人口越多，相反则越少。"如1934年在上海的"华界"人口中，除了本籍人口占总数的25%以外，江苏省籍贯人口占39%，浙江省籍贯人口占19%。当然，也有例外，如广东虽比福建路途远，但广东来上海的人数却比福建多[3]42。因为早在清朝初期，广州就已经是中国唯一一个特许的对外贸易的港市。1757年，清政府在广州设立十三行，掌管中外贸易[4]。"广东人在上海，不是鸦片战争以后才有的，上海的广潮会馆早就有了……广东的对外交流比上海还要早，上海开埠以后，第一

---

[1] 肖照青. 近代中国中心城市地位的确立及其历史因素 [D]. 上海：华东师范大学，2004：19-20.
[2] 熊月之. 略论上海人形成及其认同 [J]. 上海文化研究（学术月刊），1997（10）.
[3] 邹依仁. 旧上海人口变迁的研究 [M]. 上海：上海人民出版社，1980.
[4] 杨洸. 广州海上丝绸之路研究综述 [J]. 广州社会主义学院学报，2017（2）：77.

批买卖实际上是广东货源。广东人到上海创业,带来许多新的东西"[1]。广州外商洋行的中国买办中广东籍比较多,所以当外商洋行在上海设立分行后,大量广东籍的买办和经营进出口业务的商人就纷纷来到上海[2]。四大百货公司、冠生园都是广东人开的,潮州会馆、广潮会馆的影响也很大。而且当年参与洋务运动的也有很多广东人,如孙中山、谢庆元等,精武体育会的中坚力量陈公哲、卢炜昌也是以经商为主的广东人。可见,在上海开埠初期,广东籍贯的人口较多。

随着上海对外贸易的不断发展,浙江人开始不断涌入上海。1890—1927年这一阶段是宁波人大量移民上海的第一次高潮。据不完全统计,旅居上海的宁波人这时已超40万,约占上海总人口的六分之一。至1948年,上海约498万总人口中宁波人就有100万左右[3]。如当时上海滩的十大大亨中出自宁波的就有：虞洽卿（浙江宁波镇海）、黄金荣（浙江宁波余姚,生于苏州）、闻兰亭（江苏常州武进,生于泰州靖江）、黄楚九（浙江宁波余姚）、傅筱庵（浙江宁波镇海）、张啸林（浙江宁波慈溪）、袁履登（浙江绍兴诸暨,生于宁波鄞县）、王晓籁（浙江绍兴嵊县）、杜月笙（浙江嘉兴海宁,生于上海浦东）、万墨林（上海浦东）[3]。可见,浙江商人逐渐取代广东商人成为上海的一个庞大群体,其中又以宁波商人实力最强,遂有了"无宁不成市"的说法。

离上海较近的还有安徽,尤其是淮北一带。由于淮河长期失修,经常闹水灾,所以通过逃荒的方式来上海的安徽人口也有不少。同样,由于黄河和海河的经常泛滥,且由天津、青岛等地直达上海的海运较为方便,因此,河北省与山东省的人口在上海人口中所占的比重也不小[2]。

三、长江下游的社会思潮

罗福惠在《长江流域的近代社会思潮》一书中指出："思想、思潮不能离开其产生和传播的社会土壤","进步的思想和思潮,会在那些经济、文化相对发达,社会比较开放,思想环境比较活跃的地区率先出现,并得到广泛传播。而封闭、贫瘠、死板的社会土壤是难以生长思想之苗并形成思想之树和思

---

[1]岭南文史编辑部."广东人在上海"专题调研座谈会综述[J].岭南文史,2016（4）：79-80.
[2]邹依仁.旧上海人口变迁的研究[M].上海：上海人民出版社,1980：42.
[3]金融界.浙江人在上海：政商通吃？[EB/OL].（2013-5-21）[2019-10-30].http://finance.jrj.com.cn/biz/2013/05/21085615320509-1.shtml.

想之林的。近代长江流域各省，尤其是以上海为中心的江浙地区，成为众多思想和思潮的形成、滥觞之地，原因就在这里。再加上长江流域地处中国之中，无论是粤、闽的思想文化北上，还是北京的思想文化南下，都必然到长江流域汇聚成'潮'"。但是长江流域的近代社会思潮，实际上又以上海为最重要[①8-12]。从洋务运动、戊戌变法、清末新政、辛亥革命到新文化运动、左翼思想等，上海都是各式思想和运动活跃的阵地[②]。

19世纪60—90年代，即甲午战争之前的主流思潮是洋务运动。在内忧外患之下，清政府统治集团内部开始出现分化，以奕䜣、曾国藩、李鸿章等为代表的洋务派开始承认西方国家在科学技术上的优势地位，主张在维护清王朝专制统治的前提下有所学习[③]。洋务运动的代表人物主要分为洋务官僚和士人商人两大类，洋务官僚包括在北京主持总理衙门的恭亲王奕䜣、总理衙门大臣文祥，地方大吏曾国藩、李鸿章、左宗棠、张之洞等，士人商人包括冯桂芬、钱鼎铭、陈虬、汤寿潜、王韬、唐廷枢、蔡尔康等，他们中的大多数人都是长期以长江下游为活动舞台的[①82-83]。洋务运动持"中学为体、西学为用"的主张，如李鸿章认为："自强之道在乎师，其所能，夺其所恃"，所以首先考虑的应是如何精器强兵，在陆上应"废弃弓箭，专精火器"，"海口各项艇船、师船概行屏逐，仿立外国船厂，购求西人机器，先制夹板火轮，次及巨炮兵船，然后水路可恃"，于是在上海开办江南制造局，在南京开办金陵机器局等[①86-87]。他还认为"古今国势，必先富而后能强，尤必富在民生，而国本乃可益固。各国制造均用机器，较中国土货成于人工者，省费倍蓰；售价既廉，行销愈广。自非逐渐设法仿造，自为运销，不足以分其利权"[④]。因此，继开办军用工业之外，又先后开办了轮船招商局（上海）、开平矿务局、上海机器织布局等约四十家民用企业[①89]。虽然洋务运动最终以衰落而告终，但"中体西用"是一种开路的工具，也是沟通中西的桥梁，它打开了一条有限的通道，使洋务官员和有志西学之士能够名正言顺地汲取西学新知，并采取改革的实际行动[①95]。

20世纪初的国粹主义思潮兴起于江浙一带，处于新旧转型中的知识分子如章太炎、刘师培等人构成了国粹派群体的主力，此外则是两广、两湖人士如邓

---

① 罗福惠. 长江流域的近代社会思潮[M]. 武汉：湖北教育出版社，2004.
② 杨媛媛. 近代上海精武体育会研究（1910—1949）[D]. 上海：华东师范大学，2014：4.
③ 寿琦. 近代中国社会思潮的交锋论战及其思考[J]. 黑龙江史志，2013（23）：123.
④ 王明慧，邹德美. 回到历史现场的再省思：以洋务运动中李鸿章的作用为例[J]. 中学历史教学，2018（5）：49.

实、黄节、黄侃等，集结地点是上海和日本东京。这批人在传统文化方面都有乾嘉汉学的渊源，而乾嘉汉学最盛行的地区又是江（包括安徽）浙，流风余韵至清末衰而未竭。如章太炎是浙江人，浙江学派在近代有金鹗、黄式三、黄以周、孙诒让、俞樾等，他们遍治群经，长于典章制度和文字训诂。章太炎曾在杭州诂经精舍师从俞樾，并向黄以周问学，后又师从孙诒让，得诸家之长。刘师培是江苏扬州人，扬州是乾嘉汉学中吴、皖两派的汇聚之地[①258-259]。

国粹派的形成以成立国学保存会和出版《国粹学报》为标志。1902年，邓实和黄节在上海创办《政艺通报》，并发表《国粹保存主义》一文，提出："国粹者，国家特别之精神也。……其说以为宜取彼之长，补我之短；不宜醉心外国之文物，并其所短而亦取之，并我所长而亦弃之。" 1905年初，他们又在上海成立国学保存会，出版《国粹学报》，以"研究国学，保存国粹"为宗旨，高举"保种、爱国、存学"的旗帜，刊印《国粹丛编》《国粹丛书》等，还拟建国粹学堂[②]。国粹派认为，"自外域之学输入，举世风靡""户肄大秦之书，家习劫卢之字""国学之厄未有甚之今日"，而列强"亡人国也，也必灭其语言，灭其文字，以此灭其种姓，务使其种如坠九渊，永永沉沦"。所以中国人要救亡，除了采取其他各种斗争手段外，还要"保存国粹""光大国学"[①262-263]。但这并不代表国粹派诸人对西学一无所知，其文化主张更不同于仅守"先王之道"的文化锁国主义，他们所反对的是完全蔑视和抛弃中国固有文化，一味"舍己从人"的主张。事实上，他们对于西方社会学的输入表现出极大的兴趣，不仅努力运用西方近代的理论方法研治国学，而且欲借西学证明中学，他们认为西方近代的民主政治、富国政策，都可以在中国古典史籍中找到原型和根据，只要认真发掘为现实所用，就会使民族振兴发达[③]。《国粹学报》和《政艺通报》两者的并存就是国粹派主张的最好证明，前者重在"发明国学，保存国粹"，后者则突出介绍西学新知，以示国粹与欧化并行不悖[①260]。但在辛亥革命之后，由于国粹派对传统文化的态度依然停留在原处，他们中的大多数人便在1915年以后成了新文化运动的旁观者。

经过洋务运动、维新运动和辛亥革命之后，西方文化对中国人的影响步步推进，由开始的器物、制度层面逐渐深入精神文化层面。也就是说，历史发展

---

① 罗福惠. 长江流域的近代社会思潮 [M]. 武汉：湖北教育出版社，2004.
② 颜桂珍，叶建华. 章太炎与近代国粹主义文化思潮 [J]. 浙江学刊，1997（5）：105.
③ 朱琳. 近代国粹主义思潮评析 [J]. 松辽学刊：人文社会科学版，2002（3）：9.

到民国初年，新旧文化流派争论的主题已经不同于以往。就对西方文化的态度而言，其分歧点已经不在于该不该学习西方，而在于学什么，即除了学习西方科学技术、新式教育及政治制度之外，是否还需要更全面、更深层次的引进和学习。就对中国文化的态度而言，其分歧点也不在于该不该保存中国文化，而在于究竟应该保存中国文化的哪些方面[1]。因此，新文化运动以1915年9月15日陈独秀、李大钊等人在上海创《青年杂志》为开端，将争论的重点和焦点主要放在了精神文化层面。

对于新文化知识分子来说，他们强调的是学习西方的"民主"与"科学"，认为"国人而欲脱蒙昧时代，羞为浅化之民也，则急起直追，当以科学与人权并重。"[2]在教育方面，科学可以通过教育给人提供更多、更新的"智识"，帮助人们破除种种迷信和愚昧，更能提高人的素质。在他们看来，"教育之事无论自何方面言之，皆不能离科学以从事"，科学对教育的重要性，不仅反映在前者给后者源源不断地供给新知，而且在于使受教育者受到"研究事物之方法"和"心能之训练"。在研究事物的方法方面，提倡实证科学方法，这种重视实验和实证的思想方法，在新文化运动中被提升为"科学的精神"。李大钊说："科学精神……即进步的精神。一切事物无论其与遗袭之习惯若何神圣，不惮加以验查而寻其真，彼能显示其优良者即直取之，以施于用。"因此，科学与迷信"是绝对的不同物，科学者，进化之利益也；迷信者，思想之桎梏也"，以科学破除迷信是改造国民性格缺陷、造就富强国家的必由之路[3]。

除民主和科学之外，新文化知识分子还特别强调要以一种"评判"的眼光、"进化"的态度和"创造"的精神去认识中西文化及其他问题。胡适指出："新思潮的根本意义只是一种态度。这种新态度可叫做'评判的态度'。"蒋梦麟也认为"新思想不能用时代来定，也不能以西洋输入的来作标准"，它"是一个态度，这一个态度是向那进化一方面走"。陈独秀说得更明确，"新文化运动要注重创造的精神。创造就是进化，世界上不断地进化只是不断地创造，离开创造便没有进化了。我们不但对于旧文化不满足，对于新文化也要不满足才好；不但对于东方文化不满足，对于西洋文化也要不满足才好；不满足才有创造的余地。我们尽可前无古人，却不可后无来者；我们固然希望我们胜过我们的父亲，我们更希望我们不如我们的儿子。"显然，当时的

---

[1] 张卫波.五四新文化运动与中国文化的发展[J].党政研究，2019（2）：23-24.
[2] 陈独秀.陈独秀文集：第1卷[M].北京：人民出版社，2013：362.
[3] 罗福惠.长江流域的近代社会思潮[M].武汉：湖北教育出版社，2004：153-154.

很多知识分子既对中国的固有文化不满意，又对西方文化不满意，他们更期望在综合东西文化的基础上出现一种新的文化[1]。

第二节 国粹主义思潮与国术复兴

国粹主义思潮约产生于20世纪初期，其出现的原因是：鸦片战争以来，中国传统文化不断受到西方文化的冲击和时人的批判，到19世纪末，就已经有人在主张易种变俗，尽弃固有，"唯泰西是效"[2]了。在这种长久以来国人一味妄自菲薄地贬斥中国文化的环境之下，出现了"今日之中国使自知其病犹易，使自知其自身之可爱则更难"[3]的严重丧失自信心的况势[4]。面对这种情况，一部分人率先发出了"保存国粹""古学复兴"的呼声，因为要起衰振弊，不能不大声颂扬祖国文明的可爱，藉以首先唤起国人的自信心。这一思潮遂成为辛亥革命时期颇有影响的社会思潮之一[5]。

什么是国粹？章太炎认为："国粹就是历史，广义而言可以分为三项，语言文字、典章制度与人物事迹。"许守微说："国粹者，一国精神之所寄也。其为学，本之历史，因乎政俗，齐乎人心之所同，而实为立国之根本源泉也。"归纳起来，国粹就是泛指中国的历史文化[5]。国粹主义思潮的核心内容虽然以史学为主，以史学为"国粹"之灵魂，为"国粹"之本，但国粹主义"增强全中国人民的爱国主义精神和民族自尊心，反对资本主义的侵略和满清政府的腐败统治，即'用国粹激动种姓，增进爱国热肠'"[6]的目的也激起了中国社会其他领域的一些共鸣。

一、以国粹激动种姓

"国粹主义"思潮对国术的影响起于20世纪初的"日俄战争"期间。1904

---

[1]张卫波.五四新文化运动与中国文化的发展[J].党政研究，2019（2）：27.
[2]樊锥.开诚篇三[N].湘报，1898-04-02（6）.
[3]佚名.国魂篇[J].浙江潮，1903：1.
[4]郑师渠.晚清国粹派：文化思想研究[M].北京：北京师范大学出版社，1993：31-32.
[5]黎仁凯.近代中国社会思潮[M].郑州：河南人民出版社，1996：296.
[6]朱琳.近代国粹主义思潮评析[J].松辽学刊：人文社会科学版，2002（1）：8-9.

年，争夺我国华北地区控制权的日俄战争，以日本的胜利而告终，日本由此一跃跻进帝国主义列强之伍。在寻求日本的致强原因时，有相当一部分人认为，"日本崛起东方，乃以彼所谓武士道者夸炫于海内"，而日本推行武士道的载体"柔道"，则是我国传统武艺的滥觞。如沈书珽所言："若以军事上应用言之，当两军接近，地形不利，射击不便，肉血之战，如日胜俄，实得力于柔术。日之柔术，因胎孕于我国之拳艺也。其收效也入室。我国方有内忧外患，所以固邦基而强国民者，如提倡拳艺，使普通男子皆精此道，其为功岂可小视哉。"①这就引起国内"识者之士，渐知拳术之为国魂"，主张重新认识被废弃的传统武术。不少人撰文，"拳艺者，体育之最上乘也。……后之学者，倘能与前人所发表者推讨之、张大之，使我国尚武之风，复振于今日。庶几，泱泱大风之中国，不与黑奴红种相灭绝"，他们认为提倡武术是救亡图存的一种有效措施。辛亥革命后，也有人在《教育杂志》载文：中国之击剑、枪术、弓法、骑法等为最佳运动。主张作为学校体操课内容，"以代西式体操"②。

于是，国粹主义思潮裹挟着"强国必先强种"的意识，由"民间竟尚体操及各种运动，嗣渐趋重本国固有之武术"①。1908年，上海《神州日报》载《论今日国民宜崇旧有之武术》一文；1914年，徐一冰③在《整顿全国学校体育上教育部文》中建议，将中国"旧有武术"列为学校正课，被教育部采纳。教育部随后委托北京教育会在全国教育联合会第一次会议上代为提出《拟请提倡中国旧有武术列为学校必修课》的议案。因此有学者评价，当时中国"教育界能注意于体育，实自此始，吾国旧有武术得加入学校课程，亦自此始。"④

北大校长蔡元培在上海爱国女校演讲时说："外国的柔软体操可废，而拳术必不可废。"⑤1919年，《教育部关于采录体育咨询案办法咨》中也明确提出学校要"注重国技"，"夫一国之体育，必须具一国之精神。我国武术，实中华民族精神所寄，且种类颇富。其与生理原理相合者，务须选择加入，以

---

① 易剑东.试论近代武术军事功能的演化 [J].成都体育学院学报，1995（1）：25-26.
② 熊晓正，陈晋章，林登辕.从"土洋"对立到"建设民族本位体育" [J].体育文史，1997（4）：13.
③ 徐一冰（1881—1922年），1905年东渡日本，留学于日本大森体操学校，期间加入同盟会。1907年回国后，在上海高阳里设华商体操会，任教于上海爱国女校、湖州旅沪公学、民立中学、中国公学等校，并创办中国体操学校。他撰写的《整顿全国学校体育上教育部文》及《体育与武力辨》，引起了政府的重视，是提出武术进入学校的第一人。
④ 季培刚.近代中国"武术"词义转变考论 [J].南京体育学院学报：社会科学版，2015（1）：26.
⑤ 鲁迅.鲁迅集外集拾遗补编 [M].北京：人民文学出版社，1995：77.

为体育之基本。"[1]一时之间，"国粹体育之复兴，正如春笋之勃发，各地名流或组织武术机关，造就武术人才，或会集名士专事研究或著述专书，广为传播，或编辑杂志、或设武术场、或延聘武士教授子女。而军警或以为正式体操，或以为普通运动。学校之中或以武术列入正课，或设为课外运动。"[2]

以精武体育会为例，在西式体操引进中国之时，它敢于开风气之先，在1910年创立"精武体操会"，并将武术结合兵操创编"体操化的武术"；至1916年，在国术复兴的浪潮中，它又更名为"精武体育会"，将这一"中国式体操"作为"国操"，一方面用它抵制西式体操，另一方面把它作为强国强种的一个重要途径进行推广。《精武本纪》中指出，"体操之法虽多，而求其精气神三者均能贯彻，运动时手眼身步法，同时并用者，除拳术外余不敢赞一辞"[3]。

中央国术馆馆长张之江更是早在"央馆"成立之前，就表达了"国术是中华民族所固有的国粹、国宝，应将其由民间推向上层"的观点，向政府提出改"武术"为"国术"的申请，后获批准[4]。"央馆"成立后，他又提出"强种救国，御侮图存"的口号[5]，不仅要求馆内学员必须身着有"强种救国，自强不息"字样的运动服，而且每天以《早起歌》《吃饭歌》（歌词为"闻鸡起舞学古人，忧劳兴国逸易亡身，唤醒炎黄子孙，强我种族壮我国魂""帝国主义，国家之敌。我们奋起，保家卫国"）来强化这种精神[6]。"央馆"培养出的学生很多在学成后纷纷奔赴抗日前线，如抗日将领宋哲元、张自忠、傅作义、孙连仲等的部队中就有中央国术馆的毕业生担任武术教官。

二、国术组织的壮大

在国粹主义的影响下，吴越地区的民间国术组织逐渐壮大。据不完全统计，1910—1948年的近40年中，该地区的民间武术组织就多达70多个（表4-1）。从社团的地区分布来看，表现出以上海为中心，向浙江、江苏辐射的态势；从社团性质来看，虽不乏专门致力于国术研究和推广的，但也有以谋

---

[1] 中国第二历史档案馆.中华民国史档案资料汇编（第三辑：教育）[M].南京：江苏古籍出版社，1991：857.
[2] 易剑东.试论近代武术军事功能的演化[J].成都体育学院学报，1995（1）：25-26.
[3] 卢炜昌.此中人语[G]//陈铁生.《精武本纪》.上海：精武体育会，1919：137.
[4] 孙文飚.民国时期的中央国术馆[J].江苏地方志，2008（4）：43.
[5] 张润苏.张之江与中央国术馆[J].中华武术，1988（10）：5.
[6] 庞玉森.中央国术馆史[M].合肥：黄山书社，1996：39-41.

生、营利为主,甚至是行帮性质的组织。即便如此,这些国术组织还是在激发民众"增强体魄,振兴民族"方面发挥了一定的作用,同时也促进了南北拳派的汇聚与交流,使这一地区的武术文化呈现出多元的样式。

表4-1 近代吴越地区成立的民间武术组织[①]

序号	社团名称	创办时间	创办地点	创办人
1	精武体育会	1910年6月	上海	霍元甲等
2	上海国民尚武总会	1911年6月	上海	沈缦云等
3	上海国民尚武会宁波分会	1911年7月	宁波	陈训正、范贤方等
4	浙江国民尚武会	1911年7月	杭州	吴玉
5	浙江国民尚武会湖州分会	1911年7月	湖州	钱恂、沈毓麟等
6	上海拳术研究会	1911年	上海	汪禹承、吴荫培
7	南洋大学技击部	1912年	上海	黄照临、李鸿儒
8	中华国技传习所	1914年	上海	刘震南
9	上海武学会	1915年	上海	朱国富
10	南浔精武体育会	1916年11月	湖州	邱亮、张平方等
11	中华拳术研究会	1916年	上海	向逵
12	广肇公学技击部	1916年	上海	霍守华
13	武术学会	1918年2月	上海	铁夫
14	武技研究会	1918年	上海	张子武
15	江苏教育会附设体育研究会国技部	1919年2月	上海	唐豪、周启明
16	圣约翰大学拳术研究会	1919年11月	上海	徐云岳等
17	中华武术会	1919年	上海	吴志青
18	昌明技击传习所	1919年	上海	金殿传
19	中华拳术研究会	1919年	上海	吴荫培、刘百川
20	武进国技正德学社	1920年8月	常州	徐哲东、闻兰亭等
21	国技研究会	1922年9月	上海	刘仁
22	国育武术研究会	1922年	上海	查瑞龙
23	普及武术会	1922年	上海	余鲁卿

[①]资料来源:上海体育志编纂委员会.上海体育志[M].上海:上海社会科学出版社,1996;江苏省地方志编纂委员会.江苏省志:体育志[M].南京:江苏古籍出版社,1998;吴采森,郑志林.浙江省体育志[M].北京:方志出版社,2003.

第四章 敢于变：西学东渐与南北交汇

（续表）

序号	社团名称	创办时间	创办地点	创办人
24	中华剑术研究会	1922年	上海	朱剑华
25	中国武术社	1923年	上海	王子平
26	安徽拳术研究会	1924年	上海	刘百川
27	慕尔堂技击团	1924年	上海	王亦樵
28	中华尚武会	1924年	上海	王汉礼
29	致柔拳社	1925年5月	上海	陈微明
30	集精武术团	1925年	上海	包胜才等
31	武当太极拳社	1926年11月	上海	叶大密
32	中华体育会国术研究院	1926年	上海	肖格清
33	上海国术协进会	1927年	上海	唐豪、徐致一
34	尚德武术研究社	1928年7月	上海	贾铁成、叶良
35	中华国技学会	1928年8月	上海	马景援、李景林
36	中华太极拳研究社	1928年10月	上海	
37	中国内功研究社	1928年11月	上海	庄欣荣
39	中华国术协会	1928年11月	上海	褚民谊、李景林
40	汇川太极拳社	1928年	上海	武汇川
41	尚武进德会	1928年	上海	姜容樵
42	中华武当太极拳研究社	1929年3月	上海	褚桂亭、武汇川
43	尚志国术社	1929年6月	上海	吴翼翚
44	螳螂拳研究社	1929年10月	上海	杨维新
45	意拳社	1929年	上海	王芗斋
46	鉴泉太极拳社	1930年4月	上海	吴鉴泉
47	国术太极拳学社	1930年5月	上海	黄金荣、江子诚等
48	民强国术团	1930年9月	上海	廖松柏
49	上海武学研究社	1930年	上海	施承骝、郑启亭
50	良华国术学校	1930年	上海	徐剑英
51	尚武国术研究社	1930年	上海	夏子刚、杨奇范
52	上海抗日同志救国会	1931年	上海	唐豪
53	上海业余国术社	1932年	上海	刘德生
54	聚胜体育会	1933年	上海	郑子良
55	英义武术会	1934年	上海	查瑞龙

（续表）

序号	社团名称	创办时间	创办地点	创办人
56	忠义国术社	1934年	上海	马如升
57	三立武学苑	1935年	上海	吴翼翚等
58	民生国术研究社	1935年	上海	张秉文、李慎思
59	民众国术研究社	1935年	上海	潘绍越、徐越尘
60	镇威武术社	1935年	上海	卢振锋
61	国术界抗日救国会	1937年	上海	佟忠义、王子平
62	得胜国术社	1938年	上海	王效荣
63	郝氏太极拳社	1938年	上海	郝少如
64	侠义武术社	1941年	上海	龚志开
65	忠义拳术社	1941年	上海	佟忠义
66	永年太极拳社	1944年	上海	傅钟文
67	上海市中华国术协会	1946年	上海	顾竹琪、汪子金等
68	同乐国术研究会	1946年	上海	英友三
69	岭南国术研究会	1946年	上海	卢超然
70	上海业余国术研究会	1947年	上海	黄麟书
71	上海保健武术研究社	1947年	上海	韩星桥
72	浦东国术研究社	1947年	上海	陈培德、包钢等
73	道德武学社	1948年	上海	孙锡堃
74	群英武术社	1948年	上海	何国俊、王子平等

如精武体育会，不仅有针对成年男性的社团，还有针对女性的"女子模范团"和针对青少年的"健儿团"。据1929—1933年上海精武体育会新会员的登记统计来看，除1932年因受战争影响仅有92人外，其他4年都有千余人（1929年1276人，1930年1608人，1931年1738人，1933年1771人）登记。而且5年之内所招募的新会员中，工界人士占23%，政界占5%，学界占10%，商界占56%。另如，陈微明创办的致柔拳社，在1925—1929年的4年期间学员竟达到千余人，"创办致柔拳社已四载余，入社学者不下千余人"[①]；汇川太极拳社主要教授太极枪、太极剑，1927—1935年间也有1000人左右参加；中华武术会主要教授少林拳、查拳、滑拳、洪拳、弹腿、炮拳，后还增设了太极、八卦

---

①谢建平.二十世纪太极拳的变迁之研究［D］.上海：上海体育学院，2005：40.

和摔跤；忠义国术社的教授内容有太极、形意、查拳、潭腿、对拳、刀、枪、棍、剑、戟等；尚武国术研究社主要教授少林、插足门；武学精神研究社教授内家拳等[1]。

此间，由于学校也竞相把武术列为正式课程或设为课外运动，这些民间组织中的武术家遂成为学校国术课程的主要师资来源。如上海精武体育会受聘的学校就有上海中国体操学校、南洋公学、崇德女校、广东小学，以及山东会馆小学、上海广肇女校等；上海中华武术会先后受聘于厚德小学、圣保罗学校、启明小学、沪北公学、女青年会体育师范、孤儿园、中城商业会、麦伦书院等[2]；甚至还出现致柔拳社"外间约请往教者亦有多处"，因"时间未有分配，竟有未敢应允者，良用慊然"的现象[3]。

除民间武术组织外，随着1927年国民政府在南京成立，官方的国术组织——中央国术馆也随之建立。中央国术馆不仅拥有政府的政策，如成立后即由国民政府通令各级行政区以设立相应的国术馆（社）机构，规定"省、市国术馆正馆长，应推各省、市政府主席、市长兼任，或由省、市政府及董事会推荐资望相当都充之……"，因此在短短的时间内（截至1933年），300多所国术馆（社）就在全国25个省市县相继成立，形成了一个自上而下完善的组织系统[4]。而且每月还有来自财政部4000元的经费支持[5]。除此之外，中央国术馆的核心人物也多为军政要人，如理事长冯玉祥曾为直系西北军司令，馆长张之江、副馆长张骧伍均为西北军著名将领，副馆长李景林、张树声均曾为奉系军阀主要干将；所以每逢"央馆"举办重大活动，都会有政府首脑或要人参与，蒋介石就参加了1933年在南京举办的第二届国术国考[6]。

第三节 "五四"新文化运动与国术研究

新文化运动是指1919年五四运动爆发前后由接受过新式教育的知识分子发

---

[1] 习云太.中国武术史[M].北京：人民体育出版社，1985：183-185.
[2] 陌雅.上海中华武术会[J].体育文史，1987（6）：51.
[3] 谢建平.二十世纪太极拳的变迁之研究[D].上海：上海体育学院，2005：40.
[4] 孙文飚.民国时期的中央国术馆[J].江苏地方志，2008（4）：43.
[5] 庞玉森.中央国术馆史[M].合肥：黄山书社，1996：34.
[6] 张银行."公共服务"视域下的近代武术社团组织研究：以南京中央国术馆为例[J].南京体育学院学报，2015（4）：130-131.

起的思想启蒙和文化革新运动。它以陈独秀1915年在上海创办《新青年》（首卷名《青年杂志》）杂志为开端，在发刊词中，陈独秀指出：

国人而欲脱蒙昧时代，羞为浅化之民也，则急起直追，当以科学与人权并重。士不知科学，故袭阴阳家符瑞五行之说，惑世诬民；地气风水之谈，乞灵枯骨。农不知科学，故无择种去虫之术。工不知科学，故货弃于地，战斗生事之所需，一一仰给于异国。商不知科学，故惟识罔取近利、未来之胜算，无容心焉。医不知科学，既不解人身之构造，复不事药性之分析，菌毒传染、更无闻焉；惟知附会五行生克寒热阴阳之说，袭古方以投药饵，其术殆与矢人同科；其想象之最神奇者，莫如"气"之一说；其说且通于力士羽流之术；试遍索宇宙间，诚不知此"气"之果为何物也！

凡此无常识之思，惟无理由之信仰，欲根治之，厥维科学。夫以科学说明真理，事事求诸证实，较之想象武断之所为，其步度诚缓；然其步步皆踏实地，不若幻想突飞者之终无寸进也。宇宙间之事理无穷，科学领土内之膏腴待辟者，正自广阔。青年勉乎哉！①

"民主""科学"于是成为新文化运动提出的以人权自由和文化革新来复兴和整顿中国社会的口号，其主要宗旨是通过对专制主义和传统文化的批判达到国民思想启蒙的目的。如梁启超所说："近五十年来，中国人渐渐知道自己的不足了。这点子觉悟，一面算是学问进步的原因，一面也算是学问进步的结果。第一期，先从器物上感觉不足。……第二期，是从制度上感觉不足。……第三期，便是从文化根本上感觉不足。第二期所经过时间，比较的很长——从甲午战役到民国六、七年止。……革命成功将近十年，所希望的件件都落空，渐渐有点废然思返，觉得社会文化是整套的，要拿旧心理运用新制度，决计不可能，渐渐要求全人格的觉醒。……所以最近两三年间，算是划出一个新时期来了。"②

何谓民主与科学，陈独秀在《敬告青年》一文中作了阐述："所谓民主就是每个人都'各有自主之权'，'脱离夫奴隶之羁绊，以完其自主自由之人格'。所谓科学，就是'以科学说明真理，事事求诸证实'，'举凡一事之兴，一物之细，罔不诉之科学法规，以定其得失从违，其效将使人间思想云

---

① 林文光.陈独秀文选[M].成都：四川文艺出版社，2008：20.
② 梁启超.梁启超文集[M].北京：燕山出版社，1997：450-451.

为一遵理性，而迷信斩焉'，如果是经不起科学法则检验的东西，即令它是'祖宗之所遗留，圣贤之所垂教，政府之所提倡，社会之所崇尚，皆一文不值也。'"①"科学"意味着"进步""强盛"与"现代化"，是救治中国政治上、学术上、思想上一切顽症的良药，因此，"无论懂与不懂的人，无论守旧和维新的人，都不敢公然地对他表示轻视或戏侮的态度"②。

一、对"国术"鬼道主义的批判

新文化运动由于首先指向代表封建主义色彩的中国传统思想和文化，因此，在国粹主义下复兴的"国术"自然就成为其革新的对象。以鲁迅为代表，率先发出了对武术的批判，其主要观点载于1918年11月15日和1919年3月2日的《新青年》杂志。

近来很有许多人，在那里竭力提倡打拳。记得先前也曾有过一回，但那时提倡的，是满清王公大臣，现在却是民国的教育家，位分略有不同。至于他们的宗旨，是一是二，局外人便不得而知。现在那班教育家，把"九天玄女传与轩辕黄帝，轩辕黄帝传与尼姑"的老方法，改称"新武术"，又是"中国式体操"，叫青年去练习。听说其中好处甚多，重要的举出两种来，是：一用在体育上。据说中国人学了外国体操，不见效验，所以须改习本国式体操（即打拳）才行。依我想来，两手拿着外国铜链或木棍，把手脚左伸右伸的，大约于筋肉发达上，也该有点"效验"。无如竟不见效验！那自然只好改途去练"武松脱铐"那些把戏了。这或者因为中国人生理上与外国人不同的缘故。二用在军事上。中国人会打拳，外国人不会打拳。有一天见面对打，中国人得胜，是不消说的了。即使不把外国"板油扯下"，只消一阵"乌龙扫地"，也便一齐扫倒，从此不能爬起。无如现在打仗，总用枪炮。枪炮这件东西，中国虽然"古时也已有过"，可是此刻没有了。藤牌操法，又不练习，怎能御得枪炮？我想（他们不曾说明，这是我的"管窥蠡测"），打拳打下去，总可达到"枪炮打不进"的程度（即内功？）。这件事从前已经试过一次，在一千九百年。可惜那一回真是名誉的完全失败了。且看这一回如何③。

---

①林文光.陈独秀文选[M].成都：四川文艺出版社，2008：20.
②治文.中国近代唯科学主义思潮新论[J].天津社会科学，1997（2）：58.
③鲁迅.鲁迅全集：第一卷[M].北京：人民文学出版社，2005：325-326.

中国拳术，若以为一种特别技艺，有几个自己高兴的人，自在那里投师练习，我是毫无可否的意见，因为这是小事。现在所以反对的，便在：（一）教育家都当作时髦东西，大有中国人非此不可之概；（二）鼓吹的人，多带着"鬼道"精神，极有危险的预兆。所以写了这一条随感录，倘能提醒几个国人，则纵令被骂为"刚毅之不如"，也是毫不介意的事[①]。

作为新文化运动的代表人物，鲁迅力主"根本排斥"传统文化，而倡导"一切都应该采用西洋新法子"的现代文化建设路向。他们认为，"此时没有别的路可走，只有努力全盘接受这个新世界的新文明。全盘接受了，旧文化的'惰性'自然会使他成为一个折中调和的中国本位新文化。若我们自命做领袖的人也空谈折衷选择，结果只有抱残守缺而已。古人说：'取法乎上，仅得乎中；取法乎中，风斯下矣。'这是最可玩味的真理。我们不妨拼命走极端，文化的惰性自然会把我们拖向这种调和上去的"[②]。于是，他先是主张青年人"少看或不看中国书，多看外国书"，然后还借助小说表达其对中医的批判否定态度——荒唐可笑、欺世盗名、毫无用处和涂炭民生。所有这些，都有着他更深广的用意和目的——对凡属于"国粹"的传统予以批判、否定与拒斥，表达其彻底的反封建、反传统的文化立场和态度。

所以，当武术被称以"我国之国粹"时，鲁迅说，"要我们保存国粹，也须国粹能保存我们"，"只要问他有无保存我们的力量，不管他是否国粹"。从上文可以看出，鲁迅的批判有二：一是对武术"鬼道主义"的抨击。鲁迅将拳术与义和拳等同，认为两者最主要的特征就是惯于"攀附道术"。拳术是"九天玄女传与轩辕黄帝，轩辕黄帝传与尼姑"的老方法，与义和团宣传的"受术于神，传之于人，刀剑不入，枪子不中，掣云御风，进退自在"的"神拳"[③]并无什么不同，都是借着鬼道学说的幌子来增加对民众的愚弄。二是对武术效用的质疑。用于军事，"拳脚"无法与"枪炮"对抗，又何谈"救国"？用于体育，可能"把手脚左伸右伸的，大约于筋肉发达上，也该有点'效验'。无如竟不见效验！那自然只好改途去练'武松脱拷'那些把戏了"；而且"若用此医相类之病，自然较有理由；但仍须经西医考查研究，多行试验，确有统计，才可用于治疗。不能因一二人偶然之事，便作根据。技击

---

①鲁迅.鲁迅集外集拾遗补编［M］.北京：人民文学出版社，1995：76-77.
②耿云志.胡适语萃［M］.北京：华夏出版社，1993：113.
③程啸，陈振江.义和团文献辑注与研究［M］.天津：天津人民出版社，1985：58.

术的'起死回生'和'至尊无上'，我也不能相信"。

而"科学"才是其高举的旗帜之一，鲁迅重视科学，毫不奇怪。他先学海军，继学开矿，复学医术，与此同时又接触和接受了进化论，涉及的都是自然科学领域，并且他强调科学与改革社会的关系，他指出："盖科学者，以其知识，历探自然现象之深微，久而得效，改革遂及于社会。"[1]

这种"科学之威权万能"的观念遂在中国思想界形成了一个笼罩全局的科学主义思潮，从而多方面地渗透到社会文化的各个领域，也深刻地影响着武术的发展，使武术研究迈出了科学化的步伐。

尽管鲁迅对武术的批判之辞过于激烈，他本人也被视为新文化运动中的激进派，但当时的武术界在反驳的同时，也清醒地认识到这种抨击中的理性面。一是武术中确实存在的"鬼道现象"——"拳术家必欲攀附道术，如何养神，如何练气，方'与天地鬼神合德'，方称'艺而近于道'的风气"。二是武术功能的"浮夸主义"——"当时的民间武术练习者普遍文化不高，传习者很容易走上神乎其技的奇谈怪论"[2]。因此，面对着新文化运动"科学"的质疑，武术界做出了自我调适。"各家各派，风起云涌，各展所长，力求改进"，"一派以考据名于世，一派以科学相号召"，开启了武术去"神秘性"与"伪科学化"的反思之路。

二、"科学"精神下的国术研究

科学的品质在于以客观的证据为武器向一切权威宣战，就是"一定要对不合理的观念和信仰进行批判的"[3]。

迷信与专制是思想的桎梏，是科学首先要摒弃的。表现在武术中，是少林视达摩为其始祖，内家拳和太极拳则奉道教张三丰为始祖；少林、武当均为名山，一佛一道则是宗教两大法门，是为武术内、外两大流派之始祖。故徐震先生指出，"拳师有一陋习，恐行辈之不尊，则讳所自来，依托名人，虚造接受以自炫耀。太极之名，既近玄妙，在近日又流传最广，于是习其术者，乃多方附会，诞妄之言日出"[4]。因此，在科学实证精神的驱动下，武术家们不得不

---

[1] 鲁迅. 鲁迅全集：第1卷[M]. 北京：人民文学出版社，2005：25.
[2] 马廉祯. 论现实视角下的近代"土洋体育之争"[J]. 体育科学，2011（2）：76-84.
[3] 郭颖颐. 中国现代思想中的唯科学主义：1900-1950[M]. 南京：江苏人民出版社，1995：11.
[4] 徐震. 太极拳源流：序[G]//上海国术统一月刊社. 上海国术统一月刊社丛书：第1集第3册. 上海：上海中医书局，1936：3.

自觉主动地掀开这玄秘化的面纱。

如陈铁生虽然反驳了鲁迅对武术的偏颇，但在《敬告主持精武言论者》一文中却也强调："飞檐走壁，吞刀吐剑，握石成粉，似有似无，为科学不能证明之技术，皆在吾弃之列。"①为此，精武会的骨干不仅在书刊中现身说法来讲解自己练武强身的体会，使练武从军事技击变成人人可用的群众性健身术，而且率先采用西方先进的科学技术传播武术。于民国二年（1913年）成立的"精武体育会摄学部"，是当时国内出现的第一个民间摄影团体，所拍摄的成组武术图片，以及《谭腿》《达摩剑》等三个单行本和《谭腿十二路》挂图，均由商务印书馆出版印行②。精武体育会的这一回应和创举，使武术跳出了长期以来"因人而传，无一定轨"的局面③。

与此同时，以唐豪、徐震为代表的考据派武术研究随之出现。唐豪在《少林拳术秘诀考证》自序中写道："由于辟妄存真这一动机，十年以来，常蓄意要考证此书，唯因所得洪门文献不多，过去只写了几篇短文发表而已……最近，觅得了萧一山的《近代秘密社会史料》，其中刊载伦敦不列颠博物院收藏的洪门海底，共有七种。于是参考资料，粗称完具，费了数月光阴，写成这部初稿……使此书神奇与假托的记载不至于长此流毒下去。"可见，批判神仙附会正是唐豪进行考证的一个重要目的④125。而且为了考证太极拳的源流，唐豪亲自到温县陈家沟进行实地考察，查看陈家族谱、碑文，询问村中遗老，最后得出陈王廷造太极拳之说。虽然很多人对这种说法褒贬不一，但唐豪把实地考察的研究方法运用到武术源流的考证中却是值得称赞的④126。所以张之江在为唐豪《少林武当考》所写的序中说，"'武当、少林'，在过去武术历史上，形成两大宗派，是人所共知，而因此演成许多荒诞的神话，引起许多无谓的斗争也是人所共知……这是国术趋于没落的一原因……著者唐范生同志，居然打破许多客观上困难的条件，将'武当、少林'的过去历史，用辩证法整理出来，并且对他的背景有独具只眼的观察，对他的传说有引今证古的分析。这不只在国术界是空前的创造，即在现代学术界中也算伟大的贡献"④125。

徐震关于拳派源流考证的研究主要有《国技论略》《太极拳考信录》《太极拳谱理董辨伪合编》《少林宗法图说考证》《苌氏武技书》等。在关于太极

---

① 陈铁生. 敬告主持精武言论者 [J]. 精武月刊, 1925：52.
② 韩锡曾. 浅谈精武体育会在我国近代体育史上的地位和作用 [J]. 浙江体育科学, 1993（1）：54.
③ 蔡扬武. 从精武体育会看东方体育与西方体育的交汇 [J]. 体育文史, 1996（2）：7.
④ 李洋, 马金戈. 唐豪武术思想研究 [J]. 体育学刊, 2012（6）.

拳源流的研究中，他认同唐豪对太极拳源于张三丰之说的驳斥，但认为陈家沟的太极拳是来自王宗岳，对唐豪所说的陈王廷造拳说是持怀疑态度的。无论褒贬，在当时乃至现在来讲，他们的研究都为后继者提供了考察拳术源流的方法和研究武史的重要材料，也开创了藉科学方法以反对中国武术传统文化中封建糟粕思想的先河。

功能与效用是需要科学实验来检验的。在西方体育家的眼中，中国武术是一种不科学的花法和假打；在新文化运动的知识分子眼中，有些武术习练虽能锻炼体魄，但也容易使身体肌肉僵硬，而专以打人为目的，更是不宜；甚至有人对江苏省立第3次（1916年11月）与第4次（1918年4月）联合运动会中女学生表演拳术刀棍等持反对意见，或恐影响生理卫生[1]131。

面对国内外的质疑与发难，寻求武术作为体育运动的科学依据，以获取时人的认同遂也成为一种目标。如作为国术研究馆最主要的倡议人和创始人的张之江，就告知武术界人士要"思以科学新法，整理旧术，融洽贯通，力图普及"[2]。

中华武术会的吴志青在《科学化的国术》一书中不仅对武术与力学、生理、心理的关系进行了论述，还编创出七节武术动作（四肢运动、改正运动、上肢运动、腰胯运动、快速运动、舒缓运动、呼吸运动），加以各动作在生理、心理、教育方面的关系及各部主要肌肉功用分析的说明，最后配上乐谱，将其编成连贯教材与实用攻防对练法[1]138。

尤有感者，今昔时势不同，现为文化进步，科学剧战时代，故国术一道，脱不以科学方法，从而改进，势难邀社会之信用，必致完全失传，而国运亦将受其影响矣。兹将国术与生理、心理、教育学等之关系分述如下：

国术与生理之关系：语云："户枢不蠹，流水不腐"，人生于世，自当及时运动，运动之于人身，其重要与衣食住等，衣食住一日不可少，而运动亦一日不可缺也。盖人生职业之兴败，当视精神体力之何如为比例差，而精神之所以能充分，体力之所以能健强者，皆由锻炼而得……

国术与心理之关系：武术者，体育上之一种实用运动也。盖运动之事，如只有学理之价值，而无应用之价值，对于心理上，朝于斯，夕于斯，渐致厌倦不乐，必难得美满之效果，又岂非一大缺憾乎？……若教之以国术，亦有不熟

---

[1]李文鸿.民国时期武术的科学化变革[J].山东师范大学学报：人文社会科学版，2014（4）.
[2]禁烟会国术馆欢宴三全代表[N].上海：申报，1929-03-26.

不止之势，其所以不厌倦者，以其能达他种应用之目的；天下惟有实用者，能得人心理上之欣美……

国术与教育之关系：吾人吸收智识，必得有脑力，精神，体力三者，然三者之中，而尤以体力为要；盖精神脑力，悉由锻炼而得也，人类以共同为生活，智识单简，尚可谋生；体力不健，自绝生存之道也，故锻炼体躯，实为教育上之大助。夫国术以拳术为主，拳术为我国独有之国技，运动平均，少长咸宜，非其他之体操法可同日而语也[①]。

徐致一的《太极拳浅说》也占用五分之二的篇幅来阐述太极拳与心理学、生理学、力学之间的关系。如太极拳与心理学的关系，他认为，太极拳练习时"以心行气、以气运身"的练法是以心理作用为依据的；他还用牛顿定律解释太极拳推手，如"发劲如放箭"符合牛顿定律"动路必直"原理；与人较技时，探敌之力为虚着，引人之力为化劲，击人之力为发劲，都是符合反力原理的[②]。

可见，他们力求以"科学"为出发点揭示武术是不违背其原则的，然而所立论的依据却仅是从拳论中寻找可以比附西方近代科学的内容。因此，这也受到来自武术界内部的争议，如唐豪就指出：

据有一位学者的夸奖，太极拳的动作是"最合于生理之程序，能使身体平均发达"的体育。这位学者的话，是否有称誉过当的地方，在运动生理上是一个应该精密讨论的问题。

内部呼吸器官的运动，是应该张胸，而不应该含胸的，这也是运动生理学上不可否认的话。一般太极拳家，却叫人含胸呼吸，而不许人挺胸，这种呼吸运动的价值如何？吾以为是一个精密测验的问题。

以上二者，书中虽各有论例，但是吾愿意留给深明运动生理学和体力测验学而精武术的体育专家，用科学的方法分析实验，然后再去下最后的结论[③]。

为此，唐豪在首次中华全国武术运动大会期间，组织医生对八十余岁高龄的查拳名家何玉山进行了多组生理指标的测试，以观察武术对人体的锻炼效果。对于重新认知和理解中国武术的效用和功能，唐豪的这种理性科学精神无疑是具有创见性的。

---

① 吴志青.科学化的国术[M].上海：大东书局，1931：3.
② 谢建平.二十世纪太极拳的变迁之研究[D].上海：上海体育学院，2005：52-53.
③ 唐豪.太极拳与内家拳[M].上海：上海武学会，1930：1-2.

第四章　敢于变：西学东渐与南北交汇

第四节　西方体育规则与国术竞赛

19世纪中叶，英、法、美在上海相继建立租界后，西方的各种文化包括娱乐、体育等活动也随之被带入，当时盛行的有赛马、划船、板球、足球、打弹子（保龄球、台球）等，但在当时国人眼中，这些都是娱乐性的游戏。如当时被称为"海上第一名园"的张园[1]（图4-1），园主为了迎合这些需要，就在园中建造了弹子房、抛球场、溜冰场、脚踏车、书场、戏园、照相馆、舞厅等多种娱乐设施，同时也举办一些脚踏车比赛、擂台较技之类的活动，霍元甲就曾在此设擂较拳[2]。

前日有大力士两人，角力于上海之张园。力士一姓张名丈达，鲁人。此次来申，专欲与霍元甲较艺，讵霍竟以病辞，另倩一刘名振声者与较。下午五时登台，猛力相扑，约五六次。刘屡执张腿，欲就势掀倒，而力小均为张解脱。张连推刘三次，幸未推倒。是时观者拍掌如雷。以天晚停止，约翌日再较。闻人言两人虽未有显然之胜负，然张从容不迫，休息时不喘气、不出汗、不变色，刘则汗透衣襟，呼吸大动矣[3]。（图4-2）

图4-1　上海之建筑——张园[4]　　　　图4-2　搏声名武夫角力[3]

[1] 张园，1872—1878年为英商私人花园，后几经易手，于1882年为张叔和（名鸿禄）所购，命名"张氏味莼园"，1885年对外开放。张园的鼎盛时期是1893—1909年，1918年停办，1919年拍卖易主，后改建为里弄住宅。
[2] 熊月之.近代上海公园与社会生活[J].社会科学，2013（5）：132-133.
[3] 环球社编辑部编.图画日报：第一册[M].上海：上海古籍出版社，1999：110.
[4] 环球社编辑部编.图画日报：第六册[M].上海：上海古籍出版社，1999：467.

与此同时，也有一些人敏锐地意识到西洋这些活动"以击球之高下，角力之优劣，盖亦以练习筋骨，亦犹陶侃运甓之意"，可见"西人虽于游戏之中，不忘武备如此"[1]，这些活动显然对于改善我国国民"其心渐弛，其气渐柔，其骨渐软，其力渐弱"[2]的状况是有所裨益的。而随着西方体育占据了主导地位，国人的认知也开始出现转变。

中国体育史学界认为，近代体育在中国的传播与发展约开始于洋务运动、成形于戊戌变法、推广于"自强新政"。具体化之：洋务运动所引进的主要是兵式体操一类（军队体育），而正规的田径、球类等活动则首先是在基督教青年会和教会学校中开展起来的，基督教青年会侧重于社会体育，教会学校侧重于学校体育。这三条线虽起始时间不同，但最后走向统一，形成了旧中国初期的近代体育体系[3]。由此可见，这些具有现代意义上的"体育"主要是由传教士传入的。

据统计，自19世纪中叶至20世纪初的这段时间，仅上海创立的教会学校就有84所[4]。这些教会学校虽然以传播宗教为主旨，但在办学方面都很注重学生的全面发展，设有体育课及课外体育活动，包括体操、田径、球类等，目的就是"使学生得有健全与发育完善之身体，俾其身常健适，并有清洁、合理、活泼、敏慧与端正之生活"[5]。此外，学校还通过举办运动会来激发学生参加体育运动的积极性。如1890年上海圣约翰大学举办的田径运动会就是西方教会学校在中国最早举办的运动会之一。

正因如此，我国在清末民初期间举行或参与的各种重大的国内外比赛，均由外国人主管。1923年，美国人葛雷在第六届远东运动会上"代表中国"讲话产生的耻辱[6]，以及"五卅"惨案的发生，更大范围地激发了国民的民族自尊心，表现在体育界就是开始试图摆脱外国人的控制，独立自主地举办各种体育

---

[1] 王韬. 瀛壖杂志[M]. 上海：上海古籍出版社，1989：122.
[2] 杨杨，赵歌. 中国传统身体观与身体践行的文化研究[J]. 北京体育大学学报，2017（10）：143.
[3] 罗时铭. 浅谈基督教青年会在中国近代体育史上的作用[J]. 成都体育学院学报，1985（4）：18.
[4] 刘合成. 上海早期教会学校体育的历史考察[D]. 杭州：杭州师范大学，2010：11.
[5] 中国基督教教育调查会. 中国基督教教育事业：卷三[M]. 上海：商务印书馆，1922：58-59.
[6] 第六届远东运动会于1923年5月21—26日在日本大阪举行，我国派出了113名运动员，运动员选拔工作由"中华业余运动联合会"主持进行，美国人葛雷为负责人。然而，中国代表队仅在跳高和足球上各获一个冠军，其余皆表现不佳。国人认为这是中国体育在国际上的奇耻大辱。国内舆论界遂把失败的责任归罪于"中华业余运动联合会"，于是"中华业余运动联合会"的正副会长引咎辞职。又因葛雷代表中国上台致词，引来日本报纸讥讽："谓一美国人，左手提菲律宾，右手掣中华民国，如斗犬马之戏。"

活动和运动竞赛，以实现我国民族体育话语权的回归。

在此背景下，以上海、南京、杭州为中心区域，中央国术馆为引领，将西方的体育竞赛模式率先引入国术，"规范化较技"的尝试历程自此开启。

一、西方体育观念与规则的导入

西方体育文化是一种内容与形式、精神与制度整合化程度很高、结构性很强的体系，所以在引进其竞技运动的同时，以项目为载体的竞技规则、组织化过程，以及蕴藏于竞技过程的竞技精神也随之而来。如各种竞技运动组织形式，学校运动代表队，区域性、全国性的竞技运动团体就相继诞生于这一时期。如前所述，上海圣约翰大学早在1890年就举办了运动会，于1901年成立足球队；同时，还与英华书院、东吴大学等教会学校共同组织成立大学体育联合会，每年举办田径运动会。1910年，由上海青年会发起并组织的"全国学校区分队第一次体育同盟会"就被称为旧中国第一届全国运动会。以此为开端，各地区、省、市也相继举办各类体育运动竞赛和运动会，并逐渐形成定期性、制度化的竞赛制度[①]。西方体育运动对近代武术的影响则具体表现在：

（1）西方竞技体育运动的观念对武术竞技化取向的影响。当时留驻在华的美国人麦克乐[②]在其创办的《体育季刊》中发表了《体育与德谟克拉西》一文，论述了体育对培养民主精神的重要价值。并提出，要使这种民主处于最高尚的境界，"不可包含仇视的意义"，就"又非用竞争活动不可"，因为通过竞赛可以学会遵守比赛的规则，尊重裁判，"维护公理"。而且"洋体育多具有奋斗精神"，对以儒学文化为大统、强调以和为贵的中华传统文化下养成的"我孱弱之民族，实需要此刺激剂"[③]。因此，张之江提出"按国术之性质，本为一种竞技运动，非重比赛，无以判优劣，策竞争……故之江积二年来之经验，认定国术锻炼，除含有一部分体育价值外，应注重于比赛……比赛为御侮之张本，亦即奋斗之实习，若提倡国术，而不使之竞技化；则此种单纯之演

[①] 曹继红. 近代西方体育文化的传入及其对中国体育发展的影响［J］. 沈阳体育学院学报，2005（4）：10.

[②] 查尔斯·哈罗德·麦克乐（Charles Harold McCloy，1886—1959年）是美国20世纪中期著名体育家。他将"美式"体操和"自然体育"传入中国，自1913年来华后在国立东南大学（现南京大学）任教至1926年，为中国近代体育早期的传播和发展作出了贡献，并创办《体育季刊》。

[③] 舒盛芳，沈建华. 欧、美近代体育的传入对加速中国现代化进程的历史贡献［J］. 中国体育科技，2004（3）：62–63.

习，既乏攻守之经验，无裨自卫之实用"[1]的武术竞技化观点；陈家轸也主张"平日练习国术，必要练习比赛，考试亦要注意比赛，为此以养成勇敢奋斗的精神，手眼身法的敏捷，习惯而成自然……"[2]。袁敦礼在《体育与教育》一文中亦强调要培养"有在同等及公平情形下竞争之观念与习惯，不以手段压抑他人，不以不正当机会谋杀特殊之地位"的良好公民[3]。可以看出，武术界尚"竞技"是基于御侮救国、振兴民族之动力，体育界则强调国民性的培养。但无论如何，西方竞技运动中所坚持的"平等观念"，即在"平等条件"下进行竞技的观念也对古代武术原有的"不平等"较技模式"打擂"产生了巨大的冲击，推动了武术以"公平"作为竞技原则的制度设置。

（2）西方竞技体育运动的规则对武术标准化取向的影响。有人认为，"我们也应该研究我国的情形，标准方法，做一种准备……预备一种人才和外国比试，专做国际比赛的；如中国比出一个最优胜的，和日本比；又比出一个东亚最优胜的；所以对于各国比试的标准方法，一定要有相当准备的"！；"今天是自己们比试，将来一定要和外国人比试"；也有人提出，如果将武术的科学价值重新估定，加紧补充，则武术"在所谓近代的竞技运动上，有它相当的地位"[4]。

这些观点说明，西方体育在项目设置、竞赛规则、场地规格、器材使用、度量单位、参加对象与资格等方面的要求对武术竞技的标准化产生了深刻的影响。中央国术馆举行的两届"国术国考"，不仅设有比赛组委会，制定了竞赛规程、规则，而且要求裁判员进行赛前培训，甚至在上海江湾体育场举行的"第七届全国运动会"上，还提出了"以姿势、动作、运动"三类组成的技术评判标准。"国术摘锦比赛之新发明"则对武术竞技场地、着装、裁判法等作了具体规定。这些改革尽管存在着这样或那样的问题，甚至暴露出国术的一些弊端，但从长时段的历史发展进程来看，今日武术竞赛的规范化和标准化也皆受益于此。

---

[1] 中央国术馆. 张之江先生国术言论集 [M]. 南京：大陆印书馆，1931：113-114.
[2] 易剑东. 民国时期武术社会化探析 [J]. 南京体育学院学报，1996（4）：44.
[3] 舒盛芳，沈建华. 欧、美近代体育的传入对加速中国现代化进程的历史贡献 [J]. 中国体育科技，2004（3）：62-63.
[4] 易剑东. 民国时期武术竞技述论 [J]. 成都体育学院学报，1995（3）：8-10.

二、吴越武术竞赛活动及其对规则的探索

20世纪始,不仅能在举办的各种运动会上看到武术靓丽的身影,而且相继举办了各种形式的武术单项赛事。这揭示出,无论是参与综合性的运动会,还是举办的单项武术运动会,无论是作为表演,还是作为正式竞赛项目,武术都在谋求与西方体育同样的展示机遇。因此,本文依据竞赛类别,整理统计出1910—1948年吴越地区举办的体育赛事以及武术的单项赛事活动(表4-2)。

表4-2 近代吴越地区体育赛事及武术赛事活动一览表[1]

类型	时间	比赛名称	地点	项目类型
洲际运动会	1915年	第二届远东运动会	上海	设足球、篮球、排球、网球、棒球、自行车、游泳、田径8个比赛项目
	1921年	第五届远东运动会	上海	同上
	1927年	第八届远东运动会	上海	同上(童子军进行各种表演,其中有武术)
全国及地方运动会	1910年	第一届全国运动会	南京	设田径、球类项目
	1930年	第四届全国运动会	杭州	设田径、球类、游泳项目,国术表演
	1933年	第五届全国运动会	南京	同上,国术锦标
	1935年	第六届全国运动会	上海	同上,国术表演
	1948年	第七届全国运动会	上海	设田径、球类、游泳、拳击、举重项目,国术表演
	1914年	江苏第一届省联合运动会	南京	表演和比赛项目:潭腿、功力拳、刀术、柔术及其他拳技作为表演和比赛项目
	1915年	江苏第二届省联合运动会	南京	比赛项目:武术比赛占所有竞赛项目的1/6

---

[1]资料来源:张娟.近代中国举办的三届远东运动会[J].体育文化导刊,2013(2);王妍.远东运动会与近代东亚社会的发展[D].苏州:苏州大学,2014;习云太.中国武术史[M].北京:人民体育出版社,1985;国家体委体育文史工作委员会.中国近代体育史[M].北京:北京体育学院出版社,1989;庞玉森.中央国术馆史[M].合肥:黄山书社,1996;尹洪兰.民国时期重要武术比赛综述[J].体育文化导刊,2013(3);易剑东.民国时期武术竞技论述[J].成都体育学院学报,1995(3).

(续表)

类型	时间	比赛名称	地点	项目类型
专门性的国术比赛或游艺会	1923年	中华全国武术运动大会	上海	团体、单练、对手
	1928年	中央国术馆第一届国术国考	南京	预试：刀、枪、剑、棍、拳 复试：摔跤、散手、短兵、长兵 口试：三民主义
	1929年	浙江国术游艺大会	杭州	表演赛和擂台赛
	1929年	上海国术比赛	上海	擂台赛
	1933年	中央国术馆第二届国术国考	南京	选手：除男运动员外，还加入女运动员 预试：刀、枪、剑、棍、拳 复试：散打、短兵、长兵、摔跤 口试：三民主义

（一）第八届远东运动会：国际综合运动会上的亮相

远东运动会是近代亚洲地区最早的综合性运动会，被后世称为"东方奥运会"和"近代亚运会"[1]，也是近代中国参加的第一个国际性体育赛事。它发轫于20世纪初菲律宾每年举办的嘉年华会，后由中、日、菲三国共同参与组成远东体育协会而发起，目的是"补充国际奥委会的工作，其中最重要的目的是在本地区举行国际的体育比赛，比赛在单数年每两年举行一次"。协会的成立得到了国际奥林匹克委员会的支持，远东运动会也在1920年得到国际奥委会的正式承认[2]。

远东运动会自1913年至1934年共举办过10届，第二届（1915年）、第五届（1921年）、第八届（1927年）均由中国承办，在上海举行；因为没有综合运动场，第二届和第五届远东运动会都是在虹口娱乐场（虹口靶子场，原工部局公园内，今鲁迅公园）进行的[3]。直至第八届时，上海才建造了自己的综合运动场——"中华运动场"（又称"中华棒球场"）。它位于康悌路（今建国东

---

[1] 王妍. 远东运动会与近代东亚社会的发展[D]. 苏州：苏州大学，2014：1.
[2] 张娟. 近代中国举办的三届远东运动会[J]. 体育文化导刊，2013（2）：137.
[3] 任冉冉，顾良辉. 上海与远东运动会[J]. 和田师范专科学校学报：汉文综合版，2006（5）：198-199.

路）北、劳神父路（1916—1927年称天文台路，1927—1943年称劳神父路，今合肥路）南、贝勒路（今黄陂南路）西、萨坡赛路（今淡水路）两侧，占地137亩（约9.13万平方米）[1]。《申报》[2]对这一历史性突破进行了报道："此次大会，值在吾国举行，关于规则布置种种，筹备已及两月，新看台现正加工赶造，不日即将告成。运动场已修理完善，各种比赛，除游泳外，就能在上海中华运动场举行，棒球比赛，仍在棒球场，该场面积甚广，建筑极为精美，为远东头等球场之一，周围看台，能容观客一万二千人，足球场系新近建成，周围可容观客一万人。"[3]这届运动会不仅是在自己的体育场召开，而且是由中国人自己的体育组织——中华体育协进会来负责筹办的（1924年正式成立），从而摆脱了以往中国参加国际赛事都由基督教青年会主导的局面[4]。所以《申报》载："前数届在华开会，皆为外人代为主持，本届一切事务，完全由华人办理，会场建筑之完备，比赛评判之公正，日菲代表均称满意。此虽为中国应尽之责任，然在远东运动会史上，不可谓非开一新纪元也。"[5]

因为远东运动会的竞赛项目都是西方体育运动项目，所以武术并不列在其中，在第二届、第五届上海举办的远东运动会上亦未见到武术的身影，《申报》亦未做任何相关报道。只有在第八届远东运动会期间，《申报》报道：由少年儿童组成的童子军每日派男女童子军，分配到比赛场地服务，维持各场秩序进行表演及其他，参加开幕式服务的童子军就有来自各地的300人之众[6]。另据《中华全国童子军协会》[7]所设立的奖章明细，可推断其所辖学校之童子军训练的大概，所设计的童军课程与西式训练内容相似，"质言之，皆人生必须应用之种种技能与知识也"，而书记（中文）、武术和卫生等训练应是依据中国国情而添设[8]。

---

[1] 薛理勇.上海掌故大辞典［M］.上海：上海辞书出版社，2015：369.
[2] 《申报》是近代中国出版时间最长（1872.4.30—1949.5.27）的一份商业大报，它立足上海、面向全国，是具有一定文化影响力的报纸，体育报道也是其重要组成内容。
[3] 王群.1913—1934年《申报》远东运动会报道研究［D］.北京：北京体育大学，2010：18.
[4] 张娟.近代中国举办的三届远东运动会［J］.体育文化导刊，2013（2）：139.
[5] 王妍.远东运动会与近代东亚社会的发展［D］.苏州：苏州大学，2014：59.
[6] 张宏伟，王博.第八届远东运动会史考［J］.体育文化导刊，2007（8）：92.
[7] 由时任上海格致公学校长的康普于1915年邀集各省热心童子军教育人士共建"中华全国童子军协会"，总会设在上海，另设广州、南京、汉口、北京、天津、苏州等支会，并组织评议会，办理协会之事。
[8] 吴小玮.以训练为中心的儿童组织——民国时期童子军之研究［D］.上海：华东师范大学，2013：54-55.

工商奖章：锻冶、簿记、木工、书记（中文）、书记（英文）、电工、机械、杂艺、通译、圬工、采矿、印刷、蚕丝、缝工、电报、织工、编工；

教育奖章：建筑、美术、测候、保物、礼仪、音乐写真、雕刻、天文；

野赛奖章：扎营、森林、园艺、博物、博物（辨音）、航空、向导、航驶、开拓、家禽、讯号、伺捕、测量、看守、喇叭；

体育奖章：射箭、棹舟、自由军、卫生、武术、游泳；

服务奖章：急救、中文教授、肺痨检查、烹饪、消防、兽医、仁慈、游戏教授、卫生管理、看护、训练、公众卫生、济助、水中救护、卫生检查①。

由此可以推断，第八届远东运动会上应该有童子军进行武术表演的情况，也可视为武术在吴越地区举办的国际综合运动会上的亮相。（图4-3）

图4-3 王开照相馆拍摄的第八届远东运动会武术表演②

（二）全国及地方运动会：武术竞赛基本框架的确立

晚清全运会和民国第一届全国运动会，前者于晚清宣统二年（1910年）在南京南洋劝业场举行（晚清时期举办，民国时期追认为第一届全运会），后者在民国三年（1914年）于北京天坛体育场举行（民国第二届全运会）。这两次

---

① 吴小玮. 以训练为中心的儿童组织——民国时期童子军之研究［D］. 上海：华东师范大学，2013：54-55.

② 王群. 1913—1934年《申报》远东运动会报道研究［D］. 北京：北京体育大学，2010：40.

第四章 敢于变：西学东渐与南北交汇

全运会均由基督教青年会筹办，因此在制度方面基本采用英美国家的标准和范式，术语为英语，比赛项目是田径和球类运动，无女子运动项目，但它们却是中国近代体育竞赛的一个重大转折点[1][2]。

在1924年湖北武昌举办的第三届全国运动会上，武术首次被列为表演项目。虽然这次全运会的比赛地点不在吴越地区，但大会筹备委员会把武术比赛事宜委托给精武体育会，由陈铁生全权负责，也是在这次运动会上，确定了武术裁判规则的基本框架和导向，即团体、个人两种比赛类型，以及评判内容和标准。团体赛评分标准包含五项内容，即秩序、精神、气力、姿势、服装，每项10分，总分50分。个人赛则按照传统武术的八法——"身、手、眼、步法、精神、气、力、功"，形成以"身法、手法、眼法、步法"四项内容进行评判，运动员的最后得分为裁判员的平均分。同时，为保证公平，裁判员由各参赛团体的教练员及团体主干担任[3]。（表4-3）

表4-3　近代吴越武术赛事规则改革措施一览表[4]

序号	时间	名称	地点	设项	改革措施
1	1924.5	第三届全运会	湖北武昌	表演项目	规定团体计分分秩序、精神、气力、姿势、服装五项，每项10分，总分50分；个人记分根据传统武术的八法：身、手、眼、步法、精神、气、力、功的说法，按身法、手法、眼法、步法评判，取各评判员的平均分为个人得分 裁判员组成：由各参加团体的教练员、团体主干担任

---

[1]王群.1913—1934年《申报》远东运动会报道研究[D].北京：北京体育大学，2010：12.
[2]孙璐.民国全运会研究[D].扬州：扬州大学，2014：1.
[3]尹洪兰.民国时期重要武术比赛综述[J].体育文化导刊，2013（3）：128.
[4]资料来源：习云太.中国武术史[M].北京：人民体育出版社，1985；国家体委体育文史工作委员会.中国近代体育史[M].北京：北京体育学院出版社，1989；庞玉森.中央国术馆史[M].合肥：黄山书社，1996；尹洪兰.民国时期重要武术比赛综述[J].体育文化导刊，2013（3）；易剑东.民国时期武术竞技述论[J].成都体育学院学报，1995（3）.

(续表)

序号	时间	名称	地点	设项	改革措施
2	1933.10	第五届全运会	江苏	比赛项目	比赛项目有拳术、刀、枪、剑、棍的对抗赛和摔跤、射箭、弹丸、踢毽、测力锦标。实际上，刀、剑合二为一为短兵，用短棍代替；枪、棍合二为一为长兵，用长棍代替。北平队、南京队分获国术男、女团体冠军。第五届全运会是武术第一次被正式列为全运会的锦标项目，也是全运会唯一一次设置国术对抗赛。这次运动会之前，张之江与褚民谊就因为国术比赛而出现意见分歧：褚民谊主张间接比赛，张之江主张直接比赛；而在这次大会之后《华北日报》上还刊载了许禹生的"下次全运应停止国术比赛"的谈话，最终全运会的国术对抗赛仅这一次而已
3	1935.10	第六届全运会	南京	表演项目	此次运动会中的拳术与器械只是表演，不设比试。男子国术设拳术（单人、对手）、器械（单、对手）、摔跤（重、中、轻三级）、射箭、弹丸、踢毽、测力（重、中、轻）等七门。女子国术项目与男子同，只是摔跤与测力不分级别。拳术、器械表演按姿势、动作、运劲三项进行评分
4	1948.5	第七届全运会	上海	表演项目	这次比赛相对于前几届有了预赛、复赛以及决赛之分，规则也比以前更详细了一些。至此，拳术与器械的套路表演的评判规则基本确定。这种评判标准与后来的武术套路的评判标准类似 这届全运会的武术项目分为拳术、器械两类。拳术表演不论单人或对手，每次均以一套为限，表演内容个人自择，不拘宗法。器械表演不论单人与对手，每次均以

第四章 敢于变：西学东渐与南北交汇

（续表）

序号	时间	名称	地点	设项	改革措施
4	1948.5	第七届全运会	上海	表演项目	一套为限，所用器械仅限于刀、剑、枪、棍四种，但对手表演时，双方不限用同样的器械。表演时间每人每对均以5分钟为限，必要时应于比赛前商得裁判长同意才可酌量延长时间。拳术及器械比赛不论单人及对手，均用分组预赛法，淘汰其一部分，然后举行决赛，如人数过多，亦得在预赛后举行复赛，分组则由竞赛委员会斟酌各单位参加情形决定，每组以六至十人为标准，且同各单位之选手，分配于不同组内，各组预赛或复赛录取名额，由竞赛委员会视各组人数多寡决定。比赛以表演成绩的优劣作为判定名次的标准。表演成绩从姿势、动作及运劲三方面评定，每一方面以100分计算，以三方面之平均分为最后得分
5	1928.10	中央国术馆第一届国术国考	上海	技术考试分预试、复试、决试	预试：个人表演，项目包括拳术、刀、剑、棍、枪，以计分法评定成绩，优胜者参加复试，复试优胜者参加决试 决试：两人对抗比赛，项目包括徒手的拳脚门（散打）、摔角门，持械的棍、枪门（长兵），刀、剑门（短兵）。采取单淘汰制，以抽签法配对，每对三赛两胜者才可进入下一场比赛 考试要求：选手不分体重，抽签分组；赛者戴铁丝面罩，短兵用与剑身长的藤条，有皮质包棉护手；规则要点是除眼、喉、裆部外可击打身体任何部位，倒地为负；击打眼、喉、裆部为犯规，犯规三次取消比赛资格，没有时间限制 名次规定：经三轮比赛决出最优等、优等、中等三个等级；三个等级内名次不分先后

(续表)

序号	时间	名称	地点	设项	改革措施
6	1933.10	中央国术馆第二届国术国考	江苏南京	技术考试分预试、复试、决试	预试：同上，增加评分细则 正试：同上，另增加搏击比试和女子对抗比试 考试要求：大部分内容同上。但在第一次国考的基础上进行了规则的些许变动：（1）改抽签分组为按体重分组分级进行，共分为五个级别：重量级、轻重量级、中量级、轻中量级、轻量级。（2）规则要点改为以点计胜，凡用手、肘、脚、膝击中对方任何部位得一点，要求点到为止。（3）护具改革：①拳术比试时，各选手身着皮绑腿，手戴毛套。②长兵比试时，各选手身着以坚木所制之护身一具，圆圈用棉布包成，颈部着以铁罩，宛如古代战士。枪用木棍代替，顶上包以丝绸，每开始比试时，先用红粉涂于枪尖，以扎一次为一回合，多者为胜。③短兵比试时，选手各穿皮甲，头顶铁罩，罩之周围缝以厚棉块，各块相连，紧紧将头包围，剑虽着于头上，惟觉其震动，并不疼痛。剑之制造，用藤棍代替，棍周绑以海绵用软皮圈裹，至比试时，再用白粉装入布套内，套在剑上，如是着者，其身后必有白粉出现，即为击中一次，作以回合，以击中数较多者为胜
7	1929.10	浙江国术游艺大会	浙江杭州	第1—4天进行各拳种、器械表演；	比赛要求：不分级别，不准用头盔、护胸、护裆、护膝、护肘、拳套等护具，同时规定不准挖眼、扼喉、不准击太阳穴，不准取裆；另外，还要求所有参加擂台赛的比试员必须要参加拳械表演 比赛分组：采用摇珠法，对手的确定采用

第四章　敢于变：西学东渐与南北交汇

(续表)

序号	时间	名称	地点	设项	改革措施
7	1929.10	浙江国术游艺大会	浙江杭州	第5天开始擂台赛；第8天决出26人优胜者名单；第9—10天，产生大会前三名。	现场抽签的方法，同时为了防止弱弱侥幸和强强早伤，采用双淘汰的方法 比赛规定：比试次数以三次为限，时间以3分钟为限。比试以三局两胜决定优胜者，如果在规定的时间不能决出胜负，休息两分钟后再继续比赛 比赛一天后，因为胜负的判定标准不明确，所以调整比赛规则： 规定双方比试以跌倒为负，当双方都未跌倒时以自认不能支持、心甘情愿认输者为负；如果双方比试4分钟还不见胜负，休息2分钟后继续，如果仍然不能分胜负，则为平手 修改规则后，由于双方平手后都可进入下次比赛，导致一些人消极比赛，同时比赛中很多人互击头面，产生了很多损伤，所以李景林在比赛的第八日增订比赛规则：规定比试人员不准互打头面，比试时不准言笑，一律只准比试10分钟，过期无胜负取消比试资格 26人决试时：除不能挖眼、扼喉、抓阴、打太阳穴外，拳脚完全放开了
8	1929.12	上海国术比赛	上海	武术擂台赛	比赛规则基本沿袭浙江国术游艺大会规则，只是不设表演赛，直接进入擂台赛，除了不能挖眼、扼喉、抓阴、打太阳穴外，几乎可以使用任何技术

之后在第四届、第六届和第七届全运会上武术也均作为表演项目，国术作为民国全运会上的正式比赛项目仅出现在1933年的第五届全运会。1933年10月10—20日，第五届全国运动会在南京中央体育场举行，国术项目设有拳术、刀、枪、剑、棍的对抗赛和摔跤、射箭、弹丸、踢毽、测力锦标。刀、剑合为

169

短兵，用短棍代替；枪、棍合为长兵，用长棍代替，这也是全运会唯一一次设置国术对抗赛。另外，在一些地区性的综合型运动会上，也设有武术表演和比赛项目，如江苏第一届和第二届省联合运动会，潭腿、功力拳、刀术、柔术及其他拳技就被作为表演和比赛项目。

（三）单项武术赛事活动：国术竞赛规则的不断尝试

中华全国武术运动大会：1923年4月14日，由马良、许禹生、唐豪等人组织发起的"中华全国武术运动大会"在上海市西门公共体育场举办。参加者主要是来自上海、北京、天津、山东、江苏等几个省市的20多个民间武术社团，如精武体育总会、北京体育研究社、天津进德武术研究会、上海武德会、山东武术传习所、英武体育社、中华武术会、龙华第二武术团、上海公共体育场技击部、松江武术团、松江国技学习会、常州正德国技学社、常州武术研究会、沪江体育学校、广肇女校，以及马良所在部队的摔跤队等。

大会主要分为团体、单练、对手三种形式，含上百个不同的项目，都以表演为主。虽有人批斥其"冠以'全国'二字，实际上却只有少数几个省市参加"[①]。但是，它的出现不仅是对西方体育大量充斥中国所做出的回应，也是中国体育史和武术史上的第一次单项武术运动大会，更是表现出他们追求武术运动与西方体育运动平等话语权的自觉使命感。

中央国术馆的国术国考：中央国术馆自成立以来共举办过两次国术国考，目的是选拔武术尖端人才以充实"央馆"，推动武术事业的进一步发展。第一届国考举办于1928年，共历时13天[②]，有山东、河北、北平、南京等17个省市和中央国术馆的应试者参加了考试。考试分为预试、对抗赛、口试三场。预试为个人演练，项目是拳技及长、短兵，合格后方可参加第二场的对抗赛。所以预试时报名的400多名选手在经过第一轮的淘汰后，仅剩下333人。对抗赛采用无级别的三战两胜制，项目分为散打、摔跤及长短兵械的对劈刺。口试内容则为"三民主义"。

第二次"国术国考"于1933年10月20—30日亦在南京公共体育场举行，有河北、湖南、绥远、山东、河南等21个省市共438人参加了考试，其中有女子

[①]国家体委体育文史工作委员会.中国近代体育史[M].北京：北京体育学院出版社，1989：144-145.
[②]第一届国术国考虽然于1928年10月15日才在南京中央体育场正式开始，但因为国考要求每一个参赛人员必须先参加10月6日举办的预赛，合格后方可参加15日举办的对抗赛，所以国考实际上是进行了13天。

9人。这次考试基本按照《国术考试条例》和1931年11月修订的《国术考试细则》进行，对选手的资格、考试日期、所考的术科与学科内容、考试程序以及裁判的聘请等都作了较为明细的规定。此外，在第一次国术国考的基础上，又对较技细则、护具规定等作出了进一步的要求（见表4-3）。

国术国考虽然被戏称为民国时期的"武举制"，分内、外两场，但也从中可以看出其"文武兼进"的理念。而且它在技术方面制定的竞赛规则，充分体现出它在武术与西方体育竞赛结合中所做出的大胆探索，在一定程度上促进了武术的规范化发展[①]。

浙江国术游艺大会与上海国术比赛：1929年的浙江国术游艺大会是西湖博览会的一个组成部分。西湖博览会是中国近代博览会史上规模最大的一次全国博览会。西湖博览会从6月6日开幕到10月20日闭幕，历时137天，参观人数总计2000余万。参观者既有中国国内各行各业代表、海外商人、华侨团体，也有美国华侨参观团、美国记者团、日本考察团、日本教育考察团、英国商务考察团、朝鲜考察团、万隆考察团等前来参观、考察、洽谈业务。换句话说，西湖博览会就是一次集政治、经济、文教、科技于一体的大会展。如此大规模的展会必然需要资金，主办方便模仿现代奥林匹克运动会的形式进行了大胆的营销运作，想出了许多筹措经费的办法，其中之一就是发行奖券和有奖参观券。如发行的"国术比赛有奖参观券"有20万张，每张售价1元，总额就达20万元。另在盛大的开幕式上，还举行武术表演，国内武术名家参加拳、剑、鞭、棍、枪、刀、钩、戟等各项表演[②]。

1929年10月16日，浙江国术游艺大会正式开幕，会址设在杭州市内旧藩司前学宫的广场上，建有正式的比试台[③]。大会发起人是张静江，李景林为筹备主任，褚民谊、孙禄堂为副主任。报名打擂台的选手有100多人，报名表演的有192人。这次比赛主要是擂台赛，但要求所有参赛者须进行拳械表演。比赛不分级别，选手不得佩戴护具，比试三次，时间为三分钟，另规定不准使用挖眼、扼喉、击太阳穴、取裆等动作；比赛分组采用摇珠法，对手的确定采用现场抽签的方法，同时为防止弱弱侥幸和强强早伤，采用双淘汰的方法[④]（见表4-3）。

[①] 国家体委武术研究院编纂. 中国武术史 [M]. 北京：人民体育出版社，1997：344.
[②] 王妍. 远东运动会与近代东亚社会的发展 [D]. 苏州：苏州大学，2014：90.
[③] 庞玉森《中央国术馆史》（合肥：黄山书社，1996：47）记载，比赛台的样式为扇面形，高六尺，长十丈，宽五丈，中间用白粉标明一直径为三丈的圆圈，作为比赛界限。
[④] 尹洪兰. 民国时期重要武术比赛综述 [J]. 体育文化导刊，2013（3）：131.

浙江国术游艺大会结束后，李景林与褚民谊转战上海，开始组织上海国术比赛，地点最终设在云南路口的上海舞台举行。参赛人数较浙江国术游艺大会更多，也有来自云南、新疆、贵州等偏远地方的选手，因此比赛一直从1929年12月18日持续到1930年1月7日。比赛规则基本沿袭浙江国术游艺大会的规则，只是不设表演赛，直接进入擂台赛，除不能挖眼、扼喉、抓阴、打太阳穴外，几乎可以使用任何技术，所以这次比赛更为激烈（见表4-3）。可见，浙江国术游艺大会和上海国术比赛的对抗实践对当代武术走向竞技化的道路作出了有益的探索[①]。

综上，可以看出，吴越地区武术竞赛活动对规则的探索改进主要表现为以下几方面：

（1）竞赛制度：设置竞赛委员会，制定竞赛规程和比赛规则，进行裁判培训。

（2）竞赛模式与类型：竞赛类型主要分为团体和个人。竞赛模式主要是"打练合一"的形式，就是先预试单练（拳术和器械），合格者再参加正试的对抗赛，对抗赛的内容包括徒手对抗的"拳脚门"（散打）与"摔角门"，持械对抗的"刀剑门"（短兵）与"棍枪门"（长兵）。

（3）平等竞技：即对抗赛按体重分级、各项级分别取录名次的方式。共分为五个级别：重量级、轻重量级、中量级、轻中量级、轻量级。对抗赛使用护具，对动作技术有限制。对抗赛也有不使用护具，以增加技术的使用和观赏。

（4）评分标准：①团体赛评分标准有秩序、精神、气力、姿势、服装五项，每项10分，总分50分来评判。②个人武术演练的评分标准是按姿势、动作、劲力三个方面进行评判，每类均以100分计算，再以三类总分平均后，即为应得分数；亦可根据身法、手法、眼法、步法评判，取各评判员的平均分为个人得分。③对抗得分标准以对手倒地为负，击打眼、喉、裆部为犯规，犯规三次取消比赛资格，时间为3分钟，比试以三局两胜决定优胜者；或者以点计胜，凡用手、肘、脚、膝击中对方任何部位得一点，要求点到为止。

当然，在这些尝试中，也存在各种问题：如因"门户之见严重，一些人被打得头破血流，筋断骨折"，第一次的国术国考没有统一护具规定和要求，出现了一些伤害事故和斗殴现象。第二次国术国考"因为强调了以点取胜，所

[①] 尹洪兰.民国时期重要武术比赛综述［J］.体育文化导刊，2013（3）：132.

以双方都不敢轻易进攻，躲闪逃避者为多，未能考出真正水平"。此外，也出现了重视散手竞技、忽视套路竞技，重视器械竞技、忽视徒手竞技的现象，如1933年第五届全运会设男子拳术、摔角、弹丸及刀、枪、剑、棍等器械竞赛，器械武术项目明显多于徒手武术项目。1929年在杭州和上海分别举行的国术游艺大会中，武术竞技项目都只有散手[①]。

然而，我们也深知，即使是现在，武术竞赛规则也依然处在不停地探索之中，其不仅要符合武术本身发展的规律，而且要适应时代和社会的需求，武术竞赛规则自然会受到褒贬不一的评价。

第五节　武术家的群体流动

近代吴越地区的武术发展与变革离不开时代背景和社会思潮的影响，更离不开武术家的群体流动，自上海开埠以来形成的以其为中心的长江下游吸引着南来北往各层人士的汇聚。据学者研究，民国时期体育家群体中出生地居全国前三位的分别是江苏、浙江、河北，60位体育家中有28位出自江苏和浙江，占总数的46.7%。有些体育家虽然出生在内陆地区，但大多都有在江浙一带从事体育活动的特殊经历。换言之，江浙一带是体育家分布的主要地区，而这正是近代中国沿海与内陆地区的显著差别，即与地域间的文化势差有着直接的关联。江浙一带是近代西学东渐的前沿与中西体育文化的交汇处，这种新的文化氛围，为体育家提供了认识世界、转变观念、孕育革新思想的机遇和土壤[②]。

以武术在上海的发展为例，据不完全统计，1910—1948年成立的民间武术组织就达70多个，而作为政府组织在南京成立的中央国术馆更是形成了一个自上而下、层层相连的国术馆组织系统。从表4-4全国各地域的武术拳种统计中也可看出，吴越地区的本土拳种并不多，但挖掘整理所呈现出来的拳种却占据前位，这自然是与武术家的群体流动有着重要的关联。

[①] 易剑东. 民国时期武术竞技述论 [J]. 成都体育学院学报，1995（3）：11-12.
[②] 周成. 民国时期（1912—1937）体育家群体研究 [D]. 长沙：湖南师范大学，2015：28-29.

表4-4　中国各地域武术拳种分布情况一览表[①]

序号	地域	拳种情况	特点
1	中州	中州地区共有拳种40种，单项拳械85种，套路5181套。其中豫东地区有拳种21个，豫西地区有拳种12个，豫中地区有拳种25个，豫北地区有拳种41个，豫南地区有拳种20个。除本土拳种少林拳、太极拳、苌家拳外，其余大部分为外来拳种	本土拳种较有影响力
2	巴蜀	巴蜀地区共有拳种67种，其中本土的特色拳种是僧门拳、化门拳和黄林派（火龙拳），其余大部分为外来拳种	外来拳种居多
3	吴越	吴越地区共有拳种120种，江苏省流传的拳种有29个（徒手套路有822套，器械套路389套），浙江省的武术拳种有64种（徒手对练套路有32路，器械对练套路有20路），上海地区发现的拳种有南北拳82种、掌术5种、太极拳12种、门派4种。除花拳、船拳、温州南拳、木兰拳（中华人民共和国成立后的新创拳种）为本土拳种外，其余均为外来拳种	外来拳种居多
4	齐鲁	齐鲁地区有66个武术拳种，套路966个，其中包括拳术套路499个，器械套路321个，对练套路146个。齐鲁本土拳种有鲁西武术文化圈中的"查拳"和鲁南武术文化圈中的"文圣拳"，以及胶东半岛武术文化圈中的"螳螂拳"和"孙膑拳"	本土拳种较有影响力
5	燕赵	燕赵地区共有形意、太极、八卦、八极、太祖、劈挂、燕青、太祖、六合、戳脚、翻子、通背、拦手、梅花、少林等60多个门派，包括拳种90多个，单项拳械80多个，总计套路2000多套。在20世纪80年代挖掘整理出的129个拳种中，燕赵地区几乎占了半壁江山	本土拳种较多

[①]资料来源：韩雪.中原武术文化研究［D］.上海：上海体育学院，2005；陈振勇.巴蜀武术文化探骊［D］.上海：上海体育学院，2006；丁丽萍.吴越武术文化研究［D］.上海：上海体育学院，2007；郭守靖.齐鲁武术文化研究［D］.上海：上海体育学院，2007；申国卿.燕赵武术文化研究［D］.上海：上海体育学院，2008；张胜利.陇右武术文化研究［D］.上海：上海体育学院，2008；王家忠.荆楚武术文化研究［D］.上海：上海体育学院，2008；李吉远.岭南武术文化研究［D］.上海：上海体育学院，2010；徐烈.关东武术文化研究［D］.上海：上海体育学院，2010；杜舒书.秦晋武术文化研究［D］.上海：上海体育学院，2011；郭振华.滇黔武术文化研究［D］.上海：上海体育学院，2012；张银行.闽台武术文化研究［D］.上海：上海体育学院，2012；田海军.漠南武术文化研究［D］.上海：上海体育学院，2013；刘祥友.西域武术文化研究［D］.上海：上海体育学院，2018；郭志禹.中国地域武术文化现代阐释及其发展趋势研究［M］.北京：学苑出版社，2013.

第四章 敢于变：西学东渐与南北交汇

（续表）

序号	地域	拳种情况	特点
6	陇右	陇右地区共有拳种18种，其中本土拳种有2个，分别为四门拳和八门拳。其他拳种大部分是于民国时期和中华人民共和国成立后传入的，如齐鲁、燕赵、秦晋等地区	外来拳种居多
7	荆楚	荆楚地区现有拳种95种，拳械套路2000余套。湖南本地拳种有湖南南拳、梅山拳、万法归宗、败桩十八拔、岳门拳等；湖北省本地拳种有洪门拳、孔门拳、鱼门拳；其余都属于外来拳种	外来拳种居多
8	岭南	岭南地区的拳种共计75种，其中广东地区主要拳种21种（本土拳种13种，外来拳种8种）；广西地区主要拳种61种（本土拳种12种，外来拳种49种）。岭南地区的特色拳种主要是洪家拳、咏春拳、蔡李佛拳及客家拳	本土拳种较有影响力
9	关东	关东地区的拳种共计78种，其中少北拳为中华人民共和国成立后新创拳种，其他绝大多数为外来拳种，即便是由胡奉三所创的文趟子拳，也属于戳脚拳的一类。关东地区武术拳种的分布情况与移民进入关东地区的辐射深度有关，更确切地说，是与关东各少数民族汉化的进程相一致，由南至北，汉化程度最早、最高的是辽宁省，拳种数量也相应最多，而黑龙江省汉化的时间晚、程度低，拳种的分布数量也相应较少	外来拳种居多
10	秦晋	秦晋地区流传76个主要拳种，其中本土拳种有7个，而从燕赵地区传入的拳种有36个（除去重叠的还有31个），从中州地区传入的有15个，从齐鲁地区传入的拳种有6个，吴越、陇右、巴蜀、荆楚、关东、西域、滇黔也各有拳种传入，但秦晋拳种的主要源传地以燕赵地区为最	本土拳种较有影响力
11	滇黔	滇黔地区流传的拳种中：云南有58种，拳术套路650项，稀有功法2项、稀有拳种2个；贵州有39个拳种，各族套路、练功方法800余项。本土拳种大多为少数民族拳种，如苗拳、布衣拳、侗拳、彝拳、仡佬拳、壮拳、瑶拳、土家拳、傣拳、白族拳、哈尼拳、布朗拳等等。但外地武术精英对滇黔少数民族武术拳种、拳派或体系的形成也具有一定的影响	本土拳种较多

175

(续表)

序号	地域	拳种情况	特点
12	闽台	福建武术拳种有40个,其中本土拳种36个(较原32个增加了漳州洪家拳、开元拳、八井拳和龙虎拳);外来拳种4个(流入本地50年以上的遴选原则,由2个增至4个,增加了张三丰太极拳、通臂拳)。台湾汇聚了中国南北诸派武艺,其中北派武术多于1949年前后入台,武术家多来自山东、河南、河北等地;南派武术多在明、清时期传入台湾,武术家多来自福建、广东	本土拳种较有影响力
13	漠南	漠南地区共有各类套路69趟,其中拳术28趟,刀术7趟,枪术6趟,剑术16趟,棍术4趟,其他器械8趟。在漠南草原大地,蒙、汉、回、满各民族中传入时间较早(一般以民国建立以前即明清时期)的拳种并不多见,仅有形意拳、八卦掌、弹腿等。漠南农耕武术文化的成因由内地人口的塞外移民,回民重商、晋商活动等的商农移民以及武术人士的政治移民所致	外来拳种居多
14	青藏	青藏地区出现的拳术多达301个,这些拳术多出现在西宁、大通县,海东的民和、湟中、平安,海南州的贵德、共和,以及海北州。因为这些区域是移民迁入的主要区域,相对于其余地域武术活动要活跃得多,而且迁入人口多是知识分子,识文断字、能书写记载。此外,在现有统计的青藏所拥有的拳械中,多受八门拳、西北鞭杆等主流拳系的影响	外来拳种居多
15	西域	西域地区流传的38种拳械大都是清末、民国时期,以及中华人民共和国成立后由内地汉、回同胞传入的,其中代表性的拳械有八门拳、天启棍、意拳等。八门拳、天启棍等西北地区优秀的武术拳械多由相邻的甘肃、青海等地的汉、回民传入新疆	外来拳种居多

对于近代吴越地区武术家的流动,主要选取隶属于民间武术社团的精武体育会、官方组织中央国术馆,以及部分主要拳种分别进行阐述。首先是精武体育会,陈公哲在《精武会50年》一书中提到:

中古时,地域之所谓中原者,为河南、山东、直隶、山西之南部,陕西之东部,即诸侯封地。晋朝以长江之右并称,未及于百越也。今日拳术大类分为

第四章 敢于变：西学东渐与南北交汇

南北，容有未尽，尚有长江流域派别，间乎南北之间者。一九一七年间由余与陈铁笙集合南北各派拳师会议，确定拳术系统，分为黄河、长江、珠江三大流域。

少林派系始于北方，属黄河流域。鹰爪、螳螂等亦属之。太极派系始于安徽，属长江流域。形意，八卦，江阴派等属之。南方拳术，虽称来自福建之少林，其实另为一系，如洪、刘、蔡、李、莫等，属珠江流域，蔡、李、佛等属之。

其次少林派系尚有：江阴派，许太和派，赵家拳，西家拳，岳家拳，张飞神拳，温家钩排拳，孙家披挑拳，霸手拳，猴拳，童子拜观音拳，九滚十八铁拳，藏僧拳，或属黄河，或属长江，流传所自，兴替以时，未能尽录其所自矣[①17-18]。

从上述描述可以看出，精武体育会当时就汇聚了黄河、长江、珠江流域各派武术名家。黄河流域的拳师为赵连和、张富猷、霍元庆（元甲弟）；长江流域拳师陈维贤、孙赞轩等，其后孙玉峰、霍东阁（元甲子）、罗刚玉、陈子正、吴鉴泉等也都相继来沪。每个军师不仅都有好身手，而且各有专长，如赵连和善功力拳、节拳、单刀、夜战枪，能跳跃，身段灵活，颇明精武宗旨，后升为总教练。张富猷体重200余磅（1磅≈0.45千克），臂肌特大，步行如虎，善大战。江阴派陈维贤善醉酒拳。李健民善五虎枪。孙玉峰善双枪。罗刚玉善螳螂拳，后赴广州，又去香港任教，所以有"南方之有螳螂派者，自罗刚玉始"之说。陈子正原为关外有名番子门，又名鹰爪门拳师。初偕其徒刘志祥，由上海精武会、中国商会、中国商团总会联合聘请南来，以三月期满，遂由精武会独聘为专任教师。吴鉴泉是杨家太极快拳的嫡传，就聘于上海精武体育会第一分会，又自设鉴泉太极拳社[①33]。

而且，从1920年精武体育会参加中华赈灾协会所表演的节目亦可看出武术拳派之丰富：叶书田表演孙膑拳、醉八仙、地挡刀；陈士超表演露花刀、五虎枪、双刀；陈公哲表演太祖拳、抱月刀、九节鞭；鲍灿光表演潭腿、大战、八卦刀；罗啸敖表演工力拳；叶书田、陈公哲表演开门豹；陈公哲、陈士超表演单九串枪[①71]。

其次是中央国术馆。对曾经出入中央国术馆的武艺教员进行统计后发现，在有祖籍可查的45人中，来自河北的武术家就有22人，其次是山东12人，江苏5人，天津、陕西、广西、浙江、河南、北京各1人。而在河北人中，沧州籍的

---

①陈公哲.精武会50年[M].沈阳：春风文艺出版社，2001.

就占了11人，所以当时社会戏称"央馆"为"沧州会馆"[1][2]。

- 王子平（1881—1973年）：河北沧州人，回族。其父精武术，擅摔跤，他受祖辈影响从小习武，16岁时，他的查拳、滑拳、洪拳、弹腿、炮拳、八极拳，以及各种器械已皆具功力。1919年来到上海，1928年任中央国术馆少林门门长，后任副馆长。
- 孙禄堂（1863—1933年）：河北保定人。13岁拜吴姓拳师习练少林武功；后拜李魁恒为师学习弹腿、太极拳、形意拳；此后，李魁恒又把他推荐给郭云深学习形意拳。进京后，跟随程廷华学习八卦掌。学成回到河北后，又跟郝为真学习武氏太极拳。1923年，因家中之事在沪、杭小住，收徒百余人。1928年，受张之江、李景林邀请，携弟子杨世垣来到南京，任中央国术馆武当门门长。江苏省立国术馆在镇江成立后，聘孙为副馆长兼教务长。自此，孙往来于南京、上海、苏州、杭州等地传艺。
- 杨澄甫（1883—1936年）：河北永年县人。1928年曾先后赴南京、武汉、上海、广州等地巡回授拳。后受张之江邀请任中央国术馆武当门门长，后又应张静江邀请到杭州任浙江省国术馆教务长。
- 吴俊山（1901—1973年）：北京人。自幼爱好武术，曾拜八卦大师董老公为师，学习八卦拳。1930年，受张之江邀请任中央国术馆教务处处长，在馆内专授八卦拳，培养了大批优秀学员，如赵云侠、赵飞侠、胡云华、傅淑云、刘玉华等等。
- 吴翼翚（1887—1958年）：东北铁岭人。幼年随父宦游时，曾拜燕赵武术名家闫国兴学习韦驮功及长短兵器，又习希夷门"心意六合八法"等。在汴梁时，又追随宋师清文学习"吕红八式"（"吕红八式"为登封李逢源所传）。1928年吴翼翚任上海高商体育教师，1929年任上海徐汇公学国术体育教师，1932年任上海八仙桥基督教青年会国术组教授兼总指挥。1936年，张之江聘其为中央国术馆教务处处长兼编教委员会主任。
- 朱国福（1891—1968年）：河北定兴县人。7岁在家乡学长拳，13岁拜马玉棠为师学习形意拳。1914年到上海，任先施公司保镖、武德会教师等职。1923年在上海万国竞武场参加"第二次中外人士比武"，击败白俄力士裴益哈

---

[1] 陈刚, 於鹏. 中央国术馆武艺教官群体像：兼谈民国初期武术的发展 [J]. 体育文化导刊, 2014（1）：173.
[2] 资料来源：庞玉森. 中央国术馆史 [M]. 合肥：黄山书社, 1996：185-236.

第四章 敢于变：西学东渐与南北交汇

白尔获特奖。1928年10月15日，在南京国术比赛中获最优等。后中央国术馆聘他任教务处处长。他率先提出"斥花架、重实用、练为战"的思路，提出教学内容应该以"形意、八卦、太极、摔跤、搏击、短兵、劈刺"为主[①]。朱国福二弟朱国禄（精形意拳）、三弟朱国祯（精形意、八卦、太极、摔跤）也曾在中央国术馆任教。

● 唐豪（1897—1959年）：江苏吴县人。早年任教于上海南洋公学并自设"中华国技传习所"，曾随德州刘震南学习六合拳，后又从李存义、陈发科学习拳技。后任中央国术馆编审处处长[②]。

● 姜容樵（1891—1974年）：河北沧州人，精形意、八卦。自幼随叔父姜德泰（前清武进士）学习少林拳械以及祖传秘宗拳术，后又随姑丈陈玉山练功。之后去江苏省第十中学任教，1928年赴沪创立"尚武进德会"，1932年出任中央国术馆编审处处长。

● 黄柏年（1880—1954年）：河北省任邱县（今任丘市）人。自幼拜少林拳师高士平习武；1895年又拜李存义门下，专攻形意拳、八卦掌技艺。1912年，黄柏年随师李存义到天津创办中华武士会。1916年到上海入同乡黄振魁旅部任武术教官；1928年任上海尚武进德会教务主任。1931年，应中央国术馆之聘，教授形意、八卦、刺枪之术，著有《龙形八卦掌》等书，当时受教者有张文广、何福生、温敬铭、蒋浩泉等。

● 马英图（1898—1956年）：河北沧州人，回族。幼习劈挂、八极，功力奇大，性如霹雳，喜较技，擅搏击，出手快且狠，有"闪电手""马狼子"之称。民国十六年（1927年），张之江赴南京创办中央国术馆时，马以西北军官身份同往，在国术馆为教师班学员教授八极、劈挂等艺。劈挂拳南皮一批的名家"燕子"郭长生也时任国术馆特聘教授，马、郭二人对劈挂拳进行研究和综合整理后，在此期间创编了劈挂刀和疯魔棍、以及八极拳对接套路，八极拳对接套路是中央国术馆必修科目之一[③]。

● 郭长生（1896—1967年）：河北沧州人。1916年，郭长生应招到保定三省巡阅使署曹锟卫队武术营苗刀连为伍，拜刘玉春为师，学通臂、苗刀、左把枪等。1928年，受邀到中央国术馆教授苗刀，这种苗刀技术深受学员喜爱，因

[①] 陈刚，於鹏. 中央国术馆武艺教官群体像：兼谈民国初期武术的发展[J]. 体育文化导刊，2014（1）：175.
[②] 季培刚. 近代中国"武术"词义转变考论[J]. 南京体育学院学报：社会科学版，2015（1）：26.
[③] 申国卿. 燕赵武术文化研究[D]. 上海：上海体育学院，2008：173-174.

此国术馆把苗刀列入基本教材，定为必修课之一。

- 孙玉铭（1894—1982年）：河北沧州人。自幼随陈玉山习艺，1918年入伍曹锟卫队武术营，又习得叶俊山双钩和猿背棍。1928年考入中央国术馆，半年结业后成为教员。因以行者棍见长，有"孙猴子"之绰号；另与郭长生的对练双钩进枪、单刀进枪，曾拍成电影纪录片，流传国内外。

- 佟忠义（1879—1963年）：河北沧州人，满族。自幼随父亲佟存练习六合拳法和擒拿术，1902年随兄忠成赴奉天，以保镖为业，后任军中武术摔角教官。1922年在上海创办"忠义国术社"；1928年任上海市国术分馆少林门主任和摔跤教练。

- 张孝才（1905—1972年）：山东济南人，回族。少年时拜马金镖、王兆林为师，精通查、华、炮、洪、地躺等拳术及长短兵器和实战性散打。后又拜摔跤名家王振山为师，专攻跤术。1928年考入中央国术馆，毕业后在各地授艺。1945年，与王子平、佟忠义、马金镖、何国俊等人共同创办"群英武术社"。

- 郭锡山（1882—1940年）：河北沧州人。师承于桐波习燕青拳。1927年赴南京协助张之江筹建中央国术馆；1930年任中央国术馆教务处处长；1934年到国立国术体育师范专科学校任职。

- 李元智（1903—1972年）：河北沧州人。10岁时从师陈玉山习燕青拳，亦随傅万祥习醉八仙。15岁入伍曹锟卫队武术营。后赴沪、宁，从同乡佟忠义习六合拳法及摔跤、擒拿等技。1928年入中央国术馆二期学员，毕业后留校任教。1930年由大东书局出版《青萍剑》《梅华刀》等书著。

- 刘崇俊：四川广汉人，自幼习武，从师数人，武功精湛。成名后又从师甘肃武术大家马黑子学习北派武术。清末曾被聘为清军十营总教官。1912年，四川第一个官办武术组织"四川武士会"成立，刘任副会长。1925年筹建"四川省国术馆"，刘又任副馆长，后任具体负责馆务工作的教务长。中央国术馆成立后，馆长张之江聘刘至馆中任编练处处长，编辑有姜容樵、李雅轩、黄柏年。该处主要编写古代、近代武术文史资料，及武术教材和广设辅导站。刘在四川习练的武术套路"练步拳"被列为馆内生员必修项目之一。后国术名家吴志清将此拳整理成书流传全国[①]。

- 常振芳（1898—1979年）：回族，原籍山东省冠县张尹庄人，后移居开封通许县。他是查拳名师张维琪师门下的佼佼者。1930年考入南京国术馆深

---

① 陈振勇.巴蜀武术文化探骊[D].上海：上海体育学院，2006：89.

第四章　敢于变：西学东渐与南北交汇

造，精通形意、八卦、太极等各门拳械①。

● 张文广（1915—2010年）：回族，河南开封通许县人。其启蒙教师为常振芳，精练查拳拳械。1935年毕业于中央国术馆，1936年任上海体专武术教员，同年随中国体育代表团在第十一届奥运会期间作武术表演①。

此外，从图4-4中央国术馆培养的优秀学员去向中可以看出，中央国术馆在招揽南北武术家的同时，又以其为中心向全国以及海外输送武术精英人才，从而既促进了近代武术的南北交流，又推动了武术的普及与发展。

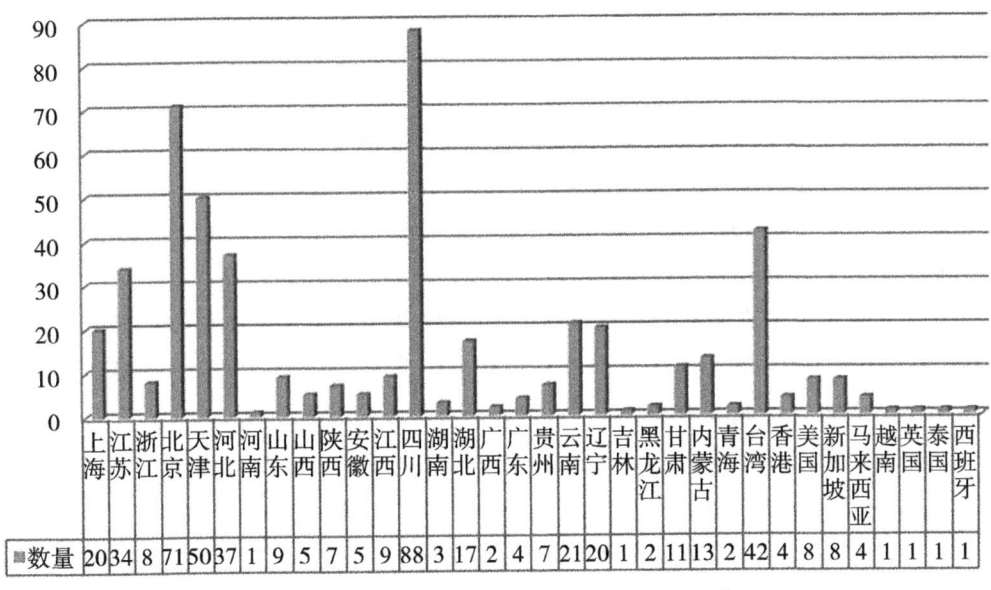

地区	上海	江苏	浙江	北京	天津	河北	河南	山东	山西	陕西	安徽	江西	四川	湖南	湖北	广西	广东	贵州	云南	辽宁	吉林	黑龙江	甘肃	内蒙古	青海	台湾	香港	美国	新加坡	马来西亚	越南	英国	泰国	西班牙
数量	20	34	8	71	50	37	1	9	5	7	5	9	88	3	17	2	4	7	21	20	1	2	11	13	2	42	4	8	8	4	1	1	1	1

图4-4　中央国术馆为各地培养的优秀师资②

最后是吴越地区传播较广泛的拳种来源。据研究，吴越地区的拳种较多，但主要集中在上海。江苏、浙江、上海虽然也有自己的地方拳种，如绵拳、船拳、浙江南拳等，但传播并不广泛，因此还是表现出以外来拳种占据主流地位的特征。其中分布较广的拳种主要有太极拳、华拳、查拳、形意拳、八卦掌、少林拳、通臂拳、翻子拳、鹰爪拳、地趟拳、螳螂拳、梅花拳、劈挂拳等。因此，我们也不难发现，外来拳种对吴越地区武术发展带来重要影响的同时，也反映出吴越地区较强的文化包容力。

---

①韩雪.中州武术文化研究［D］.上海：上海体育学院，2005：37.
②庞玉森.中央国术馆史［M］.合肥：黄山书社，1996：321-338.

181

- 太极拳：杨式太极拳是杨澄甫之徒陈微明在上海创办"致柔拳社"时传播开来的，后又由杨澄甫高足傅仲文随师到沪，并于1944年在上海创办"永年太极拳社"，使杨式太极拳流传更广。武式太极拳是郝为真的后人郝月如、郝可如，于1928年南下授拳时传入上海的，所以上海也称其为"郝架"。孙式太极拳是其创始人孙禄堂在上海"俭德储蓄会"授拳时传播而来的。陈式太极拳则是陈长兴的玄孙陈照奎于1963年受顾留馨之邀在上海开班后传播开来的。
- 查拳：山东查拳大约在光绪乙丑年（1902年）才开始向河南、上海、江苏、山西以及海外发展。如冠县拳师杨鸿修、张学生等随马良技击队迁往济南的镇守使署教授查拳；随后，张学生的弟子于振声被邀请到南京高等师范教授查拳；再后来，杨鸿修也被邀请到上海中华武术会教授查拳；张学生的另一弟子马金标被邀请到武进的江苏省立第五中学教授查拳；民国八年（1919年）李老聪再传弟子蒋文英之徒马永胜被邀请到苏州的苏州工业专门学校教授查拳；马永魁、杨学德等被邀南下上海、南京、苏州一带设教；1928年，中央国术馆创办后，将查拳列为主要课程，其任教教师亦尽为冠县拳师之门生。从此，山东的查拳体系在江南流传开来[①]。
- 华拳：华拳在吴越地区流传是由于蔡桂勤1905年在上海创西庆镖局，遂使华拳首先经由上海向江苏、浙江传播开来，其子蔡龙云、何金章、蔡鸿祥师承华拳，成为当今代表人物。
- 八卦掌：八卦掌源于清代，至道光中叶由河北文安人董海川在北京盛传开来，后由张占魁、崔振东、董柏年、孙禄堂、姜容樵、褚桂亭等传至上海。江苏最早的八卦掌来自中央国术馆。南京为孙禄堂所传；常州为杨奎山所传；盐城为高义盛所传；淮阴为万良所传；无锡为李存义所传；徐州为张剑泉所传；苏州和南通一带流行的"姜八卦"为姜容樵所传。
- 意拳：1928年，王芗斋应李景林、张之江邀请，带赵道新、张兆东赴杭州参加国术大会，表演意拳沧海龙吟，后应师兄钱砚堂之邀，赴上海教授意拳。1928—1930年，王芗斋在上海牛庄路（旧上海先施公司后面）成立"意拳社"开始正式推广意拳[②]。
- 形意拳：江苏主要是时佩文、褚桂亭所传，浙江是高振东所传，其在浙江的代表人物有钱定芳（褚桂亭学生）与庄文俊。该拳是由中央国术馆传授到江苏各地的，属河北派。南京为时佩文、褚桂亭所传；镇江为孙禄堂所传；常

[①]郭守靖.齐鲁武术文化研究[D].上海：上海体育学院，2007：142.
[②]申国卿.燕赵武术文化研究[D].上海：上海体育学院，2008：152.

第四章 敢于变：西学东渐与南北交汇

州为杨奎山所传；徐州为钱树乔所传。共有35个套路，分布在南京、苏州、镇江、淮阴、连云港、常州、徐州、宿迁、太仓、东台、泗阳、扬州、宝应、吴县、昆山、武进16个市县。

● 少林拳：在南京、镇江、苏州等处，相传有甘凤池流传的南少林。在南京形成以金佳福、金士明为代表的金家拳和上海屈福贤所传的武当少林。在苏州有河南王子仁传与彭默林的少林禅门。在连云港，清末以来有周献庭、刘振德、杨秀峰、王希善等传入的傣拳、旋风八卦拳、少林一至十路、少林八技等。在武术风行的徐州、沛县一带，山东、河南、河北各地拳师纷至沓来，所传少林武术更是名目繁多。

● 苗刀：1891年，天津静海太祖门独流通背拳大师任向荣（1852—1930年，以攒赀、押镖为业）、刘玉春（1860年—？）以太祖门独流通背拳中的单提腿与谢玉堂换艺学得苗刀。两人回到静海后，潜心研究，将原八趟苗刀套路融入太祖门独流通背拳的风格特点而衍化出"后八趟"。后来，任向荣又将十六趟苗刀精简为十二趟传承至今。任向荣、刘玉春学得苗刀后，并没有保守，而是将之在上海、保定，以及天津市内逐渐推广普及开来。为了生计，刘玉春弟子任鹤山（老大）、任秀峰（老五）哥俩南下上海谋生，并很快站稳脚跟。其中，任鹤山还与"沧州二杰"佟忠义（任向荣弟子）、王子平结拜为兄弟（佟忠义老大、王子平老二、任秀峰老三）。1926年前后，刘玉春孙子刘景云（1906—1944年）也来到上海。可以说，此时的上海已成为独流苗刀的一个重要传承地。任鹤山、任秀峰弟子鲍关元、孙云鹤、顾宏森以及再传弟子潘锦生（孙云鹤弟子）、吴茂贵（鲍关元弟子）、杨善耕（鲍关元弟子）等均为独流苗刀的发展默默做着贡献[①]。

此外，也有如河南《苌氏武技书》，最初没有书名，仅有《培养中气论》和《武备参考》的手抄本在习练者间流传，习练者也根据苌乃周的姓氏称其为苌家拳。当传至第五代苌德普时，苌德普将拳传授给他的弟子汜水人袁守华。1921年，袁守华任镇嵩军拳技教习时，将上述两抄本整理汇编公之于众，后来经陕西人冯超如，在陕西教育图书社石印本出版面世。1932年，徐震先生看到这个版本认为"简编错杂，文字讹谬，不知草稿未厘整者欤？将传抄之误欤？"为了"得此一编固可见其技术之全"，于是"芟除重复，调次先后，是正文字，写定为六卷凡七十四篇，更名曰苌氏武技书"，并于1936年12月由南

[①] 杨祥全. 中国武术思想史［M］. 太原：山西科学技术出版社，2017：286-287.

京正中书局出版发行，《苌氏武技书》遂在全国范围内广泛传播。与之相比，苌家拳本身的传承方式使它还仅局限于河南省省内[①]。

从吴越地区汇聚的武术家来看，虽南北皆有，但还是以北方为主，尤以河北沧州为甚。他们从个体授艺的方式转为向社会团体授艺发展，在技艺切磋、交流的同时，又不断尝试、创造武术发展的各种可能性，并形成了一股推动武术变革的洪流，让吴越武术彰显出"地域集聚"的影响力、"开放包容"的吞吐力，以及"敢于求变"的创新力。

---

① 韩雪.中州武术文化研究 [D].上海：上海体育学院，2005：124.

后　记

　　这部《吴越武术文化研究》书稿编校整理大体告一段落，即将交付出版社。因为题目与2007年我的博士学位论文《吴越武术文化研究》同名，所以有必要在此做出一些说明。

　　论文是依循吴越地域武术本体文化和相关文化的路径去探究的，以时间为纵轴，跨度包括古代、近代和现代；以吴越地域与武术相关的人、物、事为横轴，对不同时期吴越地域武术呈现出的样态加以归纳总结，凝练形成古代、近代和现代吴越武术文化的特征。而这篇书稿是在论文研究的基础上，通过已经寻找到的吴越地域武术文化发展中的人、物、事，以此作为具有坐标意义的"点"，尝试勾勒出隐于"点"背后的区域间文化互动的"线"，最终以"点"为核心、以"线"为辐射，构建出吴越武术文化不同历史阶段的"面"及深藏其下的地域精神特质。

　　因此，书稿虽与论文同名，但又包含近几年自己对吴越武术文化新的认知与理解，也算是对它在新的视角下的一种诠释或补充。此外，书稿没有纳入论文中当代吴越武术文化的部分，是因自己觉得目前尚无能力按照上述思路来完成，索性就把它作为今后继续努力的方向。

　　同时还需说明的是，几年之前就计划完成本书的出版，并请导师郭志禹先生为序，先生欣然应允并很快回复，然我却因种种原因拖延至今，在此向先生致以深深的歉意。

　　最后，谨以此文，感谢给予我支持、帮助与建议的良师与益友，以及为书稿精心校对、润色的编辑，寥寥数言，献上感谢之情！

丁丽萍
2023年6月